D1857531

Das Einsteigerseminar

Drupal 6

Thorsten P. Luhm

Das Einsteigerseminar Drupal 6

Dieses Buch wurde der Umwelt zuliebe auf chlorfrei gebleichtem Papier gedruckt.

12 11 10 09 08

10 9 8 7 6 5 4 3 2 1

1. Auflage

ISBN: 978-3-8266-7479-2

Printed in Germany

Inhaltsverzeichnis

Einleitung

Ich höre und ich vergesse.
Ich sehe und ich erinnere mich.
Ich tue und ich verstehe.

Treffender als mit diesem Sprichwort lässt sich das Konzept der Buchreihe »Das Einsteigerseminar« nicht beschreiben: *Lernen durch Anwenden*! Das klingt im ersten Moment sehr nach Arbeit und tatsächlich werden Sie wohl nicht umhinkommen, selbst aktiv zu werden, um einen schnellen und dauerhaften Lernerfolg zu erzielen – und das kann Ihnen auch diese Buchreihe leider nicht völlig abnehmen. Das Einsteigerseminar schafft allerdings die Rahmenbedingungen, um Ihnen diesen Weg so weit wie möglich zu erleichtern und ihn interessant zu gestalten. Eignen Sie sich mit der bewährten Einsteigerseminar-Methodik alle notwendigen theoretischen Grundlagen an, überprüfen und festigen Sie den erlangten Wissensstand durch wiederholende Fragen und Übungen und wenden Sie die erlernte Theorie schließlich anhand eines komplexen praktischen Beispiels an. *Lernen – Anwenden:* der sichere Weg zum Lernerfolg!

Lernen – Üben – Anwenden

Lernen

Dieser Teil soll Sie mit den notwendigen theoretischen Grundlagen versorgen. Schritt für Schritt werden Sie mit den wesentlichen Programmfunktionen und Features vertraut gemacht. Nach der Durcharbeitung dieses Teils sollten Sie in der Lage sein, Problemstellungen selbstständig zu erfassen und mit den vorhandenen Programmfunktionen zu lösen. Die einzelnen Kapitel bilden abgeschlossene Lerneinheiten und können bei Bedarf auch unabhängig voneinander bearbeitet werden.

Um Sie auf direktem Weg zum Ziel zu führen, liegt der Theorievermittlung ein problemlösungsorientierter Ansatz zugrunde. So finden Sie in der Randspalte die Problemstellung; die folgende Schritt-für-Schritt-Anleitung führt Sie zielgerichtet zur Lösung.

Üben

In diesem Teil geht es darum, Ihren theoretischen Wissensstand zu vertiefen und zu festigen. Dazu finden Sie diverse kapitelbezogene Fragen und Übungsaufgaben. Ausführliche, kommentierte Lösungen folgen direkt im Anschluss an die jeweilige Frage, damit der Lernfortschritt jederzeit sofort überprüft werden kann.

Anwenden

In diesem Teil schlagen wir eine Brücke zwischen Theorie und Praxis. Anhand eines komplexen, durchgängigen Praxisbeispiels wird die in Teil I erlernte Theorie angewendet und umgesetzt.

Zu diesem Buch

Das Internet ist ein Massenmedium geworden. Faszinierte zunächst einfach nur die neue Technik der vernetzten Computer oder toll animierter Grafikeffekte, rücken jetzt die Inhalte immer mehr in den Vordergrund. Nicht nur große Konzerne und Universitäten betreiben eine Homepage, sondern auch viele kleine Firmen, Vereine, Freiberufler oder sogar Privatleute widmen ihrem Hobby einen eigenen Internetauftritt. Doch nicht jeder, der etwas Interessantes zu sagen hat, möchte eine Homepage aufwändig von Hand programmieren oder in Auftrag geben. Aber selbst bunte Monsterprogramme, die für viel Geld den Traum der bunten Netzwelt versprechen, setzen solide Grundkenntnisse voraus, wenn es über die einfachen Standardfunktionen hinausgehen soll. Ein Content Management System (CMS) wie *Drupal* kann die ideale Lösung sein:

- Mit einem CMS wie Drupal kann man die *technische Administration* von der *inhaltlichen Verwaltung* trennen: Wer also die Stichwörter HMTL, PHP oder SQL eher abschreckend findet und einfach nur eine Vereins- oder Fan-Seite ins Netz stellen möchte, kann mit der Installation der Software auch einen Freund oder einen externen Berater beauftragen. Einstellen und Pflege der *Inhalte* kann man dann anschließend mit nahezu der Leichtigkeit einer Textverarbeitung wiederum selbst erledigen.

- Ein unschätzbarer Vorteil gegenüber konventioneller HTML-Programmierung ist die Möglichkeit, mit *mehreren* Personen ohne besondere Abstimmung an *einer* Website arbeiten zu können: Gerade bei Vereinsseiten, bleibt die mühsame Arbeit Termine zu recherchieren, das aktuelle Programm zu erstellen oder Berichte der letzten Veranstaltung zu schreiben nicht mehr automatisch am *Webmaster* hängen, sondern kann unabhängig von technischen Aspekten auf mehrere Personen verteilt werden. Dabei können sogar unterschiedliche Kompetenzen vergeben werden (*wer* darf *was*).
- Als *Opensource*-Software ist Drupal grundsätzlich kostenlos erhältlich – das soll jetzt nicht das „Geiz ist geil"-Argument sein, doch es ermöglicht ohne finanzielles Risiko die Erprobung des Content Management Systems: Erfüllt ein solches Programm grundsätzlich die Anforderungen, ist speziell *Drupal* für den geplanten Einsatz überhaupt geeignet? Man kann Erfahrungen sammeln und ggf. mit dem erarbeiteten Knowhow auch andere Systeme erproben. Darüber hinaus gibt es bei Opensource wenig Geheimniskrämerei über Schnittstellen, Dateiformate oder heimliche Aktivitäten à la „nach Hause telefonieren" (wobei hierbei die automatische Update-Erinnerung von Drupal nicht ganz unumstritten, aber im Gegensatz zu anderen Programmen *bekannt* ist). Prinzipiell kann jeder im Quellcode nachsehen.
- Durch die Trennung von *Layout* und *Inhalt* wird eine Konsistenz bei Daten wie Aussehen erreicht – unter dem Strich immer gut für einen professionellen Internetauftritt, selbst wenn es um eine Hobbyseite geht.
- Trotz der vielen Möglichkeiten ist man natürlich nicht verpflichtet, alle Funktionen von Drupal zu nutzen. Man kann

auch erstmal eine konventionelle Webseite „übersetzen" und später nach und nach weiter entwickeln.

Da es sich um ein *Einsteigerseminar* handelt, ist es vorrangiges Ziel dieses Buches *grundlegende Funktionen* zu erläutern und *konkrete Arbeitsschritte* zu vermitteln. Dabei werden sinnvolle Zusatzprogramme (Editor, FTP-Programm, ZIP-Entpacker) ebenso berücksichtigt wie der Test-Server zu Hause oder Webspace beim Hoster. Da der Aufbau einer Website mit Drupal in vielen Punkten eine bestimmte Reihenfolge erfordert, sollte man sich zumindest beim Erstkontakt mit Drupal an der Kapitelfolge orientieren.

Dabei kann man entweder parallel zum *Lernen*-Teil dieses Buches seine erste Website erstellen oder aber den dritten Teil *Anwenden* als Leitfaden nutzen. Bei *Lernen* werden schwerpunktmäßig Grundlagen oder Varianten erläutert und wie Funktionen aufeinander aufbauen. *Anwenden* geht hier von den Inhalten und dem Nutzen der geplanten Website aus. Nicht jedes Detail ist erklärt, aber man kann ja auch zurückblättern. Der *Üben*-Teil dazwischen vertieft das Grundlagenwissen des *Lernen*-Kapitels und in einem *Glossar* werden die wichtigsten Fachbegriffe nochmals zusammengefaßt erläutert.

Ein Einsteigerseminar ist keine Referenz. Das heißt, es werden nicht alle in Drupal möglichen Funktionen bis ins letzte Detail erklärt, um nicht vom Stock aufs Stöckchen zu kommen. Auf Grund der Komplexität und vieler externer Zusatzmodule ist dies auch kaum möglich. Was allerdings nicht schlimm ist, denn wer die Grundsätze aus den exemplarischen Arbeitsschritten einmal erfolgreich nachvollzogen hat, kann man mit etwas Neugier und gesunder Experimentierfreude auch nicht ausdrücklich erläuterte Funktionen selbständig erkunden – da gibt es dann noch reichlich Potential für ein Drupal-Profibuch. Hier geht es primär darum, das System zum Laufen zu bringen! Gerade ungeduldigen Webmastern, die schnell Ergebnisse sehen und sich nicht lange mit langweiligen Vorbereitungen und „überflüssiger" Planung aufhalten wollen, sei der Zwischenschritt mit einem lokalen Server ans Herz gelegt, wo ein Fehler nicht gleich zum Desaster führt. Wenn man die im Buch erläuterten Schritte nachvollzieht, steht zum Schluß eine eigene Website.

Obwohl das Opensource-Projekt Drupal „nebenan“ in den Niederlanden gestartet wurde, ist dieses CMS hierzulande noch ein Geheimtipp (obwohl von den meisten deutschen Nutzern als „Dru-pal“ bezeichnet, müsste es dann eher *„Druppel“* heißen). In Übersee hat man das Potential schon länger erkannt und dort ist Drupal erheblich bekannter. Drupal lässt sich leicht installieren und (grund-) konfigurieren, kann aber nicht zuletzt auf Grund vieler zusätzlicher Module zu einem sehr leistungsfähigen System erweitert und individuell angepasst werden, wobei es schnell ans „Eingemachte“ geht. Da die Grundausstattung gegenüber der Konkurrenz eher spartanisch ist, könnte man Drupal auch eher als *Framework* bezeichnen, auf dem man das Wunsch-CMS mit Hilfe von Modulen und ggf. eigener Programmierkunst entwickeln kann. Dann ist ein gewisses Grundverständnis von Programmierung und den zugrunde liegenden Internettechniken bei kniffeligen Aktionen empfehlenswert. Der Entwicklungstakt ist hoch und in einschlägigen Foren gibt es einen regen Gedankenaustausch. Kein Grund zur Sorge also, daß man mit einem „elitären“ CMS bei Problemen im Regen steht.

Der Autor

Thorsten Luhm M. A. studierte Germanistik, Politologie sowie Controlling in Hannover und arbeitet europaweit als Fachjournalist, PR-Berater und EDV-Trainer. Den beruflichen Einstieg in die vielseitigen Facetten des Journalismus absolvierte Luhm in München sowie bei der Pressearbeit für einen Autokonzern. Zum Arbeitsgebiet gehören die Recherche technisch-wissenschaftlicher Themen für Tagespresse und Fachzeitschriften sowie Unternehmenspublikationen. Arbeitsschwerpunkte sind u. a. GPS-Navigation (Buchveröffentlichung „Der große Navi-

Guide“), Digitalfotografie, Internet (Buchveröffentlichungen „Das Einsteigerseminar Joomla“ und „Das Einsteigerseminar Drupal“ im bhv-Verlag) und Automobil. Die journalistische Tätigkeit wurde mit dem Christophorus-Preis ausgezeichnet.

Sie erreichen den Autor über das Business-Portal „Xing“.

Teil I: Lernen

L1 Vorbereitungen

Auch wenn es in einem Einsteigerseminar für Drupal selbstverständlich primär um Drupal geht, kann man es nicht völlig losgelöst vom Computerumfeld betrachten. Neben den Programmdateien für Drupal benötigt man noch eine Menge Drumherum:

1. Webhosting organisieren
2. Software einrichten
3. Zugriffsdaten zusammentragen

Bevor es mit Drupal richtig losgeht, muss man sich erst um die die richtigen Rahmenbedingungen kümmern. Ein wichtiger Punkt ist einerseits das Webhosting, bei dem man auf einen Webhoster angewiesen ist. Alternativ kann man sich zunächst auf die Lokale Erprobung beschränken, bei der man zu Test- und Übungszwecken einen Server lokal auf dem Arbeitsplatzrechner betreibt. Andererseits kann eine zusätzliche Softwareausstattung auf dem Arbeitsplatzrechner auch sehr hilfreich sein. Das Angebot an frei verfügbarer, leistungsfähiger Software ist dabei sehr groß und lässt kaum Wünsche offen. Bevor es losgeht, ist also noch eine Menge Vorarbeit notwendig – das mag zunächst ein wenig lästig oder langweilig erscheinen, erspart einem aber später eine Menge Verdruss und fummelige Korrekturarbeit. Programmierkenntnisse sind nicht zwingend notwendig, können aber das Verständnis für die Zusammenhänge fördern und später eigene Erweiterungen und Anpassungen ermöglichen.

Beim Einsteigerseminar für Drupal spielt das Betriebssystem des Arbeitsplatzrechners eine untergeordnete Rolle, denn Drupal läuft auf einem Server im Internet und die lokal auf dem heimischen Rechner benötigten Programme sind praktisch für alle üblichen Betriebssysteme verfügbar. So sind Drupal und dieses Buch unter den aktuellen Betriebssystemen wie Windows (XP oder Vista) ebenso verwendbar wie unter Linux und Mac OS (oder sogar prinzipiell auf Veteranen der Heimcomputerära wie Atari ST, Commodore Amiga, C 64 und wie sie alle heißen – vorausgesetzt, dass die im Abschnitt „Nützliche Programme" in diesem Kapitel aufgelisteten Ressourcen – mindestens ein kompatibler Browser – für das Betriebssystem verfügbar sind).

Ein paar Kleinigkeiten vorweg ...

Viele Wege führen zum Ziel, insbesondere wenn es um ein komplexes CMS wie Drupal geht. Deshalb soll vorab auf einige Rahmenbedingung aufmerksam gemacht werden. Dazu zählen die immer wieder diskutierten Fragen der verwendeten Sprachversion und der Sicherheitseinstellungen zu JavaScript – wer diesen Abschnitt überspringt, sollte sich hinterher über Probleme nicht wundern.

Sprachen

Natürlich soll gerade ein Einsteigerseminar besonders verständlich sein. Dazu gehört möglichst auch die Verwendung der deutschen Sprache. Für das Buch selbst keine Frage, aber wie ist das mit dem Programm? Als internationales Opensource-Projekt wird es primär in Englisch entwickelt, auch wenn der Ursprung in Holland liegt. Obwohl man über die deutsche Drupal-Seite meist eine eingedeutschte Version herunterladen kann, berücksichtigt dieses Buch primär die *englische* Standardinstallation von Drupal. Diese Entscheidung geht darauf zurück, dass die neueste Version der Software immer zuerst auf Englisch erscheint. Und statt auf eine eingedeutschte Version warten zu müssen (was gerade bei größeren Versionssprüngen durchaus länger dauern kann), hat man auch als Einsteiger mehr davon, wenn man weiß, wie man die Umstellung auf eine andere Sprache ggf. selbst erledigen kann. Denn Drupal ist ziemlich gut auf Mehrsprachigkeit ausgelegt und erlaubt nicht nur das Nachladen *einer* (deutschen) Sprachdatei, sondern sogar die parallele Verwendung mehrerer Sprachen. So kann man für sich selbst Deutsch aktivieren, während registrierte Benutzer die Menüeinstellungen auf Wunsch auch in Französisch, Spanisch oder Arabisch vorfinden. So eine Sprachanpassung deckt nur bestimmte Bereiche ab: Spätestens, wenn man Module von Drittanbietern installieren will, ist man froh, wenn diese auf Englisch und nicht auf Spanisch, Holländisch oder Russisch sind. Aber selbst dabei kann das Modul *locate* weiterhelfen, das die gewünschten Sprachanpassungen automatisch importiert, sofern der Autor eine solche anbietet (wer selbst mehrere Sprachen beherrscht, kann natürlich auf diesem Wege auch seine Übersetzungskünste in das Opensource-Projekt einbringen). Wie das geht, wird ausführlich im Abschnitt „Man spricht Deutsch" im Kapitel L5 erläutert.

JavaScript & Popups

Viele (Komfort-) Funktionen in einem CMS wie Drupal basieren auf JavaScript, das mit *Ajax* zwischenzeitlich gewissermaßen eine Renaissance erlebt. Wenn also irgendwelche Dinge nicht funktionieren, obwohl eigentlich alles korrekt eingestellt ist, überprüfen Sie bitte den Browser, ob dort JavaScript eingeschaltet ist. Bei dieser Gelegenheit sollte man auch einen Blick auf die Einstellungen des Popup-Blockers werfen. Einige Module öffnen Parametereinstellungen in einem zusätzlichen Browser-Fenster – oder versuchen es zumindest. Nehmen Sie eine mit Drupal betriebene Website in die *Ausnahmeliste* des Popup-Blockers auf (dabei werden Werbe-Popups auf anderen Webseiten weiterhin gefiltert).

Abb. L1.1: JavaScript sollte man ebenso wie Popups für die eigene Website zulassen

Gegenüber den Vorgängerversionen hat sich einiges verändert. Zur Installation muss vorab keine *ini*-Datei bearbeitet werden und einige Funktionen, die bisher nachgerüstet werden mussten, gehören jetzt zur Grundausstattung. Wer von einer früheren Version von Drupal möglicherweise durch eine zu komplizierte Installation abgeschreckt wurde, für den lohnt ein neuer Anlauf mit der aktuellen 6er-Version ganz bestimmt. Immerhin hat Drupal eine der aktivsten Entwicklergemeinden, die ständig Verbesserungen einführt.

WEB

Die in diesem Buch genannten Weblinks finden Sie auch noch mal online sortiert, erweitert und direkt anklickbar (*http://www.oberlehrer.de/?p=948*).

Zwei Computer ...

Zwei Computer braucht der Webmaster – mindestens ... Wenn man sich mit einer Internet-Applikation wie Drupal beschäftigt, muss man unbedingt zwei Computer auseinanderhalten.

Zum einen hat man den gewohnten *Schreibtischcomputer*, der zu Hause oder im Büro auf bzw. unter dem Schreibtisch steht. Bei der Arbeit mit Drupal läuft auf diesem Computer lediglich der *Webbrowser*, weitere Programme sind nur bei der Installation oder einer Erweiterung notwendig (sieheden Abschnitt „Nützliche Programme“ in diesem Kapitel). Er muss nur mit dem Internet verbunden sein, wenn man Drupal installiert oder neue Texte einstellen möchte. Dieser Computer wird in diesem Buch oft auch schlicht *Computer* oder *PC* genannt.

Der zweite Computer steht bei einem *Webhoster* in einem Rechenzentrum und ist permanent mit dem Internet über spezielle Datenleitungen verbunden. Auf diesem Computer läuft ein Webserver wie Apache mit PHP und einer SQL-Datenbank (siehe „Webhoster“). In dieser Umgebung läuft dann auch Drupal. Wenn jemand Texte auf Ihrer Homepage lesen möchte, sorgt dieser spezielle Computer für die Auslieferung der Texte als HTML-Datei, die dann im Webbrowser des *Lesers* angezeigt werden (dabei spielt es keine Rolle, ob der o. g. Schreibtischcomputer eingeschaltet ist oder nicht). Dieser Computer wird meist kurz *Server* genannt. Wenn sich mehrere Nutzer einen Server teilen, spricht man auch von *Webspace*. Dabei muss man sich keine Sorgen mit der Verwaltung machen, denn die wird vom Webhoster übernommen. Für den Nutzer fühlt es sich fast wie ein eigener kleiner Server an.

TIPP

„Webspace" und „Server" unterscheiden sich in einigen Punkten. Sofern dies bei der Beschreibung keine Rolle spielt, wird in diesem Buch der Einfachheit halber immer von „Server" in Abgrenzung zum Schreibtischcomputer gesprochen. Auf relevante Unterschiede wird natürlich aufmerksam gemacht.

Download

Wenn man sich in ein neues Programm einarbeitet oder schon eine Website betreibt, muss man nicht immer der neuesten Version hinterher hecheln. Wer vor kurzem mit Drupal 5 eingestiegen ist, muss mit Erscheinen von Drupal 6 nicht sofort hektisch alles umstellen. Man sollte allerdings darauf achten, dass man die (Sicherheits-) Updates innerhalb der jeweils eingesetzten Reihe mitmacht. Wenn man neu bei Drupal einsteigt ist natürlich die jeweils aktuellste *Stable*-Version Pflicht (also ohne den Zusatz *Beta* oder *RC*). Einen kleinen Überblick findet man im Videocast „Neuheiten in Drupal 6", zwar auf Englisch, aber ganz gut verständlich (*http://www.masteringdrupal.com/videos/new-features-drupal-6*).

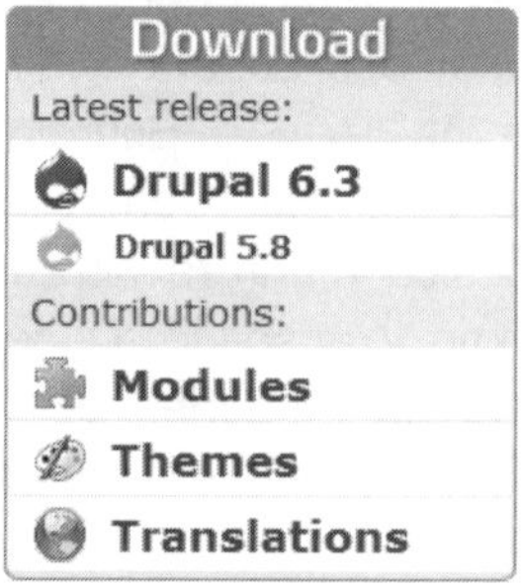

Abb. L1.2: Schon auf der Startseite von drupalorg finden sich eine Übersicht der neuesten Versionen und Downloads für Module und Themes

Die offizielle Drupal-Website (*www.drupal.org*) begrüßt den Surfer mit Informationen zur jeweils aktuellen Version. Wie man sieht, gilt die 5er noch nicht als veraltet, zumal es dort gerade in der Übergangszeit noch eine Menge mehr erprobte Module und Themes gibt. Von dieser Übersicht aus kann man sich gleich zu weiteren Informationen durchklicken.

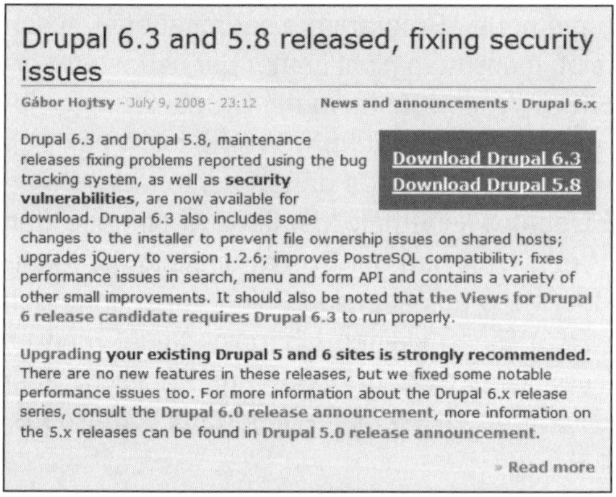

Abb. L1.3: Laden Sie möglichst immer die neueste Version von der Drupal-Homepage herunter

Der Blog informiert über Neuerungen und Sicherheitsmerkmale. In diesem Fall betreffen sie nur neuen Code in Drupal 6, wobei ein Update dringend empfohlen wird. Das „Drupal 6.0 release announcement“ bietet weitere Informationen.

Merkzettel

Es ist lästig, aber leider nicht zu vermeiden: Um im Internet etwas zu bewegen, muss man sich in der Regel über ein Benutzerkonto (Account) identifizieren. Wenn man eine Website betreibt, bleibt es allerdings nicht bei *einer* Angabe, sondern es kommen immer mehr Details hinzu. Um nicht den Überblick zu verlieren, sollte man sich systematisch Notizen machen. Oft werden bei dieser Gelegenheit spontan Namen gewählt, die man „später“ notieren möchte – doch das unterbleibt oft.

Schreiben Sie solche Konfigurationsdaten deshalb *sofort* und *gesammelt* auf, egal wie der Zettel aussieht. Ändern oder ergänzen Sie im Verlaufe des Projektes Nutzerdaten oder Kennwörter, dann sollten diese Änderungen auch auf diesem Zettel vollzogen werden. Streichen Sie dabei alte Einträge nur durch, so dass man sie notfalls noch lesen kann, falls irgendwo Probleme auftauchen – denn manchmal hatte man nur vor, das Passwort zu ändern und hat es nicht gemacht oder vergessen ↵ zu drücken bzw. *Save* anzuklicken.

Zu diesem Zweck finden Sie hier einen kleinen Merkzettel, auf dem man alle Account-Daten zu einer Drupal-Installation notieren kann. Es empfiehlt sich, dies konventionell auf Papier zu machen und dieses Dokument nicht herumliegen zu lassen. Diesen Merkzettel findet man auch online als PDF zum Ausdrucken (*http://www.oberlehrer.de/?p=785*, ca. 45 Kilobyte). Weitere Informationen und Erläuterungen dazu finden Sie in den folgenden Kapiteln, insbesondere Kapitel L2 „Installation“ und hier in diesem Kapitel im Abschnitt „Webspace Konfiguration“.

Allgemeine Angaben

Projekt-Name: ____________________

Domain-Name: ____________________

Webhoster Auftragsnummer: ____________________

Webhoster Rechnungsnummer: ____________________

Webhoster Kundennummer: ____________________

Kontakt-E-Mail: ____________________

FTP-Zugang

FTP-Server: ____________________

Benutzername: ____________________

Passwort: ____________________

MySQL-Datenbank

Servername: ____________________

Benutzername: ____________________

Passwort: ____________________

Datenbankname: ____________________

Tabellen-Präfix: ____________________

Drupal

Benutzername: ____________________

Passwort: ____________________

E-Mail: ____________________

Nützliche Programme

Drupal allein macht leider nicht so richtig glücklich. Wie oben erläutert, benötigt man ein bisschen Drumherum. Auf dem *Schreibtischcomputer* sind dies neben dem Webbrowser in erster Linie ein *FTP-Programm*, ein *Zipper* (ZIP-Entpacker) und eventuell ein *Editor*.

Webbrowser

Der Webbrowser zeigt aus dem Internet geladene HTML-Seiten an und ermöglicht in diesem Fall auch die Kommunikation mit dem Server auf dem Drupal läuft. Unter Windows verbreitete Webbrowser sind der *Internet Explorer* von Microsoft oder der *Firefox*. Bei Linux gehört *Konqueror* zum Standard, bei Mac OS *Safari*, *Omniweb* oder *Camino*. Darüber hinaus gibt es noch *Opera*, *Netscape* oder *Lynx*.

- Microsoft Internet Explorer (Version 8.x)
- Firefox (Version 3.x)
- Mozilla / SeaMonkey
- Netscape (Entwicklung eingestellt)
- Opera (Version 9.x)
- Konqueror
- Safari

FTP-Programm

FTP steht für *File Transfer Protocol* und wird für den Up- und Download von Daten auf einen Server verwendet. Ein Programm, das über dieses Protokoll Dateien transportiert, wird schlicht FTP-Programm genannt. Standardmäßig verfügt Windows nicht über ein FTP-Programm, zumindest über kein so tolles. Prinzipiell kann man über den *Internet Explorer* FTP-Funktionen nutzen, besonders empfehlenswert ist dies allerdings nicht (*Seite | FTP-Site* in Windows-Explorer öffnen).

Weit verbreitet ist das an sich kostenpflichtige Programm *WS_FTP*, das es oft in abgespeckter Form auf Zeitschriften-CDs oder über eine Software-Grundausstattung vom Webhoster gibt. Die Opensource-Alternative heißt WinSCP (*http://winscp.net/eng/docs/lang:de*) und bietet wie auch Putty (*http://www.chiark.greenend.org.uk/~sgtatham/putty/*) zusätzlich gesicherte Verbindungen.

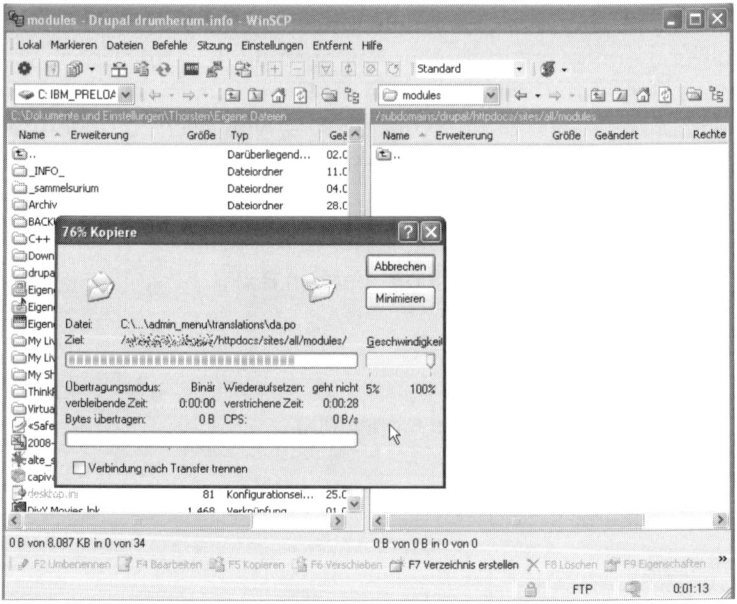

Abb. L1.4: WinSCP kann im Norton-Stil gestartet oder in den Datei-Explorer eingebunden werden

WinSCP kann in zwei unterschiedlichen Modi betrieben werden: *Norton Commander interface* oder *Explorer-like interface*. Die erste Option ist wohl allen noch vertraut, die sich bereits zu *DOS*-Zeiten mit dem Norton Commander Tipparbeit beim Dateienschubsen erspart haben. Es handelt sich um eine Ansicht mit zwei Fenstern, wobei eines den lokalen Schreibtischcomputer, das andere den Server repräsentiert. Bei der Explorer-Variante öffnet sich in der gewohnten Explorer-Ansicht ein Fenster auf das Dateien per „drag & drop" gezogen werden können.

Als Vorbereitung für die Drupal-Installation sollte man also ein FTP-Programm installieren und zur Übertragung einrichten. Die unbedingt notwendigen Angaben findet man in den Anmeldedokumenten des Providers oder in der persönlichen Konfigurationsseite für den Webspace:

FTP-Server / Host: ______________________________ ❶

User-Name: ______________________________ ❷

Passwort: ______________________________ ❸

In der Praxis sieht es dann so aus wie oben abgebildet. Bei großen Anbietern entspricht der *Host name* ❶ oft dem angemeldeten Domainnamen, manchmal um ein vorangestelltes *ftp.* erweitert. Der *User name* ❷ kann entweder wieder schlicht der Domainname sein oder eine Kunden- bzw. Auftragsnummer. Das *Password* ❸ wurde eventuell bereits bei der Auftragserteilung abgefragt oder ist in den persönlichen Einstellungen zu finden. Wichtig ist die Einstellung von *File protocol* auf FTP, da sonst die o. g. Einträge für eine Verbindung nicht passen und mit einem anderen Typ als dem FTP-Zugang nicht funktionieren. Die gesamten Einstellungen muss man abschließend noch mit *Save...* speichern. Eine Warnung weist darauf hin, dass ein gespeichertes Passwort ein Sicherheitsrisiko darstellt. Man kann dann dementsprechend das Feld *Password* auch frei lassen und wird dann bei jedem Login danach gefragt – immer eine empfehlenswerte Einstellung, wenn man sich den Arbeitsplatzrechner mit anderen teilen muss.

TIPP

Für WinSCP gibt es auch eine deutsche Sprachdatei zur Umstellung einer englischen Version oder man verwendet gleich das Multi language package, das mehrere Sprachen enthält. Der Button *Languages* öffnet über *Get more* direkt die entsprechende Webseite.

Zipper

Ein Zipper hat weder etwas mit dem *Zipperlein* noch mit dem *Reißverschluss* zu tun, wenn auch das Datei-Symbol oft darauf anspielt. Man bezeichnet damit Archivprogramme, die über zwei elementare Eigenschaften verfügen:

- Daten können *verlustfrei* komprimiert werden – eine ZIP-Datei ist also zum Teil erheblich kleiner, als das darin gespeicherte Original, obwohl dabei keine Daten verlorengehen (im Gegensatz zu JPG oder MP3).
- Mehrere Dateien und sogar ganze Ordnerstrukturen können in *einem* Archiv zu *einer* Datei zusammengefasst werden. Das ist besonders hilfreich bei Dokumenten mit verknüpften Bildern oder Programmierprojekten mit mehreren Zusatzdateien. Drupal besteht immerhin aus mehr als 400 Dateien in einer komplizierten Ordnerstruktur von rund 60 Verzeichnissen, wird aber von der Homepage in *einer* Datei heruntergeladen und später genauso entpackt, wie es das Programm erwartet..

Um eine Datei zu *zippen* – sie also in so ein Archiv zu verfrachten oder auszupacken – ist prinzipiell ein zusätzliches Programm notwendig. In Windows XP und Windows Vista ist eine entsprechende Funktion allerdings schon eingebaut, so dass man Archive wie gewöhnliche Ordner öffnen kann, wobei weitere Funktionen allerdings nicht zur Verfügung stehen. Empfehlenswert ist es separate Programme verwenden, die dann oft hilfreiche Zusatzfunktionen bieten (zum Beispiel automatische Aktualisierung neuer Dateien, Upload auf einen FTP-Server oder Verschlüsselung). Dabei darf man sich dann nicht durch die unterschiedlichen Datei-*Symbole* (Icons) irritieren lassen, entscheidend ist unter Windows die Dateinamenerweiterung wie beispielsweise **.zip*. Bei Mac OS werden Archive durch eine interne Kennung identifiziert, so dass die ZIP-Endung nicht entscheidend ist, obwohl man sie ebenfalls häufig findet.

Abb. L1.5: ZIP-Archive werden je nach Programm mit unterschiedlichen Icons verknüpft (Windows Vista, TUGzip)

Auch wenn hier die ganze Zeit von *ZIP* die Rede ist, stellt ZIP nur ein Archiv- bzw. Komprimierungsformat unter vielen dar. Allerdings ist es das bekannteste und gewissermaßen zum Gattungsbegriff geworden. Bei Linux kennt man primär *tar* oder *gz*, bei Mac OS häufig *Stuffit*.

Vor dem Upload auf den Server muss das Drupal-Archiv entpackt werden. Wenn man auf das Archiv doppelklickt, wird es mit dem zugehörigen Programm – hier TUGzip – geöffnet und die enthaltenen Dateien werden angezeigt. Das ist an dieser Stelle aber etwas unpraktisch. Man sollte deshalb mit einem *Rechtsklick* auf die Datei das Kontextmenü öffnen. Dies zeigt in einem eigenen Unterabschnitt alle mit dem Archiv möglichen Aktionen. Damit nach dem Entpacken nicht ein paar Dutzend Dateien einzeln im Unterverzeichnis herumliegen und sich womöglich mit anderen Dateien vermischen, empfiehlt sich in der Regel die Option *Entpacken nach...* zu wählen, wobei ein eigenes Unterverzeichnis mit dem Namen des Archivs angelegt wird. Wenn man schon ein separates Verzeichnis angelegt hat oder weiß, dass das Drupal-Archiv selbst eines anlegt, dann reicht auch *Entpacke hier*.

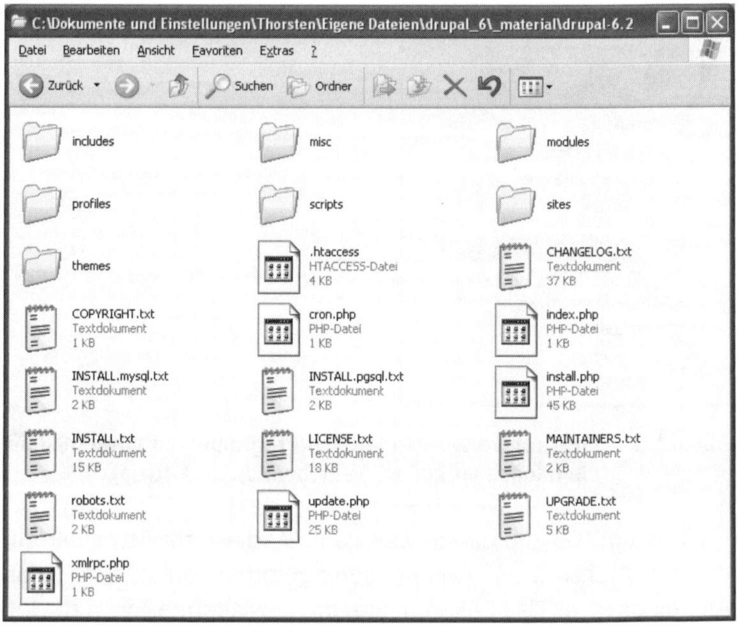

Abb. L1.6: Drupal besteht insgesamt aus mehr als 400 Dateien in rund 60 Unterverzeichnissen

Blogdesk

Wenn man offline gern etwas in Ruhe vorbereiten möchte oder parallel mit mehreren – auch unterschiedlichen – Content Management Systemen arbeitet, lohnt die Unterstützung durch ein Helferlein. *Blogdesk* ist ein Desktop-Programm für Windows, mit dem man die Artikel in einer kleinen Textverarbeitung schreiben und in aller Ruhe zur Veröffentlichung vorbereiten kann (z. B. Textauszeichnungen, Links, Bilder usw.).

Ist die Schlussredaktion durch, kann man bequem die Blogs auswählen, in denen der Beitrag erscheinen soll, und dann den fertigen Text abschicken. Neben Drupal unterstützt das Programm beispielsweise Systeme wie *Wordpress*, *Moveable Type* oder *Serendipity*. Obwohl die dafür nötige Schnittstelle eigentlich bei allen CMS den gleichen Funktionsumfang ermöglichen soll, gibt es doch Unterschiede (muss in Drupal ggf. erst aktiviert werden). Näheres zur Zusammenarbeit mit Drupal erfahren Sie im Abschnitt „Editor mit Komfort“ von Kapitel L5.

Abb. L1.7: Blogdesk vereinfacht nicht nur die Bildverwaltung, sondern bietet auch umfangreiche Bearbeitungsfunktionen

Blogdesk vereinfacht nicht nur generell die Verwaltung von Texten, sondern bietet mit dem *Image Wizard* auch ein kleines Bildbearbeitungsmodul. Damit können Bilder nicht nur im Text positioniert, sondern auch beschnitten, verkleinert, gedreht und mit Effekten wie *Schatten*, *Ausriss* oder *Sofortbild* versehen werden. Das ist eine große Erleichterung, weil fast alle CMS sich mit Bildern schwertun und meist Plugins oder besondere Einstellungen erfordern (bei Drupal meist in Kombination mit einem Editor wie *KFC-Editor*).

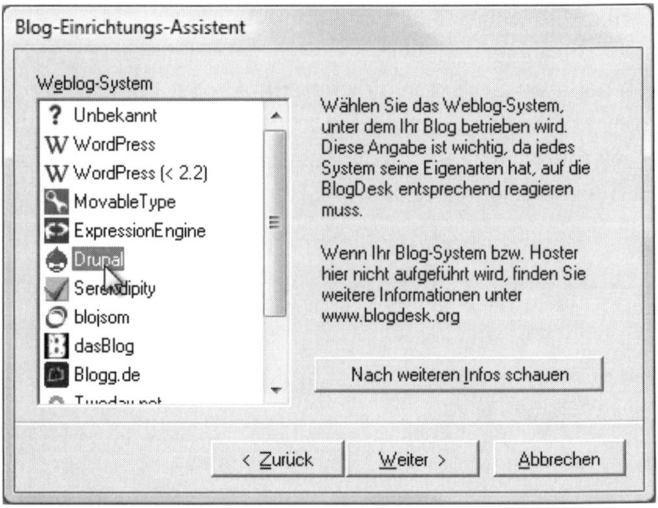

Abb. L1.8: Blogdesk unterstützt mehrere bekannte CMS und lässt sich relativ einfach konfigurieren

Wenn man die technischen Eckdaten korrekt einträgt, arbeitet Blogdesk auf Anhieb. Bei der Zusammenarbeit mit Drupal müssen allerdings einige Einstellungen in Drupal selbst vorgenommen werden.

Das Programm Blogdesk kann man kostenlos von der Homepage des Autors herunterladen (*http://www.blogdesk.org/de/*). Dort gibt es auch ein PDF-Handbuch sowie ein Forum zum Erfahrungsaustausch.

Phase 5, Notepad+ und PSPad

Auch wenn man bei der Installation von Drupal keinen Editor zur Bearbeitung einer *config*-Datei mehr benötigt, ist es trotzdem gut, einen leistungsfähigen Editor „im Haus" zu haben.

Neben allgemeinen kleinen Anpassungen ist ein Editor gut für die Template-Entwicklung geeignet.

Als Editor bezeichnet man eine auf Programmieraufgaben spezialisierte „Textverarbeitung“. Dabei kommt es dann nicht auf Fettschrift und Layoutfunktionen an, sondern beispielsweise auf Syntaxkontrolle oder Codeverwaltung. Ein wichtiges Merkmal eines Editors ist in diesem Zusammenhang allerdings das Speichern als *reine Textdatei*, also nur Buchstaben ohne irgendwelche systemspezifischen Steuerzeichen (sachlich zwar nicht mehr ganz korrekt, aber noch immer gern verwendet wird der Begriff *ASCII-Text*).

Windows verfügt von Haus über einen Editor, der für den Anfang vollkommen ausreicht. Sie finden ihn unter *Alle Programme | Zubehör | Editor*. Wenn Sie damit nicht zufrieden sind, können Sie alternativ die Opensource-Software *Notepad++* (*http://notepad-plus.sourceforge.net/de/site.htm*) verwenden oder die beliebte deutsche Entwicklung *Phase 5* bzw. *Proton* (*http://www.phase5.info/*). Eine interessante Variante ist auch PSPad, wo ein FTP-Programm „eingebaut“ ist. Die Programme sind für den Privatgebrauch kostenlos.

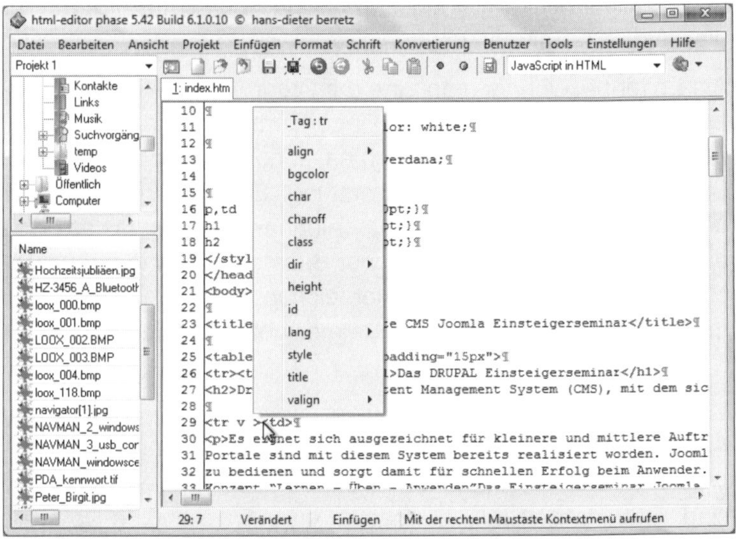

Abb. L1.9: Ein Editor kann mit Syntaxkontrolle oder automatischer Ergänzung behilflich sein

Auch Linux verfügt mit dem legendären *vi* über einen eingebauten Editor über dessen Benutzerfreundlichkeit allerdings ziemlich unterschiedliche Ansichten bestehen. Alternativ kann man hier auf das Universaltool *Midnight Commander* zurückgreifen, das auch über einen Editor verfügt und außerdem die Orientierung im Dateisystem erleichtert.

TIPP

> Der Midnight Commander ist in vielen Linux-Distributionen bereits enthalten und wird an der Kommandozeile schlicht mit „mc" aufgerufen.

Bei Apple wird die beliebte Alternative zu Bordmitteln *BBedit* (*http://www.barebones.com/*) zunehmend von Textmate abgelöst (*http://macromates.com/*). Natürlich kann man mit Hilfe einer Suchmaschine das Internet nach einer anderen Lösung abklappern. Dabei sollte man neben dem Betriebssystemnamen auch die Stichwörter *editor* und *download* angeben.

Webhosting

Webhosting ist gewissermaßen eine Fortsetzung des vorangehenden Abschnitts „Notwendige Programme“, denn Drupal läuft ja nicht „einfach so“, sondern benötigt einen *Server*. Dieser Server muss bestimmte Voraussetzungen erfüllen.

Die Minimum-Anforderungen für Drupal werden folgendermaßen umrissen (aktuelle Informationen jeweils bei *http://drupal.org/requirements*):

- *Apache 1.x oder 2.x*: Apache ist ein sog. Webserver, also das Programm, das Webseiten ausliefert und für Drupal bevorzugt verwendet wird. Prinzipiell können auch andere Server verwendet werden.
- *PHP 4.3.5 oder neuer bzw. PHP 5*: PHP ist eine serverbasierte *Skriptsprache*, umgangssprachlich auch Programmiersprache genannt. Drupal ist in PHP geschrieben und damit das Programm arbeiten kann, muss auf dem Server PHP installiert sein. Die Anforderung „mindestens 4.3“ sollte kein Problem sein, da die Entwicklung bereits bei Version 5 angekommen ist.
- *MySQL 4.1.1 oder neuer bzw. PostgreSQL*: MySQL ist die Datenbank in der die Beiträge und einige Zusatzinformationen verwaltet werden. Dabei stellt SQL zwar eine Abfragesprache für Datenbanken dar, trotzdem kann man nicht einfach irgendeine andere (SQL-) Datenbank verwenden. Auch SQLite als Teil von PHP 5 kann nicht ohne weiteres als Ersatz dienen.

Gerade am Anfang hört sich das alles etwas verwirrend an, weil man statt des *einen* Programmes (nämlich Drupal) sich nun um noch einige weitere Programme kümmern muss. Es ist dann aber wiederum doch nicht so kompliziert, weil es viele Anbieter (so genannte *Webhoster* oder Provider) gibt, die genau dies als Paket komplett anbieten. Außerdem kann man im Abschnitt „Lokale Erprobung“ weiter hinten in diesem Kapitel erste Erfahrungen in diesem Bereich sammeln, ohne irgendwelche Verträge abschließen zu müssen.

Welches der „richtige“ oder der „beste“ Webhoster ist, ist eine Wissenschaft für sich. Einen Rechercheansatz bietet beispielsweise Webhostlist (*http://www.webhostlist.de/*). Im übrigen sollte man die aktuelle Fachpresse lesen und wird wahrscheinlich nicht darum herum kommen, eigene Erfahrungen zu sammeln.

Bei der Auswahl des Webhosters sollte man sich nicht durch Featureritis verunsichern lassen. Wichtig für einen Webserver ist die schnelle Anbindung ans Internet – eine Angabe, die in den Prospekten leider häufig fehlt bzw. selten mit einer bestimmten Geschwindigkeit garantiert wird. Sehr preisgünstige Angebote haben deshalb oft Performance-Probleme. Hier muss man dann auf Testberichte zurückgreifen. Wichtig sind auch die Kosten für den so genannten Traffic, also den Datentransport vom bzw. zum Webserver: Wieviel Traffic ist enthalten, was kostet jedes zusätzliche Megabyte? Je erfolgreicher eine Website wird, desto höher ist der Traffic – was bei Überschreiten des Freivolumens schnell kostspielig werden kann.

Nice to have, aber nicht so wichtig (für den Drupal-Betrieb) ist gigantischer Festplattenplatz. Die Grundinstallation von Drupal benötigt knapp 5 Megabyte, Zuwachs gibt es natürlich mit Fotos oder Download-Files – je nach Staffelung der Anbieter sollte man (erstmal) mit 50 Megabyte auskommen. Auch Hunderte von Postfächern sind nur dann interessant, wenn man eine entsprechende Nachfrage kalkuliert (beispielsweise für eine Vereinsseite), sonst sollten die üblichen 5 bis 25 Einträge reichen. Weitere Zusatzdienste wie Faxempfang oder SMS können nützlich sein, doch wenn man sie nicht braucht, verursachen sie meist nur unnötige Kosten.

> **TIPP**
>
> Gerade als Hobbywebmaster sollte man Traffic-intensive Anwendungen wie Software-Downloads oder Bilder nicht selbst hosten, sondern auf entsprechende Dienstleister wie *Flickr* und Co. zurückgreifen und diese Funktionen ggf. extern einbinden. Die Erwähnung eines lustigen Videoclips in einer populären Fernsehsendung brachte vor einiger Zeit einen Hobbywebmaster in ernste Schwierigkeiten, weil der Pauschal-Traffic um ein Vielfaches überschritten wurde ... Siehe auch „Kostenfalle Traffic" (*http://www.meinwebworker.de/index.php?rubrik=magazin&thema=traffickosten*).

Webspace-Konfiguration

Bei einem Webhoster kann man einen geeigneten Platz für Drupal mieten. Dabei sind grob zwei grundsätzliche Richtungen zu unterscheiden: Ein *Server*, auf dem man prinzipiell jede beliebige Software installieren kann, oder so genannter Webspace, der nach den oben angeführten Bedingungen fest konfiguriert ist. Server sind in der Regel erheblich teurer (25 bis 150 Euro/Monat) und erfordern vom Nutzer auch solide Kenntnisse in diesem Bereich. Bei *Webspace* teilt man sich einen Server mit anderen Nutzern, wobei der Webhoster sich um dessen Verwaltung kümmert und man als Nutzer auf viele Komfortfunktionen zurückgreifen kann. Die Kosten liegen bei ca. 5 bis 15 Euro/Monat (möglicherweise zzgl. einer Setup-Gebühr).

Natürlich gibt es auch kostenlose Angebote, obwohl sie genau genommen gar nicht kostenlos sind: Der Preis sind teilweise extrem langsame Verbindungen oder auf jeder Seite eingeblendete Werbung, da macht das ganze keinen Spaß. Für den Anfang reicht Webspace, zum Üben ist eine lokale Installation auf dem eigenen Rechner empfehlenswert (siehe den folgenden Abschnitt „Lokale Erprobung"). – die kostet dann erstmal gar nichts.

Webspace bei einem Provider muss mit PHP und mindestens *einer* MySQL-Datenbank ausgerüstet sein (eine *Datenbank* kann wiederum mehrere *Tabellen* enthalten). Prinzipiell muss man als User dort zunächst nichts installieren oder konfigurieren. Die Daten werden via FTP-Upload transferiert.

Für die MySQL-Datenbank ist in der Regel eine *separate* Konfiguration notwendig, so dass man auch hier in den entsprechenden FAQ und seinen *persönlichen* Unterlagen nach den Zugriffsdaten fahnden sollte.

DB-Servername: ______________________________

DB-Datenbankname: ___________________________

DB-Benutzername: ____________________________

DB-Passwort: ________________________________

- **DB-Servername** ist prinzipiell *localhost* (aus der Sicht des *Servers*), bei großen Providern wie Strato ist das aber oft ein *externer* Server, so dass hier eventuell ein Pfad eingetragen werden muss (z. B. `rdbms.strato.de`).
- **DB-Datenbankname** ist meist nach dem Schema *DBkundennummer* vom Provider *vorgegeben*; kann meist nicht geändert werden (deshalb kann meist keine *Datenbank* mit dem Namen *Drupal* angelegt werden, sondern nur *Tabellen*, die allerdings beliebig).
- **DB-Benutzername** folgt oft dem Schema *DBdomänenname*; kann in der Regel nicht geändert werden.
- **DB-Passwort** meist ebenfalls erstmal vorgegeben; kann eventuell im Konfigurationsmenü geändert werden.

Wo kann man die Informationen herbekommen?

- Auftragsbestätigung/Rechnung (insbesondere Auftrags-, Rechnungs- oder Kundennummer)
- Informations-/Freischaltungsmail bei Konnektierung der Domäne
- Persönliches Konfigurationsinterface beim Benutzer-Account

- allgm. Informationstexte des Providers
- Kundenhotline

TIPP

Auf Grund der „Massenabfertigung“ werden viele auch der wichtigen Informationen dem Kunden lediglich per E-Mail geschickt. Archivieren Sie alle E-Mails des Webhosters und drucken Sie die wichtigsten mit Zugangsdaten usw. aus.

Lokale Erprobung

Wenn man nicht über geeigneten Webspace verfügt oder einfach noch nicht „live“ arbeiten möchte, kann man auch erstmal lokal auf dem *Schreibtischrechner* arbeiten. Dabei kann man in aller Ruhe alles ausprobieren und erste Erfahrungen sammeln. Leider reicht es dabei nicht aus, Drupal wie ein WIndows-Programm per Doppelklick zu starten, vielmehr muss man lokal einen Server installieren, der sich wie sein Pendant im Internet verhält. Wie in Abschnitt „Webhosting“ erläutert, muss man dabei die notwendigen Komponenten Drupal, Apache, MySQL und PHP in Einklang bringen. Das hört sich allerdings schwieriger an als es ist, denn es gibt glücklicherweise pfiffige „all in one“-Pakete, die dem Webmaster in spe einen Großteil der Arbeit abnehmen.

XAMPP

Wer den Aufwand einen Server aufzusetzen scheut oder daran schon gescheitert ist, kann mit XAMPP der *Apachefreunde* in den meisten Fällen eine Susi-Sorglos-Installation hinlegen: Server, Datenbank, PHP und Tools sind nicht nur fertig installiert, sondern arbeiten auch schon reibungslos zusammen. So eine Zusammenstellung gibt es für Windows, Linux, Mac und Solaris (siehe auch *LAMP* und *WAMP*).

Die Version XAMPP 1.6.6a für Windows enthält folgende Hauptkomponenten:

- Apache HTTPD 2.2.8 mit Openssl 0.9.8g
- MySQL 5.0.51a
- PHP 5.2.5
- PHP 4.4.8
- phpMyAdmin 2.11.4
- FileZilla FTP Server 0.9.25
- Mercury Mail Transport System 4.52

Unter der Heimatadresse im Internet *http://www.apachefriends.org/de/xampp-windows.html* gibt es nicht nur das Downloadarchiv, sondern viele hilfreiche Informationen.

Die Grundversion von XAMPP (Windows) umfasst zwischen 28 und 85 Megabyte. Darüber hinaus kann man noch Addons laden wie beispielsweise Perl 5.8.x oder Tomcat 5.5.x. Es gibt auch eine Lite-Version von XAMPP, die 19 oder 48 Megabyte umfasst, weniger Funktionen hat und seltener aktualisiert wird. Bevor Sie sich für ein Paket entscheiden, lesen Sie bitte in Ruhe alle Informationen der Website durch. Die Homepage bietet ausführliche Informationen zu Installation und Betrieb von XAMPP, die man natürlich gerade als unerfahrener Nutzer beachten sollte.

WEB

Bei vielen Linux-Distributionen wird auf Wunsch übrigens gleich ein solches Paket mitinstalliert, allerdings in unterschiedlichem Umfang. Für Mac OS nennt sich das Paket übrigens MAMP und ist unter *http://www.mamp.info/de/index.php* verfügbar.

Installation

Nach dem Doppelklick auf das Installationsprogramm `xampp-win32-installer.exe` geht es los. Da das Programmpaket eine

Menge Platz beansprucht (ca. 215 Megabyte in rund 8.500 Dateien), sollte man es nicht irgendwo auf die meist sowieso schon arg strapazierte Partition `C:\` donnern. Generell ist es empfehlenswert Programme auf einer anderen Partition – möglichst sogar auf einer *physikalisch* anderen Festplatte – zu installieren.

Da weitere Dinge erstmal nicht beachtet werden müssen, werden die weiteren Hinweisfenster nicht im einzelnen kommentiert. Am Ende sollte die Steuerungskonsole *XAMPP Control Panel Application* stehen. Hier kann man den Status des Servers abfragen sowie wichtige Funktionen starten und stoppen.

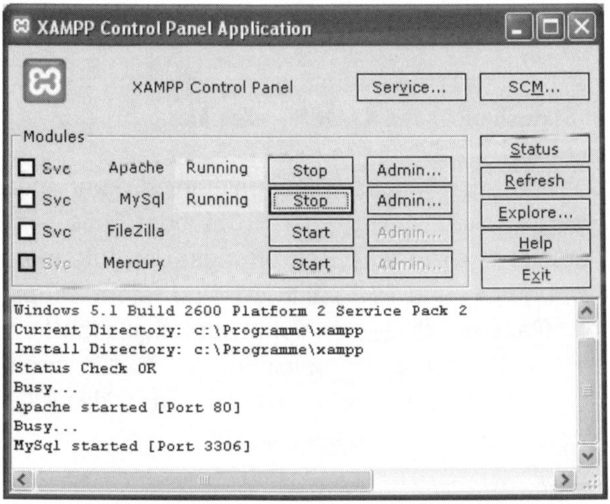

Abb. L1.10: Die Steuerungskonsole von XAMPP gibt über die laufenden Dienste Auskunft

TIPP

Die Schnittstelle zwischen dem normalen Windows-Desktop und dem lokal installierten Server ist der Internet-Browser. Starten Sie ihn und geben Sie dann als Adresse `localhost` oder `http://127.0.0.1` ein. Dies ruft das Verzeichnis *htdocs* auf, in dem die Dateien fürs Internet liegen.

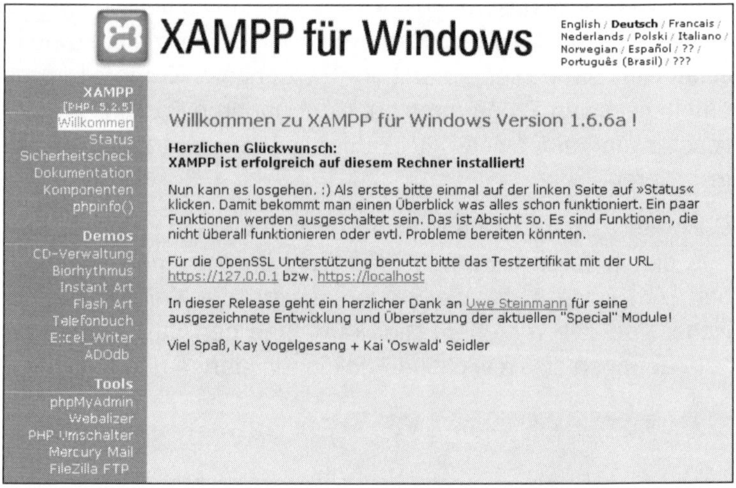

Abb. L1.11: Der Statusbericht von XAMPP – alles klar

Die Gegenprobe, ob auch wirklich alles funktioniert, kann man mit dem Browser machen: `http://127.0.0.1` oder `localhost` eingeben. Es erscheint dann eine Begrüßungs- und Informationsseite. Wenn MySQL und PHP aktiviert sind, steht Drupal nichts im Wege. Dass bei dieser *lokalen* Test-Installation kein FTP-Server zur Verfügung steht, spielt keine Rolle, da die Dateien ganz normal über den gewohnten Desktop des PCs direkt in das *htdocs*-Verzeichnis kopiert werden können.

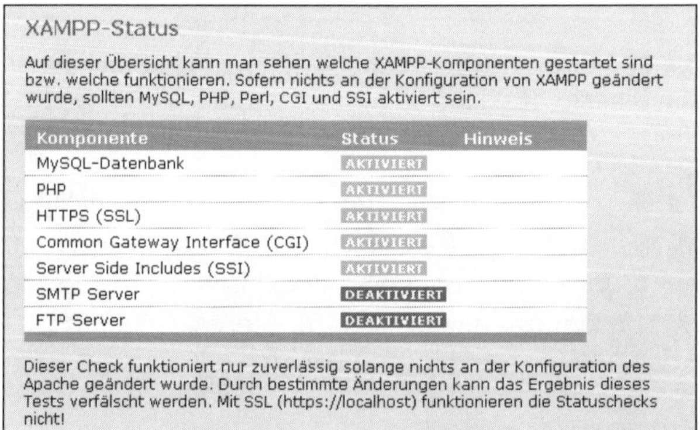

Abb. L1.12: XAMPP stellt den Status aller Komponenten dar

MySQL-Datenbank mit phpMyAdmin anlegen

Wenn man lokal mit XAMPP arbeitet oder beim Provider über einen Server verfügt (statt nur über Webspace), muss/darf man *vorher* eine MySQL-Datenbank anlegen. Dies geht am besten mit dem bekannten Tool *phpMyAdmin*, das auch in XAMPP schon installiert ist wie auch bei vielen Providern.

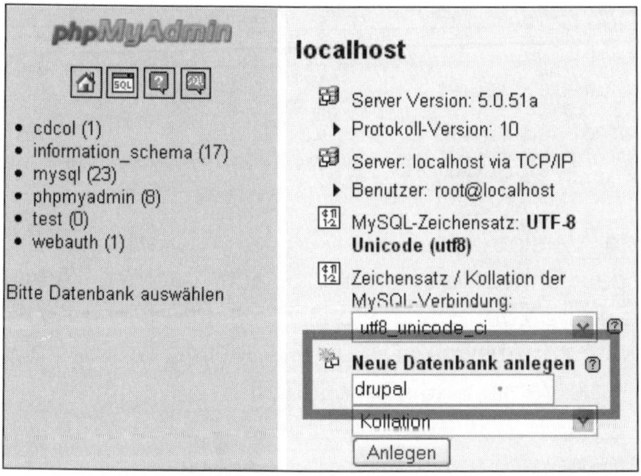

Abb. L1.13: Das MySQL-Administrationstool phpMyAdmin steht in XAMPP sofort zur Verfügung

Um eine neue Datenbank anzulegen reicht es, im entsprechenden Feld den gewünschten Namen einzutragen und *Anlegen* zu klicken. Bei Webspace ist dagegen der Name der Datenbank meist schon durch den Provider vorgegeben und dieser Zwischenschritt nicht notwendig. Der Benutzer bzw. die Installationsprogramme legen dann dort nur noch *Tabellen* mit eigenen Namen an.

Server2go

Server2go ist ein Geheimtipp für einen lokalen Server. Zur Zeit liegt der Schwerpunkt der angebotenen Pakete noch bei Windows, doch eine Mac-OS-Version ist in Entwicklung und hat

z. Zt. den Entwicklungsstand 0.5.0 (*http://www.Server2go-web.de/*). Ähnlich wie XAMPP bietet es eine Rundumversorgung, muss aber nicht einmal fest installiert werden. Man kann Server2go beispielsweise auf einem USB-Drive installieren und dann überall hin mit nehmen und dort bei Bedarf starten. Fertige Projekte können sogar auf eine CD-ROM gebrannt werden.

TIPP

Achtung: Der Server wird über das Programm Server2go gestartet, wobei sich automatisch ein Browserfenster des Standardbrowsers öffnet – wird es geschlossen, fährt der Server automatisch runter! Dieses Verhalten können Fortgeschrittene Nutzer über die *pms_config.ini* ändern.

Die aktuellste Version von Server2go kann jeweils auf der Homepage des Entwicklers heruntergeladen werden (*http://www.Server2go-web.de*). Dabei stehen unterschiedliche Konfigurationspakete zur Auswahl. Die untenstehende Tabelle zeigt den Stand für die Version 1.3.x bzw. 2.0.58.

There are different packages from that you can choose. Every package contains a different set of application versions. If you are not sure what package is the right for you just download one of the highlighted packages.

PACKAGE	APACHE 1.3.35	APACHE 2.0.58
PHP 5.2.3, SQLITE	ZIP (~16 MB)	ZIP (~19 MB)
PHP 5.2.3, SQLITE, MYSQL 5.0.41	ZIP (~39 MB)	ZIP (~41 MB)
PHP 5.2.3, SQLITE, MYSQL 5.0.41, PERL 5.8	ZIP (~72 MB)	ZIP (~75 MB)
MINI-PACKAGE (ONLY NEEDED FILES) PHP 5.2.3, SQLITE, MYSQL 5.0.41	ZIP (~18 MB)	ZIP (~23 MB)
MICRO-PACKAGE (PLAIN VANILLA APACHE WITHOUT PHP, PERL AND MYSQL)	-	ZIP (~5 MB)

Abb. L1.14: Server2go ist in mehreren Installationspaketen verfügbar

Die Software ist „Donationware", bei der man nach eigenem Ermessen einen Betrag spenden kann. Als kleinen Bonus hat man dann Zugriff auf zusätzliche Downloads oder nützliche Extras.

Installation Server2go

Die Installation gestaltet sich ebenso einfach: Man muss lediglich das Downloadarchiv *Server2go_psm_mini.zip* (für das *Mini-Package*) entpacken und anschließend die Datei *Server2go.exe* per Doppelklick starten. Wenn sich das System erfolgreich selbst konfiguriert hat und alle Komponenten ordnungsgemäß laufen, öffnet sich ein Browserfenster mit einer Statusinformation (siehe Abbildung L1.15). Damit weiß man dann auch, ob das System die Voraussetzungen für eine bestimmte Webapplikation erfüllt: Apache ist der Webserver, PHP die Skriptsprache (wahlweise ist auch Perl verfügbar), SQLite die in PHP integrierte Datenbank und MySQL die Datenbank. Die idealen Voraussetzungen für Drupal (und viele andere Programme).

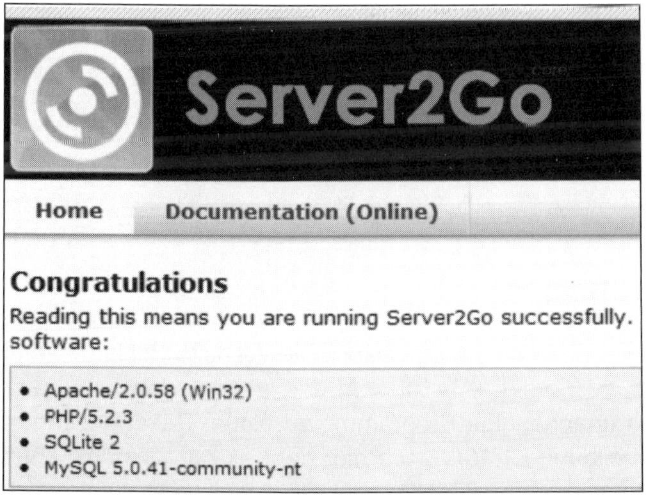

Abb. L1.15: Wenn Server2go erfolgreich startet, meldet es sich mit einer Statusmeldung

TIPP

Je nachdem, wie restriktiv Sie die Firewall Ihres Computers eingestellt haben, erscheinen während des Programmstarts mehrere Warnhinweise.

DSLinux

Da *Server2go* nur für Windows zur Verfügung steht, zum Schluss noch das Trostpflaster für Linux-Fans: *DSL* steht hier nicht für eine schnelle Datenübertragung, sondern für ein verdammt kleines Linux (*damn small linux*). Das passt in der Minimalausstattung mit 50 Megabyte selbst auf einen ausrangierten 64-Megabyte-Stick und mit 128 oder 256 Megabyte kann man trotz Gigabyteprotzerei schon verdammt viel anfangen.

Wenn man dann auch über einen Computer verfügt, der von USB bootet, kann man sich ebenfalls ein mobiles Entwicklungssystem auf Linux-Basis zusammenbasteln. Dabei ist DSL nicht das einzige Linux dieser Art. Wenn man im Internet dazu recherchiert, stößt man auf rund zwei Dutzend weitere Varianten.

TIPP

Geben Sie in der Suchmaschine Ihres Vertrauens die Stichwörter „mini" und „linux" ein. Der Wikipedia-Eintrag zu Linux-Distributionen liefert außerdem eine umfangreiche Aufstellung von Spezialversionen (*http://de.wikipedia.org/wiki/Liste_von_Linux-Distributionen*).

Drupal-Stack

Und es gibt noch eine Möglichkeit: Die Website BitNami bietet so genannte *Stacks*. Ähnlich XAMPP werden dabei mehrere eigentlich unabhängige Programme zu einem Paket geschnürt (siehe Abbildung L1.16). Doch hier geht es noch einen Schritt weiter, denn zu Server, PHP und SQL gesellt sich auch gleich noch die gewünschte „Nutzlast".

Wie man sieht, ist die Website up to date: Während auf drupal.org die Version 6.3 aktuell heruntergeladen werden kann, ist auch der aktuelle Stack mit der neuesten Version ausgerüstet (*http://bitnami.org/stack/drupal*).

Abb. L1.16: Per Stack lassen sich eine Menge Systeme bequem installieren

Wie bei Drupal üblich wird auch die Vorgängerversion 5.8 noch eine Weile weiter gepflegt, so dass auch diese Version als Stack zur Verfügung steht. Lediglich auf die liebgewonnene 4.7er muss man verzichten – was inzwischen auch nicht mehr schwer fällt …

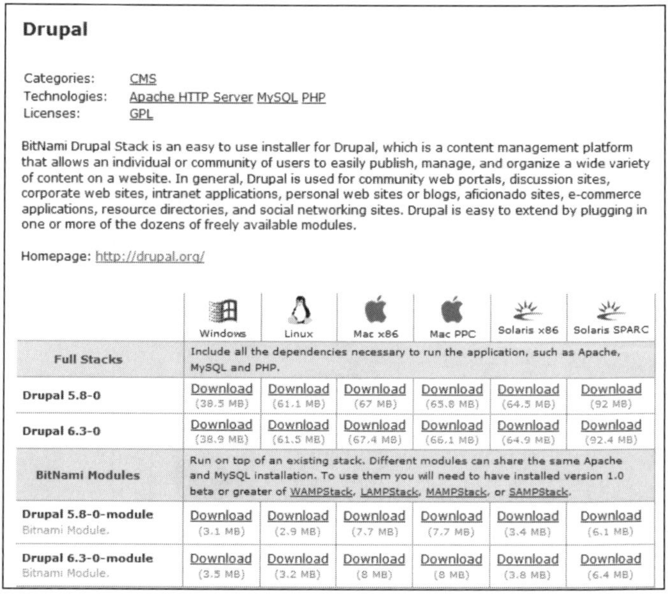

Drupal

Categories: CMS
Technologies: Apache HTTP Server MySQL PHP
Licenses: GPL

BitNami Drupal Stack is an easy to use installer for Drupal, which is a content management platform that allows an individual or community of users to easily publish, manage, and organize a wide variety of content on a website. In general, Drupal is used for community web portals, discussion sites, corporate web sites, intranet applications, personal web sites or blogs, aficionado sites, e-commerce applications, resource directories, and social networking sites. Drupal is easy to extend by plugging in one or more of the dozens of freely available modules.

Homepage: http://drupal.org/

	Windows	Linux	Mac x86	Mac PPC	Solaris x86	Solaris SPARC
Full Stacks	Include all the dependencies necessary to run the application, such as Apache, MySQL and PHP.					
Drupal 5.8-0	Download (38.5 MB)	Download (61.1 MB)	Download (67 MB)	Download (65.8 MB)	Download (64.5 MB)	Download (92 MB)
Drupal 6.3-0	Download (38.9 MB)	Download (61.5 MB)	Download (67.4 MB)	Download (66.1 MB)	Download (64.9 MB)	Download (92.4 MB)
BitNami Modules	Run on top of an existing stack. Different modules can share the same Apache and MySQL installation. To use them you will need to have installed version 1.0 beta or greater of WAMPStack, LAMPStack, MAMPStack, or SAMPStack.					
Drupal 5.8-0-module Bitnami Module.	Download (3.1 MB)	Download (2.9 MB)	Download (7.7 MB)	Download (7.7 MB)	Download (3.4 MB)	Download (6.1 MB)
Drupal 6.3-0-module Bitnami Module.	Download (3.5 MB)	Download (3.2 MB)	Download (8 MB)	Download (8 MB)	Download (3.8 MB)	Download (6.4 MB)

Abb. L1.17: Der Drupal-Stack ist für alle verbreiteten Betriebssysteme verfügbar

Die Verwendung eines solchen Stacks ist eine prima Sache, um schnell ein (Drupal-) System zum Laufen zu bekommen. Allerdings werden dabei eventuell einige Konfigurationsschritte übersprungen mit denen man bei einer Installation auf einem entfernten Server bei einem Provider konfrontiert wird. Insofern ist es empfehlenswert für die erste Erprobung und Testumgebung, für den Lerneffekt in einem Einsteigerseminar nur bedingt zu gebrauchen.

Internet-Geschwindigkeit

Um dieses Einsteigerseminar sinnvoll nutzen zu können, ist ein Internetanschluß notwendig, sofern man nicht ganz auf eine lokale Installation mit XAMPP oder Server2go setzt. Neben der Geschwindigkeit spielen auch die Nutzungsrechte eine Rolle.

- Geschwindigkeit: So genannte *Power-User* haben heute DSL mit Flatrate und machen sich über Geschwindigkeit und Kosten keine Gedanken. Wer mit einem Modem oder ISDN unterwegs ist, muss aber nicht kapitulieren – immerhin ist ISDN mit Kanalbündelung im Upload genau so schnell wie (asymmetrisches) DSL 1000. Nur von Mobilfunkverbindungen sei auf Grund von Geschwindigkeit und Kosten abgeraten. Lediglich beim Download von etwa 1 Megabyte des Installationsarchives und beim Upload von knapp 5 Megabyte muss man bei Modem oder ISDN einmalig mit relativ langen Wartezeiten rechnen, wobei die Verbindungskosten dafür normalerweise kaum noch ins Gewicht fallen. Neben der reinen Datenmenge beansprucht auch das Anlegen von Unterverzeichnissen und der vielen Einzeldateien ziemlich viel Zeit, die weit über den rechnerischen Upload hinaus geht. Ist Drupal dann erstmal installiert, wird nur die Geschwindigkeit für normales Surfen benötigt. Notfalls kann man die beiden aufwendigen Down- bzw. Uploads ja auch mit Hilfe eines Power-Users erledigen und sich ggf. so auch Unterstützung bei der Installation sichern.
- Rechte: Neben HTTP-Verbindungen für das WWW benötigt man die Möglichkeit zum FTP-Upload. Dies ist in der Regel bei eigenen Internetanschlüssen per Modem, ISDN oder DSL von Zuhause aus kein Problem. Bei Büroanschlüssen – oder in einem Internet-Café – kann es allerdings sein, dass dieser Weg aus Sicherheitsgründen gesperrt ist. Die spätere Nutzung des CMS setzt diesbezüglich in der Regel keine besonderen Rechte voraus.

  Es gibt natürlich innerhalb von Drupal Zugriffsrechte. Diese haben aber mit der reinen Internet-Verbindung nichts zutun.

L2 Installation

Mit den Vorbereitungen des vorhergehenden Kapitels ist man schon ein ganzes Stück weiter. Jetzt rückt Drupal schon in greifbare Nähe, aber man darf trotzdem nicht den zweiten Schritt vor dem ersten machen:

1. SQL-Datenbank vorbereiten bzw. Account-Daten sammeln
2. FTP-Programm und Zugangskonto einrichten
3. Zipper installieren und Drupal-Archiv entpacken
4. Upload starten
5. Grund-Installation durchführen (Merkzettel bereithalten)

SQL-Datenbank checken

Die für Drupal zwingend erforderliche SQL-Datenbank erfordert vorab die eingangs erwähnte Unterscheidung über die Art des zur Verfügung stehenden Servers. Damit nichts schiefgeht, hier nochmals die Info:

Wenn man ein typisches shared Hosting nutzt, sind die Zugangsdaten über den allgemeinen Benutzer-Account in der Regel vorgegeben. *Shared Hosting* ist im Prinzip alles, was nicht explizit *Server* genannt wird. Typischerweise sind dies Webpakete im Bereich von 2 bis 10 Euro/Monat. Sie müssen dann zur Vorbereitung „nur" die entsprechenden Daten zusammentragen (siehe Merkzettel). Dazu gehören dann zum Teil Informationen, *wie* bzw. *wo* die Datenbank angesprochen wird. Dies ist leider von Provider zu Provider unterschiedlich, so dass man hier in den FAQ des Anbieters nachlesen muss. Bei großen Anbietern liegen die MySQL-Datenbanken oft auf einem anderen Server, so dass statt `localhost` dafür ein spezieller Pfad eingetragen werden muss (bei Strato beispielsweise `rdbms.strato.de`).

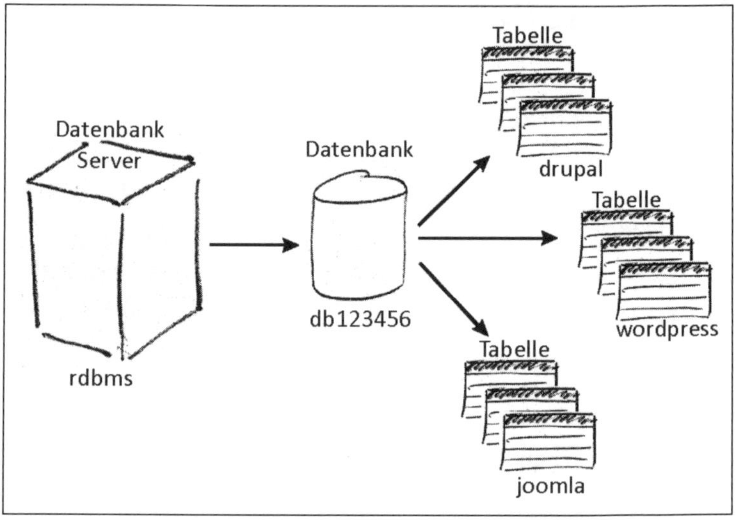

Abb. L2.1: Im Shared Hosting steht oft nur eine Datenbank zur Verfügung

Wenn man einen echten Server für Drupal nutzen möchte, muss dazu in der Regel die SQL-Datenbank erst eingerichtet werden. Einen Server haben Sie, wenn Sie bei einem Webhoster explizit einen *Server* bzw. einen *virtuellen Server* bestellt haben. Virtuelle Server sind im Bereich 5 bis 15 Euro/Monat erhältlich, echte Server je nach Leistungsdaten und eventueller Zusatzleistungen zwischen 20 und 80 Euro/Monat.

Die Vorgehensweise für Server müssen Sie prinzipiell auch anwenden, wenn Sie zur Erprobung einen *lokal installierten* Server auf Basis von XAMPP oder Server2go verwenden (dann kann man sich allerdings den FTP-Upload sparen; eine Erinnerung finden Sie an entsprechender Stelle).

Bei Einsatz eines Servers muss man in der Regel die SQL-*Datenbank* vorher selbst anlegen (die *Tabellen* als Teil der Datenbank werden dagegen vom Installationsskript angelegt). Dies wird im nächsten Abschnitt beschrieben.

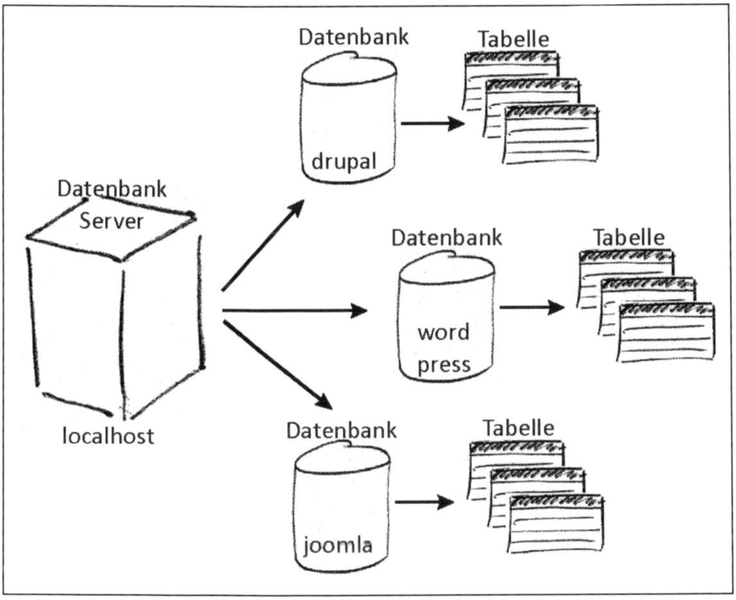

Abb. L2.2: Bei einem Server kann man mehrere Datenbanken einrichten

Fall 1: Datenbank ist vorgegeben

Für die MySQL-Datenbank ist in der Regel eine *separate* Anmeldung notwendig, so dass man auch hier in den entsprechenden FAQ und seinen *persönlichen* Unterlagen nach den Zugriffsdaten fahnden sollte.

DB-Servername: ______________________________

DB-Datenbankname: ___________________________

DB-Benutzername: ____________________________

DB-Passwort: ________________________________

- *DB-Servername* ist prinzipiell *localhost* (aus der Sicht des *Servers*), bei großen Providern wie Strato ist das aber oft ein *externer* Server, so dass hier eventuell ein Pfad eingetragen werden muss.

- *DB-Datenbankname* ist meist nach dem Schema *DBkundennummer* vom Provider *vorgegeben*; kann meist nicht geändert werden (deshalb kann meist keine *Datenbank* mit dem Namen *Drupal* angelegt werden, sondern nur *Tabellen*, die allerdings beliebig).
- *DB-Benutzername* folgt oft dem Schema *DBdomänenname*; kann in der Regel nicht geändert werden.
- *DB-Passwort* meist ebenfalls erstmal vorgegeben; kann eventuell im Konfigurationsmenü geändert werden.

Wo kann man die Informationen herbekommen?

- Auftragsbestätigung/Rechnung (insbesondere Auftrags-, Rechnungs- oder Kundennummer)
- Informations-/Freischaltungsmail bei Konnektierung der Domäne
- Persönliches Konfigurationsinterface beim Benutzer-Account
- Allgemeine Informationstexte des Providers
- Kundenhotline

TIPP

Auf Grund der „Massenabfertigung“ werden viele auch der wichtigen Informationen nur noch per E-Mail dem Kunden geschickt. Archivieren Sie alle E-Mails des Webhosters und drucken Sie die wichtigsten mit den Zugangsdaten usw. aus.

Diese Daten werden im Moment noch nicht benötigt, sind aber für den weiteren Installationsprozess erforderlich. Es ist hilfreich, diese Daten dann griffbereit zu haben.

Paket	Anzahl DBs
PowerWeb Basic	1
PowerWeb A	1
PowerWeb Advanced	2
PowerWeb S	2
PowerWeb Pro	4
DynamiX Construction	2 / 4*
Premium XE	4
Premium Basic	6
Premium S	6
Premium Advanced	10
Premium M	10
Premium Pro	20

Abb. L2.3: Beim Shared Hosting ist die Anzahl der zur Verfügung stehenden Datenbanken durch den Webhoster vorgegeben (hier: Strato Frühjahr 2008)

Fall 2: SQL-Datenbank selbst anlegen

Wer *Shared Hosting* verwendet, kann dieses Kapitel überspringen. Wenn man Drupal auf einem *Server* installiert – egal ob lokal oder bei einem Provider – ist die MySQL-Datenbank in der Regel komplett leer. Dann muss man als erstes eine *Datenbank* anlegen, da das Installationsskript später zwar selbständig die *Tabellen* anlegt, nicht aber die Datenbank selbst. Eine Methode führt über das Tool *phpMyAdmin*, das bei praktisch allen Paketen bereits installiert ist.

phpMyAdmin ist bei fast allen Hosting-Paketen als Konfigurationstool installiert. Sollte dies nicht der Fall sein, finden Sie weitere Informationen auf der Homepage des Autors: *http://www.phpmyadmin.net/home_page/index.php* oder in Wikipedia (*http://de.wikipedia.org/wiki/PhpMyAdmin*).

Wenn man phpMyAdmin im Browser aufruft, präsentiert sich die Startseite mit umfangreichen Funktionen. Für den Anfang interessiert nur der Bereich „*Neue Datenbank anlegen*". Dort geben

Sie einen beschreibenden, aber nicht zu langen Namen an. Auch (deutsche) Sonderzeichen sollte man vermeiden.

Wenn man vorerst nur eine Datenbank verwenden möchte, kann man sie beispielsweise schlicht *drupal* oder *drupal6* nennen. Plant man mehrere Projekte, kann man an dieser Stelle schon eine kleine Differenzierung einbauen, z. B. *drupal_event*. Bei den anderen Feldern muss erstmal nichts eingestellt werden.

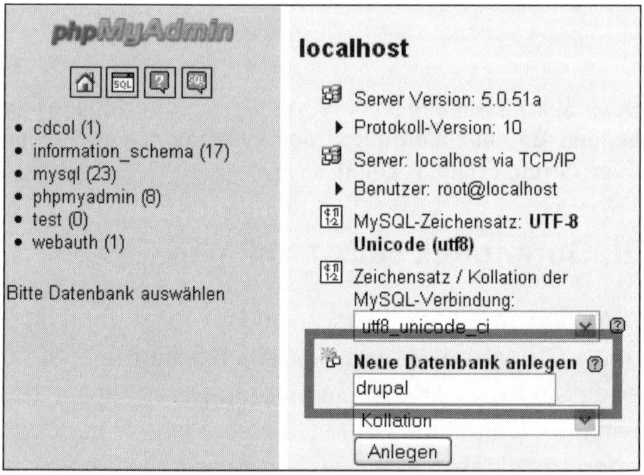

Abb. L2.4: Wenn der Webhoster keinen Datenbanknamen vorgibt, muss man vor der Installation eine Datenbank anlegen

Einen Augenblick später erscheint die Erfolgsmeldung „Datenbank *drupal* wurde erzeugt." Das Schöne an phpMyAdmin ist, dass trotz der „Automatisierung" der an Programmierung Interessierte sowohl den entsprechenden SQL-Befehl als auch auf Wunsch PHP-Code angezeigt bekommt. So kann man phpMyAdmin sogar als Lernprogramm verwenden, ohne zwischendurch an der Syntax zu verzweifeln.

Der darunter angezeigte Bereich „Neue Tabelle in Datenbank *Drupal* erstellen:" muss nicht weiter beachtet werden. Die notwendigen *Tabellen* werden später vom Installationsskript von Drupal selbst angelegt.

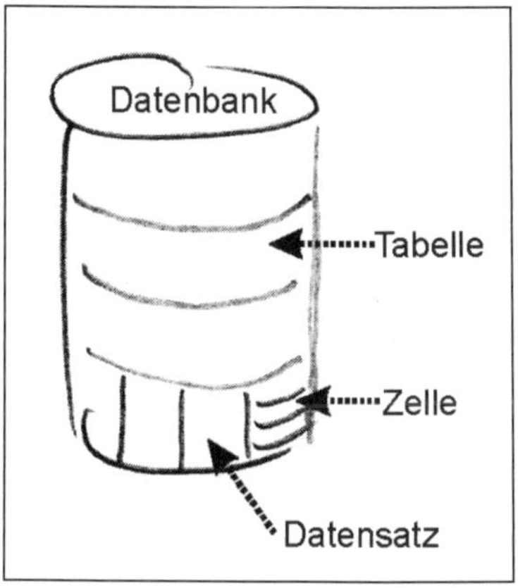

Abb. L2.5: Schematische Darstellung einer Datenbank

Ein SQL-Server kann mehrere Datenbanken enthalten. Die Datenbanken wiederum bestehen aus mehreren Tabellen. Diese Tabellen enthalten (zeilenweise) Datensätze, die aus einzelnen (Daten-) Zellen bestehen und letztendlich die verwaltete Information enthalten.

TIPP

Wie jedes ordentliche Programm, das mit dem Internet zu tun hat, warnt phpMyAdmin auch hier vor den Standardeinstellungen *„root“ ohne Passwort* bei den Benutzerdaten. Bei der lokalen Erprobung kann man diese Einstellungen erstmal verwenden, später sollten die Angaben aber unbedingt geändert werden.

Beim späteren Installations- und Konfigurationsprozess muss man aber den Überblick behalten, wo welcher Nutzer mit welchem Passwort hingehört. Notieren Sie sich bitte diese Zugriffsdaten im Merkzettel, da diese bei der Drupal-Installation angegeben werden müssen.

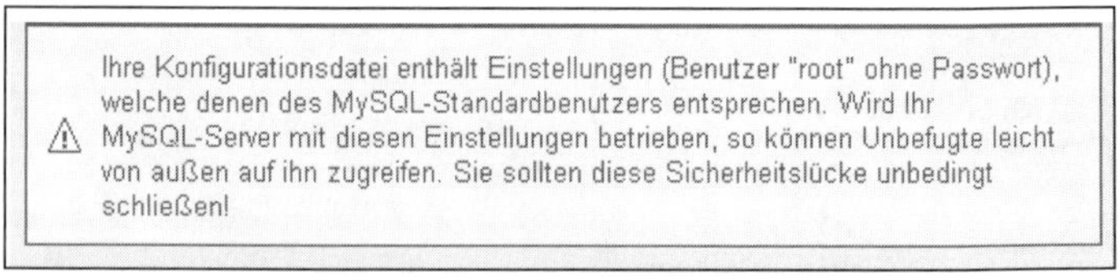

Abb. L2.6: Mit Standardeinstellungen ohne Passwort sollte man nicht auf einem produktiven System arbeiten

Viele Server sind auch mit dem Konfigurations- und Verwaltungstool *Plesk* ausgestattet. Dort kann man eine neue SQL-Datenbank unter Kunden > [*kundenname*] > [*domainname*] > Datenbanken anlegen.

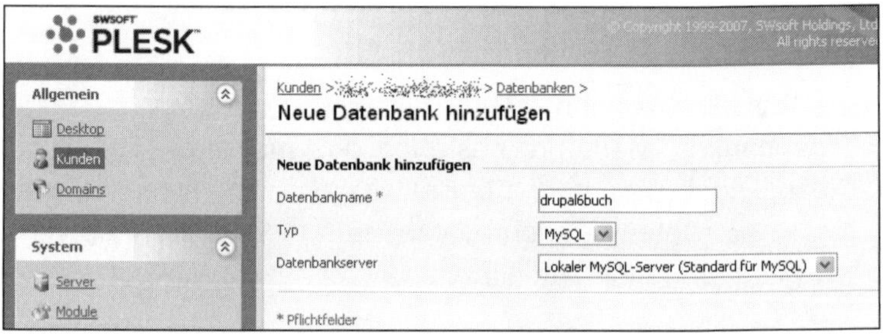

Abb. L2.7: Auf Servern steht meist ein Tool wie Plesk zur Verwaltung zur Verfügung

Unter Plesk erfolgt bei Verwendung der Standardeinstellungen zwar keine Warnung, aber man sollte bei dieser Gelegenheit doch schon einen Nutzer mit Passwort anlegen, um sich hinterher den Mehr- und Änderungsaufwand zu ersparen. Dies erledigt man ganz einfach mit der Funktion *Neuen Datenbankbenutzer hinzufügen*, wobei ein Nutzername und ein Passwort gefragt sind (nicht vergessen: sofort alles auf dem Merkzettel notieren).

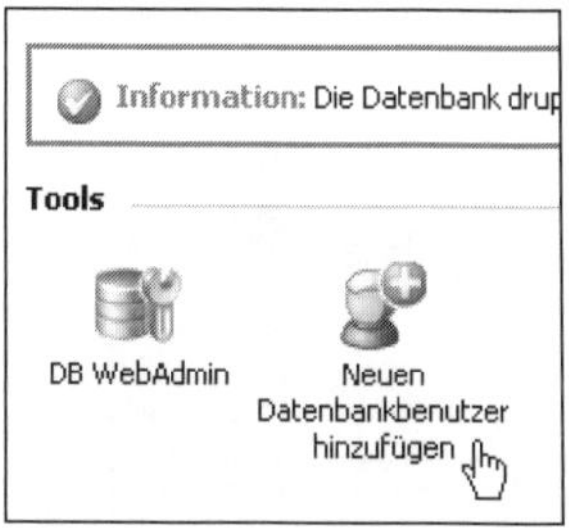

Abb. L2.8: Aus Sicherheitsgründen sollte man eine MySQL-Datenbank nicht mit den Standardeinstellungen betreiben, sondern gleich einen Benutzer mit Passwort hinzufügen

Ein Nutzername ist hier nicht unbedingt im Sinne des Benutzers vor dem Computer zu verstehen, sondern eher aus der Sicht der nutzenden Software. Dementsprechend sollte man den Datenbankbenutzernamen (User) auswählen, beispielsweise *drup_shopper* für ein Geschäftsportal. Man kann den Namen natürlich auch sehr abstrakt gestalten, um das Erraten und einen möglichen Missbrauch zu erschweren (siehe auch Kapitel L7 „Troubleshooting“).

Upload & Installation

Als Vorbereitung für die Drupal-Installation sollte man ein FTP-Programm installieren und zur Übertragung einrichten. Die unbedingt notwendigen Angaben findet man schon in den Anmeldedokumenten des Providers oder in der persönlichen Konfigurationsseite für den Webspace oder Server:

File-Protokoll: FTP ______________________ ❶

Host-Name: ______________________ ❷

User-Name: ______________________ ❸

Passwort: ______________________ ❹

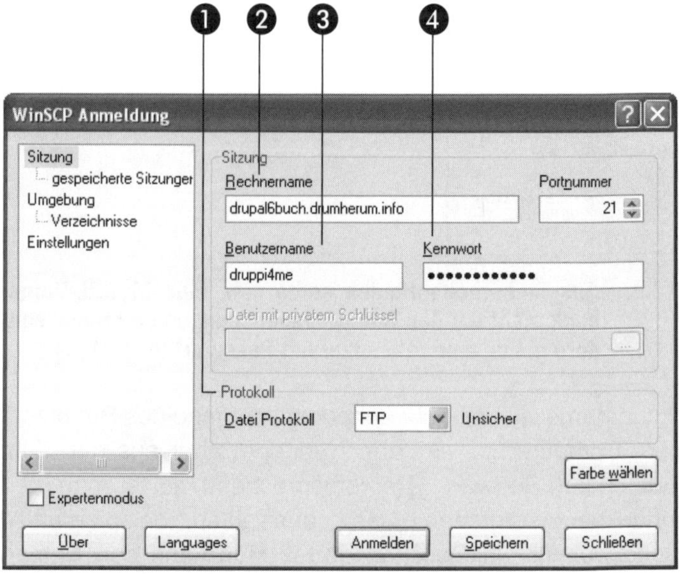

Abb. L2.9: Über das FTP-Programm wird Verbindung mit dem Server aufgenommen

> **TIPP:** Wer gerade einen lokalen Server betreibt (XAMPP & Co.), kann den FTP-Upload überspringen. Bitte am Ende dieses Abschnitts nachlesen!

Damit die Eingabemaske von WinSCP genau so wie in der Abbildung aussieht, muss man zunächst im Abschnitt *Protocol* (Protokoll) das *File protocol* (Datei-Protokoll) auf FTP ❶ einstellen. Danach kann man die individuellen Zugangsdaten eintragen: Bei großen Anbietern entspricht der *Host name* (Rechnername) ❷ oft dem angemeldeten Domainnamen, manchmal um ein vorangestelltes *ftp.* erweitert. Der *User name* (Benutzername) ❸ kann entweder wieder schlicht der Domainname sein oder eine Kunden- bzw. Auftragsnummer (manchmal auch eine vorher eingegebene E-Mail-Adresse). Das *Password* (Kennwort) ❹ wurde eventuell bereits bei der Auftragserteilung abgefragt oder ist in den persönlichen Einstellungen zu finden. Die gesamten Einstellungen muss man abschließend noch mit *Save...* speichern. Eine Warnung weist darauf hin, dass ein *gespeichertes* Passwort ein Sicherheitsrisiko darstellt – man kann dementsprechend das Feld *Password* auch leer lassen und wird dann bei jedem Login danach gefragt – immer eine empfehlenswerte Einstellung, wenn man sich den Arbeitsplatzrechner mit anderen Benutzern teilen muss.

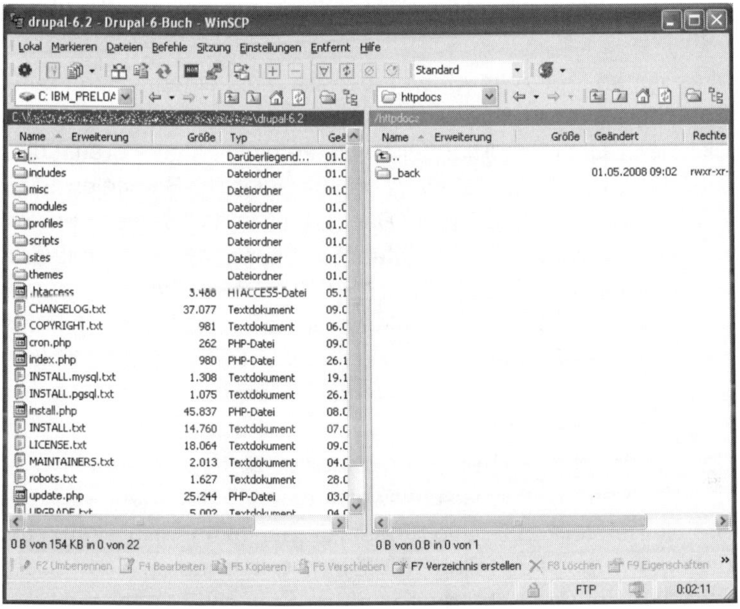

Abb. L2.10: Bei WinSCP kann man die Dateien im Norton-Commander-Stil organisieren oder einfach per Drag & Drop

Als nächstes erfolgt der Upload auf den Server bzw. zum Webspace mit dem FTP-Programm. Hierbei ist es wichtig, dass Sie mit den Zugangsdaten einen eigenen Account angelegt haben. Über Login kann man sich jetzt mit dem Server bzw. Webspace verbinden. Um den Überblick zwischen Schreibtischcomputer zu Hause und Server im Internet zu behalten, sei die Zwei-Fenster-Darstellung im *Norton-Commander*-Stil empfohlen. Auf der *linken* Seite – dem eigenen Computer – stellt man jetzt das

Verzeichnis mit den entpackten Drupal-Dateien ein, auf der *rechten* Seite wird meist automatisch das *root*-Verzeichnis des *Servers* angezeigt. Manchmal finden sich dort bereits Dateien, die der Provider dort hinterlegt hat, um beispielsweise eine Dummy-Homepage mit der Meldung à la „Die Seite befindet sich noch im Aufbau" zu hinterlegen. Wenn man unsicher ist, kann man diese Dateien erstmal in ein Unterverzeichnis verschieben (hier: ein Unterverzeichnis mit der Bezeichnung *_back*).

Wenn man auf dem Server bereits eine eigene Homepage betreibt, ist das Wurzelverzeichnis (*root*) natürlich ebenfalls nicht leer. Um die vorhandenen Daten nicht zu zerstören, sollte man für Drupal ein Unterverzeichnis anlegen. Bei vielen FTP-Programmen reicht dazu ein *Rechtsklick* in das *Server*-Fenster, um ein Kontextmenü aufzurufen. Dort kann man dann mit *Ordner anlegen* oder *create Directory* ein Unterverzeichnis erzeugen. Bei WinSCP ist am unteren Rand eine Leiste mit Funktionstasten aufgeführt: `F7 Create Directory` (F7 Verzeichnis erstellen) legt ebenfalls einen neuen Ordner auf dem Server an (das Server-Fenster muss vorher per Klick ausgewählt werden). Für dieses Verzeichnis sollte ein passender Name gewählt werden, der beispielsweise einen Zusammenhang zum Projekt herstellt, z. B. „blog" oder „drupal_event". Abgeraten sei dagegen von so tollen Einfällen wie „neu", „Test" oder „das_ist_ein_Versuch", deren tieferer Sinn schon nach wenigen Tagen vergessen ist oder bei einer regulären Nutzung eher unangenehm auffällt (simples Umbenennen kann zum Ausfall der Website führen, weil dann die Zugriffspfade nicht mehr stimmen).

Per Doppelklick auf das neue Verzeichnis – in diesem Falle „drupal_event" – wird es geöffnet. Auf der *linken* Seite werden jetzt alle Dateien des Drupal-Archives markiert, was am schnellsten mit [Strg]+[A] geht ([Ctrl]+[A] auf teilweise englisch beschrifteten Tastaturen). Die ausgewählten Dateien kann man dann je nach bevorzugter Arbeitsweise entweder in das *rechte*

Fenster rüberziehen oder per F5 (Copy / Kopieren) den Kopiervorgang starten.

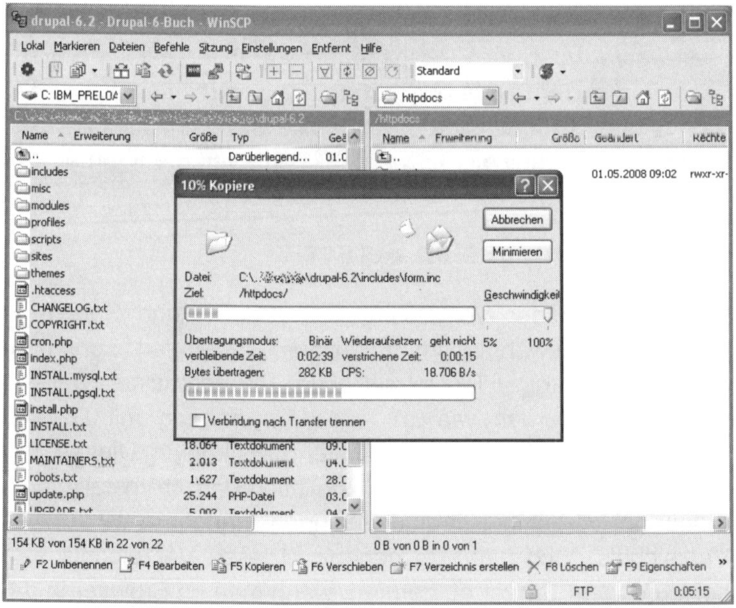

Abb. L2.11: Beim Upload werden die Dateien via FTP auf den Server kopiert

Eventuell erscheint erst noch ein Fenster, in dem Feineinstellungen vorgenommen werden können und der Kopiervorgang nochmals bestätigt werden muss – mit OK geht's weiter. Wie lange jetzt der Upload dauert, hängt nicht nur von der eigenen Internetverbindung ab. Wie bei der Auswahl des richtigen Webhosters bereits erwähnt, kommt es auch auf die Erreichbarkeit des Servers und dessen Auslastung an. So lange aber die Anzeige im Statusfenster der FTP-Übertragung die Dateinamen wechseln und am Modem die Upload-Lampe blinkt, geht es voran. Neben der reinen Upload-Zeit spielt auch das automatische Anlegen der Verzeichnisse auf dem Server eine Rolle, so dass der Vorgang verhältnismäßig lange dauern kann.

TIPP

Wer jetzt mitgedacht hat, wundert sich: erst Download, Archiv entpacken, dann Upload – das ist ein ganz schöner Umweg. Der direkte Transfer von *Drupal.org* zu einem anderen Server oder gar Webspace ist zwar theoretisch möglich, scheitert in der Praxis aber an den Zugriffsrechten. Wer sich für dieses Thema interessiert, sollte sich eine Linux-Bibel zulegen, eventuell mit Schwerpunkt Netzwerke & Internet.

Upload beim lokalen Server

Es wurde bei der Vorstellung von XAMPP und Server2go bereits kurz erwähnt: Um einen *lokal* laufenden Server zu bestücken ist kein FTP-Upload nötig. Die entpackten Dateien von Drupal werden wie im täglichen Umgang mit Dateien gewohnt einfach in das Verzeichnis `htdocs` kopiert. Dieses Verzeichnis ist Teil der „Apache"-Installation und im Installationsordner der Verzeichnisstruktur zu finden. Manchmal wird dieses Verzeichnis auch *httpdocs* genannt. Dieses Verzeichnis wird bei *laufendem* Server aufgerufen, wenn man im Browser in der URL `localhost` bzw. `http://127.0.0.1` eingibt.

Die oben geschilderte FTP-Installation verbindet den heimischen Rechner via FTP mit genau diesem Verzeichnis auf dem Server im Internet.

Rechtesystem auf dem Server

Da Server der Natur nach öffentlich sind, bemühen sich die Betreiber (Webhoster) um Sicherheit: gemeint ist damit einerseits die gute Erreichbarkeit, andererseits der Schutz vor Missbrauch durch unberechtigten Zugriff von außen. Dazu gehört speziell unter Unix/Linux auch ein Rechtesystem. Anders als auf dem Schreibtischcomputer unter Windows gibt es für Dateien und Programme ausgefeilte Rechte – fehlen die, dann kann eine Datei nicht geändert oder ein Skript nicht ausgeführt werden.

Dabei steht *R* für read (lesen), *W* für write (schreiben) und *X* für execute (ausführen). Man kann diese Rechte an der Kommandozeile mit `chmod` setzen oder im FTP-Programm über *Properties* (Eigenschaften) bequem per Mausklick ändern. Bei einer Drupal-Installation geht es meist um Schreibrechte „*W*", die zum Teil auch nur temporär bei der Installation vergeben werden müssen.

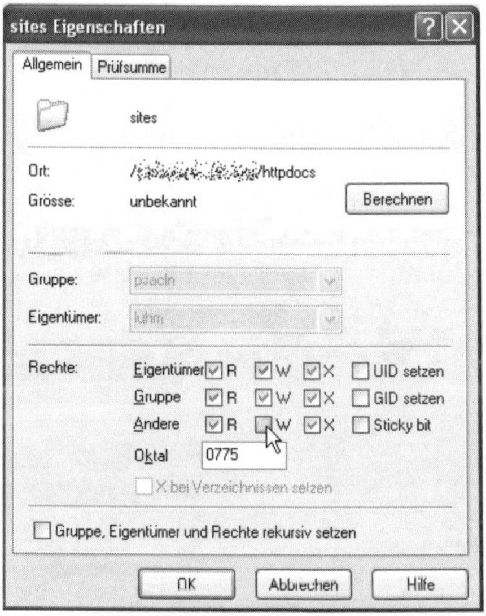

Abb. L2.12: Jeder Datei kann (muss) man detailliert Rechte zuweisen

Während bei einer klassischen Programmierung mit statischem HTML prinzipiell nur Textdateien gespeichert und an den Browser gesandt werden, werden bei einem CMS wie Drupal Skripte ausgeführt oder Dateien angelegt, erweitert und gelöscht. Beim FTP-*Upload* der Installationsdateien spielt dies meist noch keine Rolle, aber beim Ausführen des Installationsskriptes oder beim erstmaligen Betrieb von Drupal kann es zu Fehlermeldungen kommen. Dann muss man nochmals zum FTP-Programm greifen und der beanstandeten Datei (oder einem bestimmten *Verzeichnis*) entsprechend geänderte Rechte zuweisen (also eine Fehlermeldung nicht „wegklicken“, sondern genau lesen und gegebenenfalls sogar notieren). Zur Änderung reicht meist ein *Rechtsklick* für das Kontextmenü und auf den Eintrag „Properties“ bzw. „Eigenschaften“. Es erscheint dann ein Eingabefeld, wo man die Rechte einstellen kann. Ganze Verzeichnisse kann man mit einem Häkchen bei „…rekursiv setzen“ ändern.

TIPP

Wann immer es Fehlermeldungen à la „Kann auf XY nicht zugreifen“ gibt, obwohl es die betreffende Datei oder den Ordner gibt, sollte man bei der Rechtevergabe nachsehen. Diese Rechte kann man in der Regel über das FTP-Programm als „Properties“ bzw. Eigenschaften einsehen und festlegen.

Obwohl es sich um ein kleines Einstellfeld mit nur 9 oder 12 Kästchen handelt, ist der Zusammenhang nicht ganz so einfach. Detaillierte Informationen dazu findet man vor allem in einschlägiger Unix/Linux-Literatur.

Abb. L2.13: Zu Testzwecken kommt die Drupal-Installation in ein Unterverzeichnis, ohne dass die alte Website gelöscht werden müssen

Installationsprozess

Wenn der Upload abgeschlossen ist, hat man schon ein gutes Stück des Weges zur eigenen Website mit Drupal zurückgelegt – und trotz langer Vorbereitung immer noch nicht viel davon zu sehen bekommen. Das soll sich jetzt ändern.

Nach diesen elend langen Vorbereitungen zahlt sich die Mühe endlich aus: Die nun folgende Grundinstallation geht flott vonstatten. Wer ungeduldig ist, sollte aber nicht einfach die ersten 60 Seiten dieses Buches überspringen, um schneller voran zu kommen. Es geht nur so „einfach“, wenn man die oben beschriebenen Vorbereitungen getroffen hat. Wer dabei geschludert hat, wird an mancher kleinen Einstellung unter Umständen verzweifeln.

Die nächsten Arbeitsschritte finden im *Webbrowser* statt. Haben Sie einen *lokalen* Server gestartet (also auf dem Rechner an dem Sie gerade sitzen), muss in die Adresszeile des Browsers „`localhost`“ eingetippt werden. Gibt es dabei irgendwelche Schwierigkeiten, versuchen Sie alternativ bitte die ausführliche Schreibweise `http://127.0.0.1/`. Verwenden Sie Server2go mit den Standardeinstellungen, ist zusätzlich noch eine Portangabe erforderlich, so dass `http://127.0.0.1:4001/` angegeben werden muss. Localhost zeigt die Dateien im Verzeichnis *htdocs* an. Wird dort eine Datei mit dem Namen `index.html` gefunden, wird sie automatisch als Webseite angezeigt (dies gilt meist auch für `index.htm` oder `index.php`). Gibt es dabei eine Fehlermeldung, wurde wahrscheinlich der lokale Server noch nicht gestartet. Server2go beendet sich beispielsweise automatisch, wenn man zwischendurch die betreffenden Browserfenster schließt. Für XAMPP gibt es dazu die Steuerungskonsole.

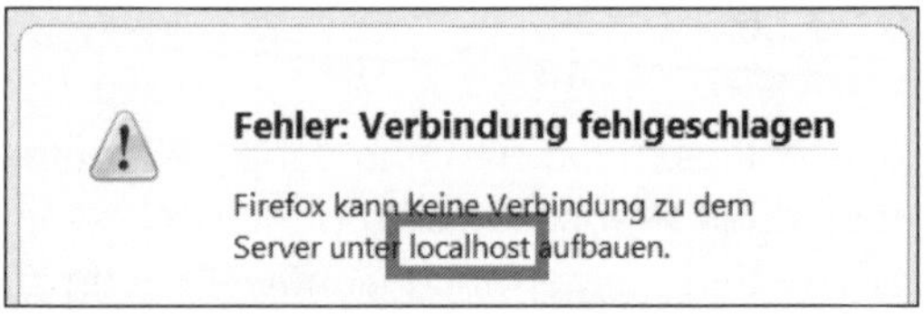

Abb. L2.14: Wenn kein Server läuft, gibt es auch keinen „localhost"

Geht es um Webspace oder einen Server *im Internet*, muss im Browser der *Domainname* eingegeben werden. Haben Sie ein Unterverzeichnis angelegt, um Drupal von einer existierenden Homepage zu trennen, muss der Pfad entsprechend ergänzt werden – also beispielsweise `/drupal` an den normalen Domainnamen anhängen, wenn das Unterverzeichnis *drupal* heißt.

Wenn die Drupal-Installation gut läuft, bietet sich bei vielen Webhostern in der Website-Konfiguration die Möglichkeit, das Unterverzeichnis später als neues Startverzeichnis anzugeben oder eine neue Domain dorthin umzuleiten. Dann kann man die Drupal-Website auch direkt über den Domainnamen erreichen (wobei die alten Inhalte erstmal ausgeblendet, aber nicht gelöscht sind).

Das Installationsskript startet dann automatisch mit einer nüchternen Meldung *Install Drupal in English*. Wenn Sie wie oben empfohlen die Zugriffsdaten zusammengetragen haben, brauchen Sie sie im folgenden Installationsprozess praktisch nur vom Zettel abzuschreiben.

Installationsskript starten

Die Installation startet man ganz einfach, indem man die URL der Website bzw. `localhost` eingibt. Beim ersten Start stellt Drupal selbständig fest, ob die Site schon existiert oder erst eingerichtet werden muss. Der Begrüßungsbildschirm informiert über die seitlich aufgelisteten Punkte über die erforderlichen Schritte der Installation. Etwas irritierend ist die Botschaft im Textfeld *Choose language* (Sprache auswählen) lässt einem nicht wirklich eine Wahl, sondern richtet sich eher nach dem Henry-Ford-Motto „Sie können jede Sprache wählen, solange es Englisch ist" (sofern man nicht eine von Anfang an eingedeutschte Version von DrupalCenter herunterlädt). Auch die Information, wie man *später* eine andere Sprache auswählen kann, hilft im Moment nicht weiter. Wählen Sie deshalb ohne Umschweife den Eintrag *Install Drupal in English*. Eine Umstellung der Sprache auf Deutsch wird im Abschnitt „Man spricht Deutsch" des Kapitels L5 erläutert.

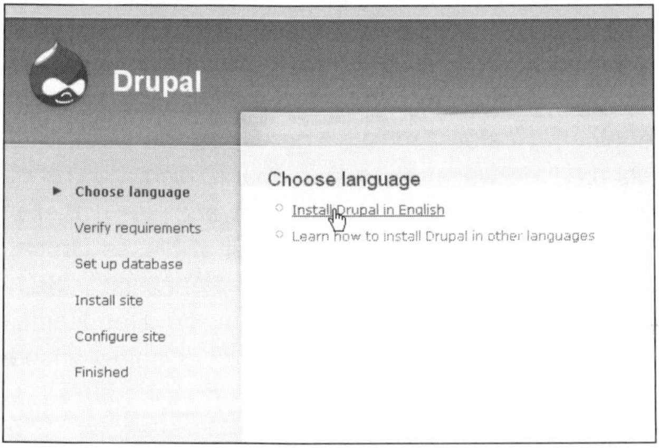

Abb. L2.15: Die Überschrift ist irreführend; die Installation geht zunächst nur in Englisch und kann später umgestellt werden

Der Menüpunkt *Verify requirements* tritt nur in Erscheinung, wenn mit den Voraussetzungen für den Betrieb von Drupal etwas nicht stimmt. Sonst findet man sich sofort bei *Set up database* wieder.

Dieses Formular ist eigentlich der schwierigste Teil der Installation, denn hier werden alle relevanten Daten für den Betrieb von Drupal eingetragen. Wenn Sie in den vorhergehenden Kapiteln alles ordentlich vorbereitet haben, ist dieser Abschnitt nur Schreibarbeit. Wenn nicht, ist es an der Zeit einen roten Kopf zu bekommen …

Der Abschnitt *Basic options* ist mit obigen Angaben schnell gefüllt. Da Drupal die Datenbanksysteme MySQL und PostgreSQL unterstützt, muss man bei *Database type* ❶ den entsprechenden Datenbanktyp auswählen. Das kann man nicht nach Lust und Laune entscheiden, sondern hängt von der Konfiguration des Servers ab. In der Regel ist dies im Hobby- und semiprofessionellen Bereich aber fast immer MySQL.

Bei *Database name* ❷ muss zwischen Webspace und Server unterschieden werden: Wer *Webspace* verwendet, muss an dieser Stelle einen vorgegebenen, gelegentlich etwas kryptischen Namen eintragen (z. B. DB123456). Wer über einen *Server* verfügt – egal ob lokal mit XAMPP bzw. Server2go oder im Internet bei einem Hoster – muss in der Regel die Datenbank selbst anlegen. Und zwar nur die Datenbank, *nicht* die Tabellen. Damit das Installationsskript die notwendigen Tabellen anlegen kann, muss die Datenbank *vor* Aufruf dieses Drupal-Installationsskriptes existieren (siehe den Abschnitt „SQL-Datenbank checken" am Anfang dieses Kapitels). Den Namen für dieses Eingabefeld haben Sie dann allerdings selbst ausgewählt, z. B. *drupal*.

Auch bei„*Database username*" und *Database password* ❸ muss man zwischen Webspace und Server unterscheiden: Bei Webspace hat der Provider die Zugangsdaten vorgegeben (z. B. USER123456), beim Server hat man sie sich selbst ausgesucht. Von den Standardeinstellungen *root* ohne Passwort sei in jedem Fall nochmals abgeraten.

In einem Ausklappmenü am Ende des Formulars versteckt findet sich der Abschnitt „Advanced options". Einer der wichtigsten Einträge dort ist *Database host* ❹ . Bei einem Server ist der vorgegebene Eintrag *localhost* korrekt.

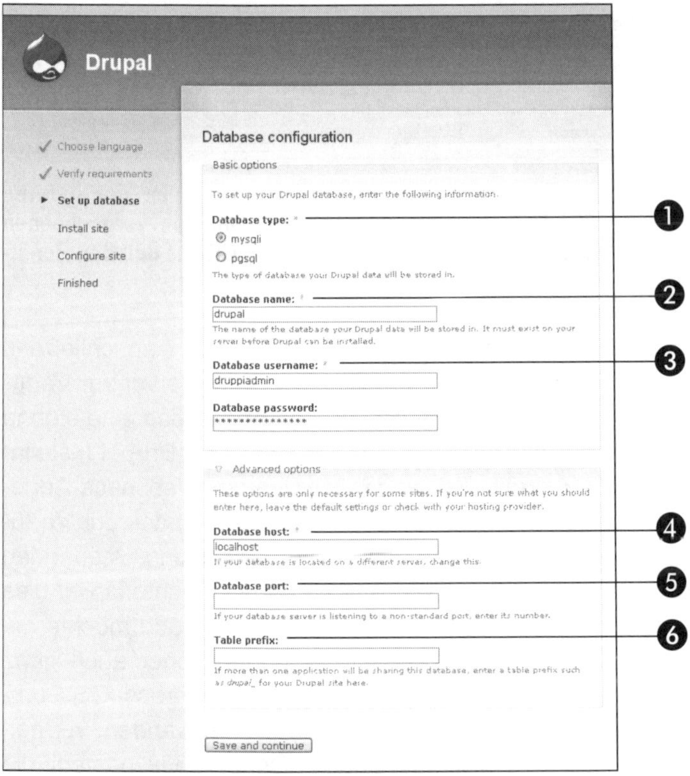

Abb. L2.16: Diese unscheinbaren Einträge der *Database configuration* können es in sich haben – hier bitte besonders sorgfältig vorgehen

Bei Webspace muss man die Dokumentation des Webhosters konsultieren: Es könnte ebenfalls *localhost* sein, es ist aber oft ein separater Server. Bei Strato „Powerweb“ ist dies beispielsweise `rdbms.strato.de`. Sofern der Webhoster keine besonderen Angaben dazu macht, kann der Eintrag *Database port* ❺ leer bleiben. Abbildung L2.17 zeigt exemplarisch den Benutzer-Account im shared Hosting von Strato, wo man unter *Einstellungen | Datenbanken* die notwendigen Angaben findet.

Abb. L2.17: Im Benutzer-Account der Webhosters ist der externe SQL-Server genannt, zusammen mit den vorgegebenen Bezeichnungen für die Datenbank (DB…) und den Benutzer (U…)

Einen kleinen Moment nachdenken sollte man abschließend über den Eintrag „Table prefix" ❻ : Wer einen Server zur Verfügung hat, leistet sich vermutlich für jede Applikation eine eigene Datenbank auf die beispielsweise die aktuelle Drupal-Installation exklusiv zugreift. Bei einem preiswerten Webspace-Angebot steht dagegen in der Regel nur *eine* Datenbank zur Verfügung. Solange man auf dem zur Verfügung stehenden Webspace auch nur *eine* Website betreiben möchte, spielt dies keine Rolle. Ist man aber experimentierfreudig und möchte die Datenbank für mehrere Drupal-Installationen oder auch ganz andere Programme nutzen (z. B. Joomla, Wordpress, OS Commerce usw.), die ebenfalls eine Datenbank verwenden, vermeidet das Tabellen-Präfix das Chaos: Ohne Präfix besteht die Gefahr, dass *unterschiedliche* Programme Tabellen mit *demselben* Namen in der Datenbank anlegen und somit alle Daten durcheinander geraten würden. Das Tabellen-Präfix sorgt nun dafür, dass Drupal jeden Tabellennamen um das Präfix *ergänzt*. Mit dem Präfix „drupal_" wird aus dem Tabellennamen „user" die Tabelle „drupal_user", die sich nun nicht mehr mit der Tabelle „user" aus einer parallelen Joomla-Installation ins Gehege kommt (wobei man dort schlauerweise ebenfalls ein Tabellen-Präfix à la „joomla_" verwenden sollte). Dies gilt natürlich auch, wenn man eine zweite Drupal-Plattform installieren möchte – dann muss man natürlich ebenfalls ein *anderes* Tabellen-Präfix verwenden.

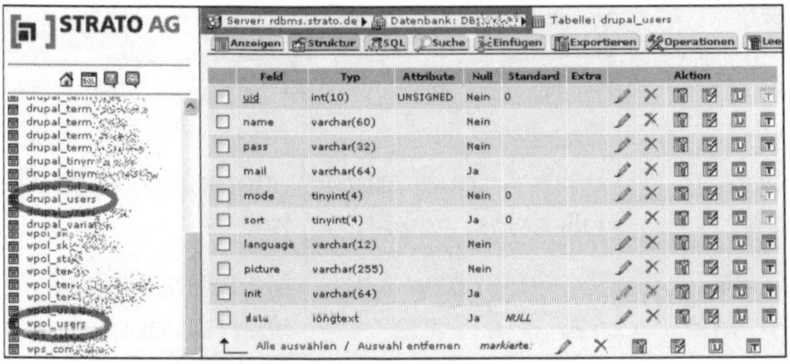

Abb. L2.18: Das Tabellen-Präfix verhindert das Vermischen unterschiedlicher Anwendungen

Die Abbildung zeigt exemplarisch die Datenbankverwaltung im Shared Webhosting des Anbieters *Strato*: In der selben Datenbank befinden sich sowohl eine Drupal- als auch eine Wordpress-Installation. Beide Programme verwenden eine Tabelle *users*, die erst durch Verwendung des Tabellen-Präfixes eindeutig unterscheidbar werden. So können die beiden CMS völlig unabhängig voneinander genutzt werden, obwohl sie sich eine Datenbank teilen müssen.

	Server	Webspace
Database name DB-Datenbankname	Die MySQL-DB muss vorher selbst angelegt werden; freie Namenswahl (z. B. mit PhpMyAdmin)	Die MySQL-DB gibt es schon, der Name ist vorgegeben, z. B. DB…
Database username DB-Benutzername	Der Benutzername ist *root* oder wird selbst beim Anlegen der DB gewählt	Der Benutzername ist vorgegeben, z. B. U…

	Server	Webspace
Database password DB-Passwort	Entweder kein Passwort oder beim Anlegen der DB selbst gewählt	Passwort oft mit Account gekoppelt oder selbst einstellbar
Database host DB-Servername	localhost bzw. 127.0.0.1 (aus Sicht des Servers!)	Manchmal *localhost*, oft aber spezieller externer Server
Table prefix Tabellen-Präfix	Nicht notwendig, unter bestimmten Umständen empfehlenswert	Notwendig beim Einsatz *mehrerer* Programme auf *einer* DB

Abb. L2.19: Unterscheidung von Server und Webspace

Nach einem Klick auf *Save and continue* geht es hoffentlich mit der Fortschrittsanzeige *Installing Drupal* weiter – sonst müssen die obigen Einträge nochmals kontrolliert werden. Je nach Arbeitsgeschwindigkeit des Servers blinkt bei einwandfreien Eintragungen der Fortschrittsbalken nur kurz auf.

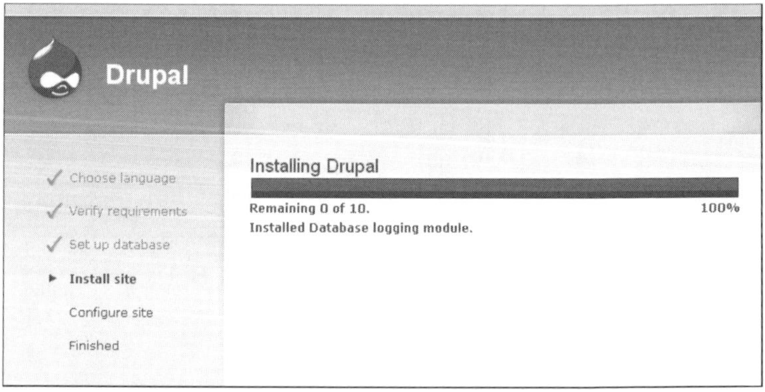

Abb. L2.20: Bei korrekten Daten blinkt der Fortschrittsbalken nur kurz auf ...

Der nächste Arbeitsschritt *Configure site* ist zwar auf den ersten Blick wieder ein abschreckend langes Formular, ist aber trotzdem relativ harmlos. Trotzdem sollte man die Einträge nicht auf die Schnelle machen. Als erstes erschreckt einen nun doch die Fehlermeldung gleich im Kopf der Seite: Eigentlich handelt es sich nicht um einen Fehler, sondern um den Sicherheitshinweis, Zugriffsrechte zu ändern – dies sollte man auch tun (siehe Hinweise beim FTP-Programm und Rechtevergabe In Kapitel L1 bzw. im Kapitel L7 „Troubleshooting").

Das Formular ist wie bei Drupal üblich in mehrere Abschnitte unterteilt. Der erste nennt sich *Site information*. Diese Website-Information besteht aus den Einträgen *Site name* ❶ und *Site e-mail address* ❷. In der Abbildung ist als Vorschlag die URL eingetragen, man kann dort einen beliebigen Namen eintragen – vorzugsweise natürlich den Titel der Homepage. Sofern dieser noch nicht ganz klar ist, kann man diesen Eintrag später über *Administer | Site configuration | Site information* ändern. Gefragt ist auch eine E-Mail-Adresse, die als *Absender*-E-Mail-Adresse bei Mitteilungen des Systems verwendet wird. Um vor allem registrierten Nutzern den Zusammenhang zu dieser Website zu verdeutlichen, sollte dies durchaus eine E-Mail-Adresse aus dem Domain-Bereich dieser Website sein, also beispielsweise `info@[mein_domainname]`.

Der nächste Abschnitt ist mit *Administrator account* überschrieben. Dieser erste Account bei der Installation von Drupal ist ein Besonderer, der mit allen Rechten ausgestattet ist, damit man auch wirklich alles konfigurieren kann. Die hier verwendeten Zugangsdaten sollte man entsprechend sorgfältig auswählen und sicher aufbewahren. Der gewählte *Username* ❸ sollte der Wichtigkeit dieses Accounts Rechnung tragen (siehe dazu auch die Überlegungen im Kapitel L7 „Troubleshooting"). An dieser Stelle wird erneut eine E-Mail-Adresse ❹ angefragt und eventuell die oben genannte schon eingetragen. Es handelt sich funktional allerdings um eine andere Art: Hier geht es darum, unter welcher Adresse der *Administrator* für Drupal-Meldungen erreichbar ist. Deshalb sollte an dieser Stelle möglichst eine *andere* E-Mail-Adresse eingetragen werden. Diese sollte entgegen obiger Empfehlung unter *Absender* nicht über den betreffenden Webspace laufen, sondern unabhängig sein, damit sie auch bei erheblichen Störungen noch nutzbar ist. Denn was nützen einem Administrator Fehlermeldungen, wenn sie auf dem Server liegen, der gerade Fehler produziert und deshalb vielleicht überhaupt nicht mehr erreichbar ist?

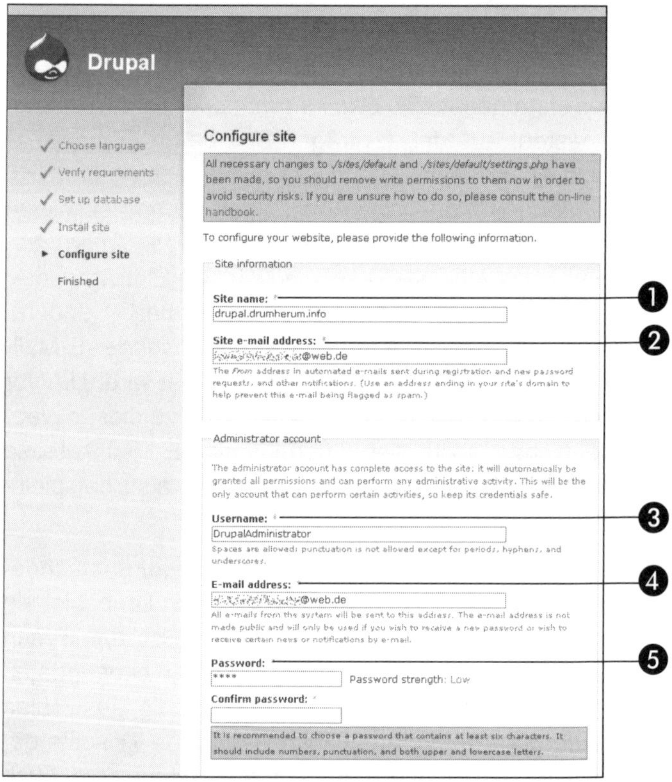

Abb. L2.21: Bei *Configure site* werden viele Details zur Website eingetragen

Eine auffällige Neuerung in Drupal ist die Bewertung der Passwort-Stärke: Sobald man in das betreffende Feld ❺ das Passwort einträgt, färbt sich das darunter platzierte Informationsfeld rot bei schwachen Passwörtern, gelb bei mittlerer Tauglichkeit und grün für gut gewählte Begriffe. Grundsätzliche Überlegungen zu einem gut gewählten Passwort finden Sie im Kapitel L7 „Troubleshooting".

Sie lernen gerade an diesem Formular eine Spezialität von Drupal kennen: Formulare bei Drupal können sich über mehrere Bildschirmseiten erstrecken und manches Mal kann man sie mit Ausklappbereichen noch weiter verlängern. Damit die Texte in den Abbildungen noch lesbar bleiben, wurde *Configure site* aufgeteilt – hier folgt der zweite Teil mit dem Abschnitt *Server settings*.

Die *Default time zone* ❻ meint die Standard-Zeitzone, die für Zeitangaben bei den Beiträgen verwendet werden soll. Praktisch für das gesamte Mittel- und Westeuropa – von Warschau bis nach Barcelona (außer London) – gilt „UTC +1" (*Universal Coordinated Time*; früher wurde GMT verwendet, Greenwich Mean Time). Doch in Zusammenhang mit der Sommerzeit muss man leider einen Kompromiss machen, indem man von Ende März bis Ende Oktober „UTC +2" angibt (obwohl sich die Zeitzone eigentlich nicht geändert hat). Diese Angabe kann man später bei *Administer | Site configuration | Date and time* noch ändern.

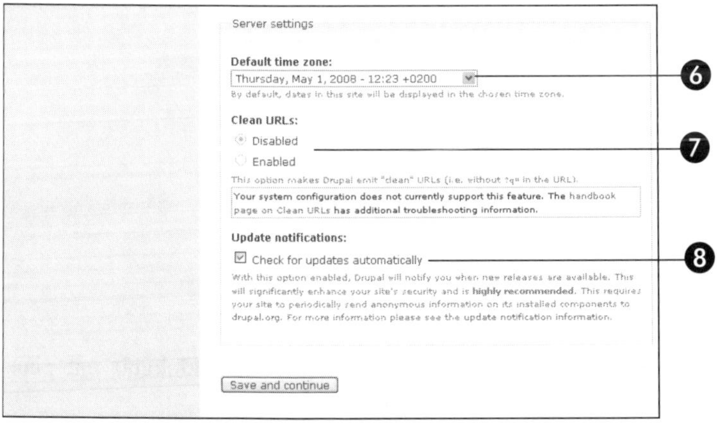

Abb. L2.22: Zur Konfiguration zählt unter anderem auch die Zeitzone

Clean URLs ❼ betrifft die Ausgestaltung der Links zu einzelnen Beiträgen: Steht dort `[domainname]?q=node/3` oder `[domainname]/beitrag-hallo-welt`. Dies soll die Suchmaschinenfreundlichkeit erhöhen – wenn es die URLs für den Nutzer beim Abtippen manchmal auch ziemlich unhandlich macht. Da diese Funktion serverabhängig ist, steht sie nicht bei allen Installationen zur Verfügung und dürfte insbesondere bei Webspace fehlen.

Update notifications ❽ überprüft die Drupal-Installation auf vorhandene Updates. Über das Häkchen in der Checkbox kann man die Funktion ein- oder ausschalten. Eine solche automatische Überprüfung, wie heute bei vielen Software-Produkten üblich, ist durchaus umstritten: Einerseits geht es um Sicherheitsupdates, andererseits sehen viele durch die automatischen Aktivitäten die Datensicherheit beeinträchtigt („nach Hause telefonieren").

Die Wahrscheinlichkeit, dass nach einem Klick auf *Save and continue* nun problemlos eine Erfolgsmeldung kommt, ist sehr groß. Schließlich beziehen sich diese Angaben *noch* nicht auf andere Funktionen. Man sollte sich die hier eingetragenen Werte allerdings gut merken (notieren!), da man sie z. T. später noch benötigt (wurde schon der Merkzettel erwähnt?).

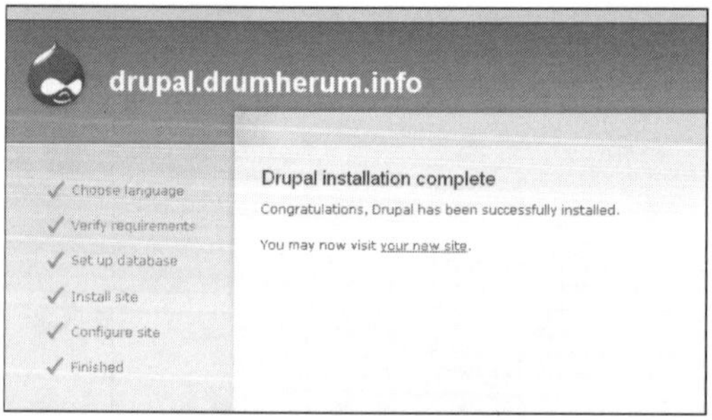

Abb. L2.23: Der Installationsprozess endet unspektakulär mit einer simplen Hinweisseite

Hat man diesen Installationsschritt gut überstanden, meldet sich Drupal mit einer Übersicht empfehlenswerter weiterer

Schritte. Dieser Fahrplan sorgt für die Abarbeitung notweniger Schritte und gibt gleichzeitig einen Überblick der umfangreichen Möglichkeiten von Drupal.

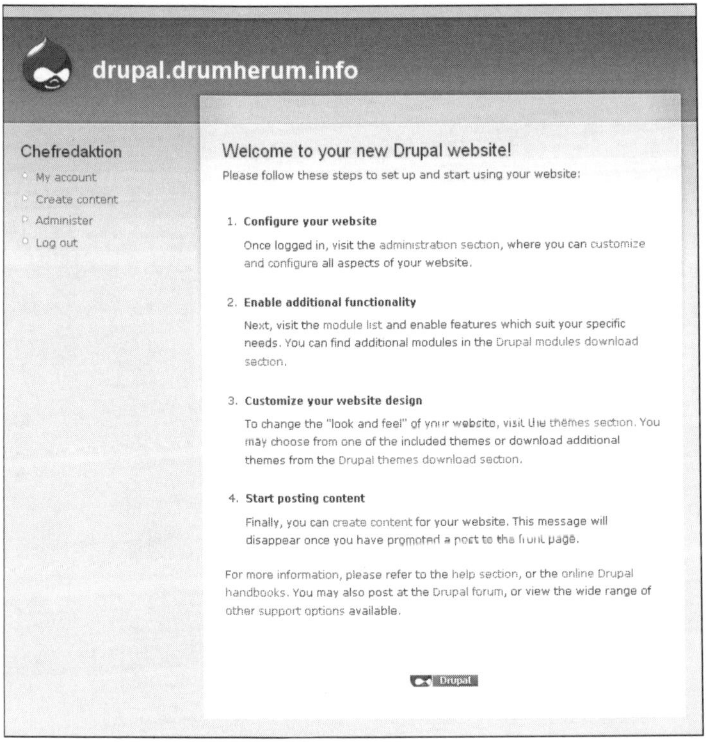

Abb. L2.24: Nach der Installation gibt Drupal Empfehlungen zur weiteren Konfiguration

Mit dem Abschluss der Installation von Drupal ist man automatisch als Administrator mit dem oben angelegten Account eingeloggt. Dies erkennt man an den Menüpunkten *Create content* und *Administer* sowie der Möglichkeit zum *Log out* in der Navigationsleiste am linken Rand. Ist man dagegen nicht eingeloggt, gibt es an dieser Stelle nur die zwei Eingabefelder für den Benutzernamen und das Passwort.

L3 Überblick und Kaltstart

Mit dem Durcharbeiten der ersten beiden Kapitel ist die technische Grundinstallation abgeschlossen. Drupal steht in einer funktionierenden Standardinstallation zur Verfügung. Obwohl Vorbereitungen und Installation für manchen sicher neu und entsprechend schweißtreibend sind, sind es doch ein eher „einfache" Kapitel – warum das? Die technische Seite der Installation erfolgt nach relativ klaren Regeln mit wenigen Variationsmöglichkeiten. Der Weg vom Download des aktuellen Drupal-Archivs bis zum Start der Website ist relativ klar vorgegeben und sieht bei Tausenden von Drupal-Usern praktisch identisch aus.

Wenn Drupal erstmal läuft, kann man viele Funktionen einfach per Mausklick aufrufen. Das scheint zu Beginn viel leichter, ist aber bald viel schwieriger: Es ist ja nicht damit getan, irgend etwas anzuklicken, weil insbesondere bei Drupal sehr viele Funktionen voneinander abhängig sind und stark ineinander greifen. Dies macht sich insbesondere bei der Rechtevergabe für die Nutzer der Website bemerkbar. Deshalb an dieser Stelle nochmals die Empfehlung:

1. Erst einmal ein Testsystem aufsetzen und sich mit der Arbeitsweise und den Möglichkeiten von Drupal vertraut machen. Eventuell schon etwas Erfahrung mit zusätzlichen Modulen sammeln.
2. Das Projekt ganz konventionell und „langweilig" auf Papier entwerfen: Thema festlegen, Funktionen auflisten, eventuell Nutzerrechte definieren.
3. In einem zweiten Durchgang das echte System aufsetzen. Dabei Erfahrungen aus dem Testlauf berücksichtigen und sich strikt an das Konzept halten. Ein spontanes Herumexperimentieren kann relativ schnell zu einem „vergurkten" System führen und die Freude an Drupal schnell trüben.

Abb. L3.1: Nur ein registrierter Benutzer kann auf die Funktionen *Create content* oder *Administer* zugreifen

Wie man dabei vorgehen *kann,* zeigt das Kapitel „Anwenden". Doch genug der Theorie. Wie geht es nun weiter? Das letzte Bild des Installationsprozesses könnte eigentlich auch das erste Bild der Konfiguration sein, denn es listet so schön das weitere Vorgehen auf: *Please follow these steps to set up and start using your website* (Bitte gehen Sie folgendermaßen vor, um die Website einzurichten und zu verwenden). Auf den ersten Blick eine gute Idee, diesem Ratschlag zu folgen, zumal viele der Stichwörter verlinkt sind und so sofort zu den relevanten Einstellformularen führen. Doch die weiteren vorgeschlagenen Schritte widmen sich Feintuning, Erweiterung und Design – *Start posting content* (Beiträge veröffentlichen) kommt erst als letzter Punkt dieser Liste. Das ist nicht die Nachricht, die man nach rund 80 Seiten lesen möchte. Nachdem die Grundinstallation von Drupal läuft, wird jetzt der traditionelle „Hallo Welt"-Beitrag geschrieben.

TIPP

Viele Content Management Systeme unterscheiden zwischen Frontend (öffentlicher Teil für alle Besucher der Website) und Backend (Administrationsbereich für den Betreiber der Website) und machen dies durch einen besonderen Zugang sowie ein spezielles Erscheinungsbild kenntlich. Bei Drupal gibt es diese Unterscheidung nicht: Wenn man als

Nutzer angemeldet ist – und über entsprechende Rechte verfügt – werden die typischen Funktionen des Backends einfach in die normale Navigation des Frontends zusätzlich eingeblendet.

Im Gegensatz zu anderen CMS muss man sich bei Drupal nicht extra in ein Backend einloggen, um einen Beitrag zu schreiben. Wenn man sich als registrierter Nutzer allgemein an der Website angemeldet hat, stehen alle Funktionen automatisch in der normalen Navigationsleiste unter *Create content* und *Administer* zur Verfügung (man kann aber über ein zusätzliches Theme für das Backend eine Unterscheidung herbeiführen).

Um den ersten Beitrag zu schreiben, wechselt man zu *Create content*. Dort bietet die Standardinstallation von Drupal die Inhaltsformen *Page* und *Story* an. Jetzt kann man lange darüber nachdenken, wo genau die Unterschiede liegen und wieso ausgerechnet die *Story* für Blog-Einträge verwendet werden soll – wir machen es jetzt einfach.

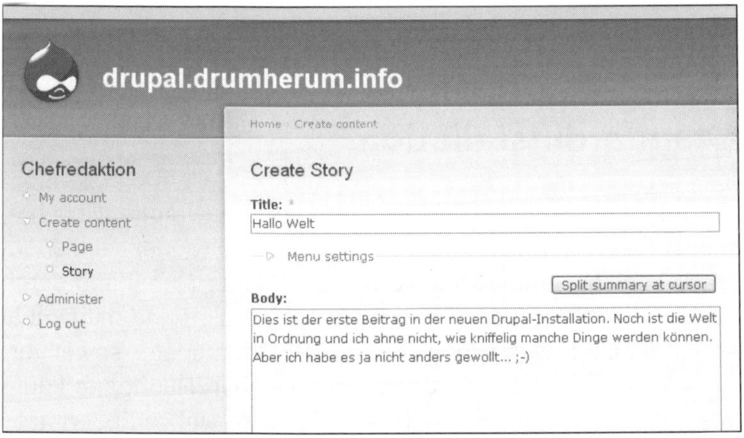

Abb. L3.2: Als Lohn der Mühe wird jetzt erstmal ein Beitrag geschrieben

Unter *Title* wird die Überschrift eingetragen, bei *Body* der Text des Beitrages. Alle anderen interessanten oder kompliziert aussehenden Ausklappmenüs wie *Menu settings* und Konsorten werden übersprungen und der Beitrag gleich mit einem Klick auf *Save* abgeschickt.

Mit einem Klick auf die Titelzeile (hier *drupal.drumherum.info*) gelangt man auf die Startseite der neuen Homepage und sieht gleich den ersten Eintrag: „Hallo Welt“. So sieht er aus, der erste Beitrag auf der frischen Website.

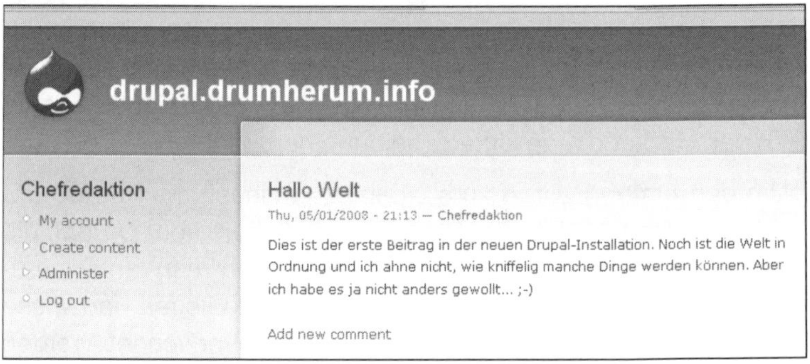

Abb. L3.3: Der erste Beitrag in der frischen Drupal-Website: Hallo Welt

Rundgang durch die Standardinstallation

Nachdem man nun endlich den ersten Beitrag veröffentlicht hat, muss man sich das nächste Erfolgserlebnis wieder verdienen. Dazu folgt zur ersten Orientierung ein kleiner Rundgang durch die Standardinstallation – wer eifrig ausprobiert und mit Drupal experimentiert, wird schon ein paar Stunden später soviel verändert haben, dass man dann einen solchen Rundgang kaum wiederholen könnte, weil sich inzwischen so viel verändert hat.

Zunächst also *My account* (Mein Konto): Normal aufgerufen ist dort in der Ansicht *View* nichts besonderes zu sehen (ein wenig Statistik zum Benutzer), doch rechts daneben steht ja noch *Edit*: Dort kann man alle während des Installationsprozesses gemachten Angaben überarbeiten, also Benutzernamen (*Username*), Kontaktadresse (*E-mail address*) und das Passwort (*Password*). Darüber hinaus kann man den Status von *Active* (aktiv) auf *Blocked* (blockiert) ändern – was man mit dem einzigen Administrator-Account tunlichst unterlassen sollte! Später kann man auf diesem Wege andere User so verwalten. Wenn die Sommerzeit vorbei ist, kann man außerdem die Zeitzone wieder anpassen – sofern dies auf dem Server des Webhosters nicht automatisch passiert. Hat man auf dieser Seite Änderungen vorgenommen, muss man sie mit *Save* bestätigen – hat man seine Meinung geändert, einfach *Delete* klicken oder gleich über die Navigation eine andere Seite auswählen (Änderungen werden dann „vergessen“).

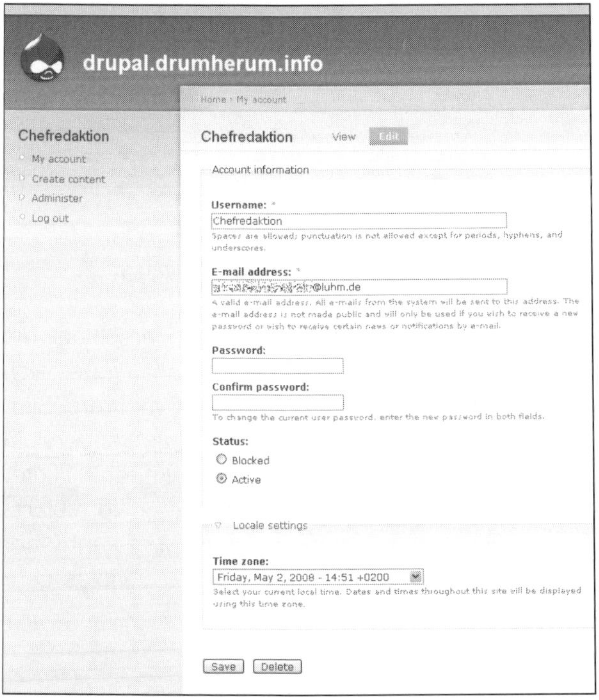

Abb. L3.4: Minimaleinstellungen zu registrierten Benutzern

Der zweite Punkt in der Navigationsleiste *Create content* hat sich seit dem „Hallo Welt"-Beitrag nicht verändert: *Page* und *Story* stehen zur Auswahl um Texte zu veröffentlichen. Doch sobald man dem Bereich *Administer* einen Besuch abgestattet hat, sind dort garantiert mehr Auswahlmöglichkeiten zu finden. Und mit der Installation von Modulen wird diese Liste weiter wachsen.

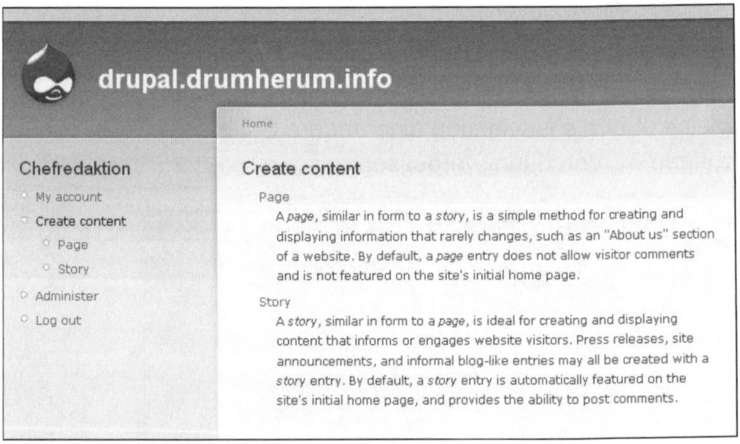

Abb. L3.5: Über *Create content* werden Beiträge angelegt

Nach diesen eher beschaulichen Menüpunkten erschlägt die Rubrik *Administer* den Benutzer mit Möglichkeiten: Wie es sich für Drupal gehört, erstreckt sich die Seite über mehrere Bildschirmseiten – und ist dabei sowieso nur eine Inhaltsübersicht der Konfigurations- und Erweiterungsmöglichkeiten. Hinter jedem Eintrag stecken weitere Menüs und Einstellformulare. Dies ist bei Drupal Fluch und Segen zugleich: Man kann sehr vieles fein steuern, aber man muss sich auch um vieles sehr genau kümmern.

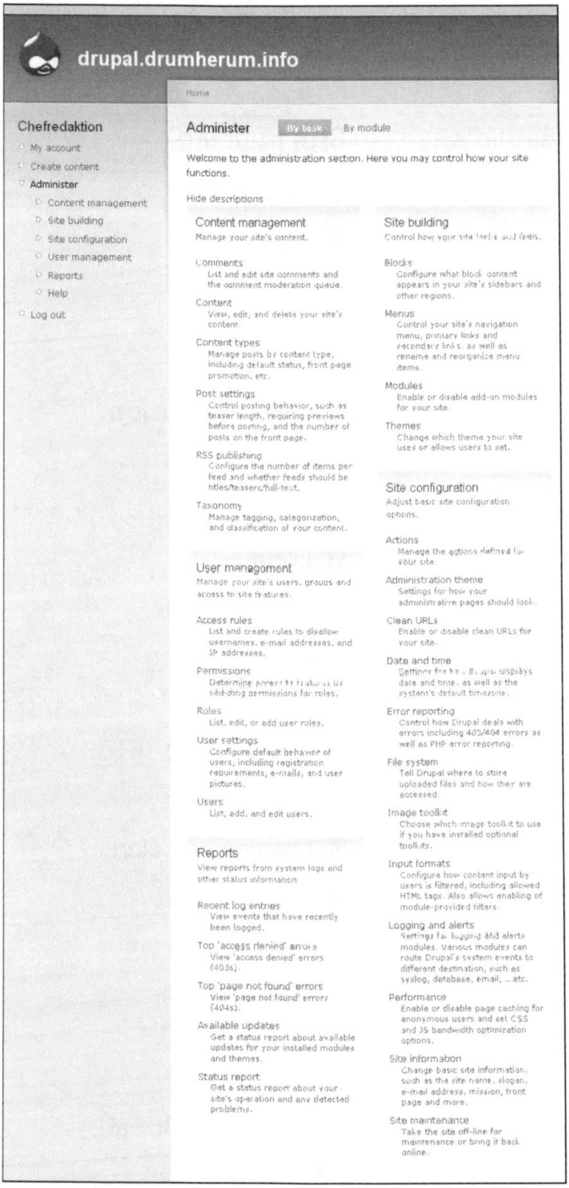

Abb. L3.6: Der *Administer*-Bereich steuert eine Unmenge von Funktionen

Da auch auf einem seitenfüllenden Screenshot nicht viel zu erkennen ist, anbei eine kleine Übersicht der Funktionen:

Content management

- Comments
- Content
- Content types
- Post settings
- RSS publishing
- Taxonomy

User management

- Access rules
- Permissions
- Roles
- User settings
- Users

Reports

- Recent log entries
- Top 'access denied' errors
- Top 'page not found' errors
- Available updates
- Status report

Site building

- Blocks
- Menus
- Modules
- Themes

Site configuration

- Actions
- Administration theme
- Clean URLs
- Date and time
- Error reporting
- File system
- Image toolkit
- Input formats
- Logging and alerts
- Performance
- Site information
- Site maintenance

Abb. L3.7: Übersicht für den *Administer*-Bereich in Drupal

Diese Übersicht bezieht sich allerdings nur auf die Standardfunktionen, wie sie sich bei einer frischen Installation darstellen. Über *Administer* | *Site building* | *Module* kann man weitere mitgelieferte Module aktivieren oder zusätzliche von Drittanbietern integrieren. Mit jedem Schritt in diese Richtung wächst der mögliche Funktionsumfang (wobei man nicht benötigte Module selbstverständlich auch deaktivieren kann). Was man mit diesem prall gefüllten Sack an Funktionen und Möglichkeiten alles anstellen kann, ist Thema des folgenden Kapitels. Zunächst soll aber dieser kleine Rundgang abgeschlossen werden.

Der letzte Punkt in der Standard-Navigationsleiste bedarf keiner großen Erläuterung: *Log out* führt erst gar nicht zu einem Menü, sondern tut es einfach. Nach einem Klick auf diesen Eintrag ist man sofort ausgeloggt.

TIPP

Alle, die der Verwendung der vielen englischen Ausdrücke oder einer komplett englischen Drupal-Installation ablehnend gegenüber stehen, seien auf die entsprechende Erläuterung in der Einleitung zu diesem Buch verwiesen. Da man sich leider nicht bei allen Updates oder Erweiterungen auf eine zeitnah verfügbare Übersetzung verlassen kann, erleichtert der Umgang mit der englischen Version langfristig die Selbsthilfe. Nichtsdestotrotz gibt es einen Abschnitt zu Lokalisierung und Mehrsprachigkeit in Kapitel L5, „Man spricht Deutsch“.

L4 Großer Rundgang

Dieses Kapitel dient der Information und Inspiration. Durch die konsequente Erläuterung jedes einzelnen Menüpunktes des *Administer*-Menüs werden sämtliche Funktionen der Drupal-Grundinstallation kurz vorgestellt: Was bewirken sie, welche Abhängigkeiten bestehen? Gleichzeitig erfährt man so etwas über die vielseitigen Möglichkeiten, z. B. die fein abgestimmte Nutzerverwaltung, die Drupal für so genannte Communitys interessant macht, oder wie *Reports* dem Webmaster bei der Fehlersuche behilflich sein können. Das nächste Kapitel „Feineinstellungen, Tipps & Tricks" erläutert Ergänzungen und Anpassungen wie beispielsweise Texteditor, Grafiklösung, Module oder Themes. Das Kapitel „Troubleshooting" am Ende dieses „Lernen"-Teils geht dann auf den Umgang mit Fehlern ein.

1 Content Management

2 User Management

3 Reports

4 Site Building

5 Site Configuration

Soweit nicht ausdrücklich genannt, sind auch in diesem Abschnitt nur die Komponenten der Standardinstallation mit den Standardeinstellungen genannt (in der exakt gleichen englischen Schreibweise) – wie auch schon in den vorhergehenden Kapiteln aus Gründen der Wiedererkennung und Nachvollziehbarkeit. Sobald man inaktive Komponenten aktiviert oder sogar neue Module hinzufügt, ändert sich das Aussehen durch andere oder zusätzliche Einträge.

Administer ist der Einstieg in die Konfiguration der Website. Dieser Menüpunkt erscheint in der Navigation nur, wenn man registrierter Nutzer ist und über entsprechende Rechte verfügt. Der im Rahmen der Installation angelegte erste Nutzer hat Berechtigungen für alles, weiteren Nutzer müssen solche

Rechte gegebenenfalls erst im User-Profil bzw. der zugehörigen *Rolle* zugewiesen werden. Obwohl sich jede hier genannte Funktion meist durch einfachen Mausklick einstellen lässt, sollte man nicht einfach drauflos klicken, sondern sich erstmal mit den Funktionen und den möglichen Wechselwirkungen vertraut machen. Bei vielen Modulen finden sich dazu Erläuterungstexte.

Administer: Content Management

Content management ist die Verwaltung über die Art der Einträge und wie sie verwaltet werden. Was hier genau möglich ist, hängt auch von den installierten bzw. aktivierten Modulen sowie den eingetragenen Benutzerrechten ab.

Comments

Die Möglichkeit, einen Beitrag zu kommentieren, macht einen wesentlichen Teil der Interaktivität und Attraktivität eines modernen CMS wie Drupal aus. *Comments* listet die im System befindlichen Kommentare nach Titel (*Subject*), Autor (*Author*), Beitrag (*Posted in*) und Datum auf.

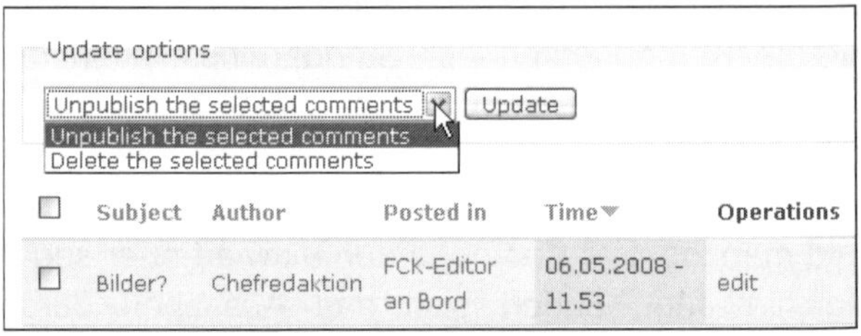

Abb. L4.1: Kommentare können bearbeitet, ausgeblendet oder gelöscht werden

Darüber hinaus kann man die Kommentare verwalten; sei es, weil sie *versehentlich* gesendet wurden oder weil sie wegen unsachlicher Äußerungen usw. nicht erwünscht sind.

Content

Eine Übersicht aller Veröffentlichungen listet Content auf, sortiert nach Titel (*Title*), Art (*Type*), Autor (*Author*) und Sprache (*Language*).

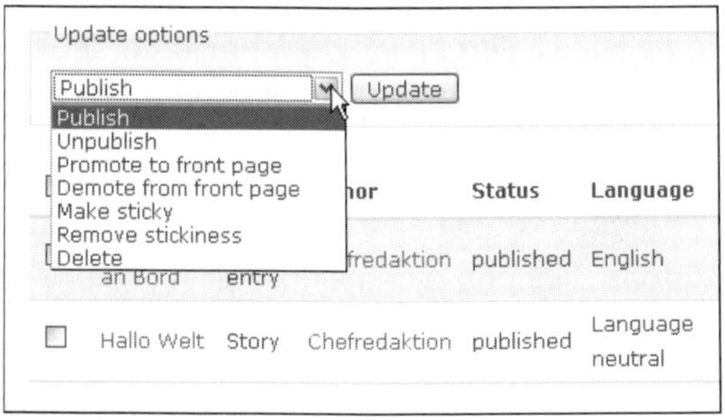

Abb. L4.2: Alle Veröffentlichungen können übersichtlich verwaltet werden

Die Beiträge können bearbeitet oder in ihrem Veröffentlichungsstatus geändert werden:

- *Publish*: sichtbare Veröffentlichung
- *Unpublish*: im System, aber unsichtbar
- *Promote to front page*: wird bevorzugt auf der Startseite angezeigt
- *Demote from front* page: nimmt den obigen Status zurück
- *Make sticky*: sorgt dafür, dass diese Meldung immer am Seitenanfang erscheint (unabhängig von der sonst eingestellten Sortierung)
- *Remove stickiness*: nimmt den o. g. Status zurück
- *Delete*: löscht eine Veröffentlichung komplett

Content types

Je nach Version werden in Drupal unter *Content types* mal mehr, mal weniger sog. Inhaltsypen angezeigt. In der Version 6.2 sind es *Page* und *Story*, ältere Versionen nennen auch *Blog entry* und *Book page*. Letztere sind auf jeden Fall vorhanden, müssen aber via *Administer* | *Site building* | *Modules* erst aktiviert werden. Je nach Einsatz weiterer Module kann man dann an dieser Stelle weitere Inhaltstypen finden.

- *Page*: normale Veröffentlichung einer Informationsseite
- *Story*: normale Veröffentlichung eines aktuellen Artikels
- *Blog entry*: ein einzelner Beitrag in Blog-typischer Manier
- *Book page*: spezielles Format zur gemeinschaftlichen Erstellung von Büchern

Post settings

In den *Post settings* kann man den Umfang der Beiträge auf der Startseite vorgeben:

- Wie viele der aktuellen Veröffentlichungen auf der Startseite angezeigt werden sollen
- Länge der Zusammenfassungen
- Vorschau *optional* (wahlweise) oder *required* (erforderlich)

RSS publishing

Über einen RSS-Feed kann man Beiträge der Website lesen ohne diese unmittelbar aufsuchen zu müssen. Über einen sog. Feedreader abonniert man die neuesten Veröffentlichungen. Über *RSS publishing* steuert der Webmaster den Aufbau des RSS-Feeds:

- Wie viele Beiträge dort jeweils veröffentlicht werden
- Umfang des Beitrages (nur Überschrift, Überschrift plus Zusammenfassung oder kompletter Beitrag)

Taxonomy

Taxonomy ist in Drupal der Fachbegriff für *Tag* bzw. deutsch *Schlagwort*. Moderne Webseiten, die nicht mehr auf statischem HTML basieren, sondern dynamisch aus einer Datenbank generiert werden, lösen sich auch zunehmend von einer starren Menüstruktur. Statt also von Hand einen Beitrag einem bestimmten Menüpunkt zuzuordnen, werden dem Beitrag ein oder mehrere beschreibende Schlagworte zugewiesen. Ein Menüpunkt wird dann nicht durch Zuweisen eines bestimmten Beitrages gebildet, sondern durch Zuordnung eines Schlagwortes. So können neue Beiträge nahtlos eingegliedert werden ohne sich jedesmal um die Integration in die Navigation kümmern zu müssen.

Darüber hinaus kann man auf Grundlage dieser Verschlagwortung noch eine Menge anderer Dinge anfangen wie beispielsweise *Tag Clouds* bei denen die Häufigkeit eines Themas visualisiert wird, eine abgestimmte Steuerung der Suchfunktion oder Themenlisten – vieles wird dann natürlich erst in Verbindung mit weiteren Modulen möglich.

Administer: Site Builder

Site building steuert großteils das Erscheinungsbild der Website. Dazu gehören unter anderem Navigation/Menüs, Module und natürlich die *Themes*.

Blocks

Mit *Blocks* kann man steuern, *wo* bestimmte Informationen innerhalb des Layouts dargestellt werden sollen. Dies steht natürlich in Zusammenhang mit den *Themes* und Modulen.

Menus

Je nachdem ob man die Website eher konservativ organisiert (jeder Beitrag hat seinen eigenen Menüeintrag) oder Blog-like (Beiträge werden nach Kategorien verschlagwortet), findet man die entsprechenden Funktionen.

- Navigation
- Primary links
- Secondary links

Die Navigation wird beim Schreiben eines Eintrages im Ausklappmenü *Menu settings* direkt unter der Überschriftenzeile abgefragt. Dort kann man auch schon Hierarchieebenen anlegen. Für die Verschlagwortung (*Tags*) hilfreich ist die *Taxonomy*.

Modules

Module übernehmen eine Vielzahl von Funktionen in Drupal. Dabei muss man verschiedene Gewichtungen unterscheiden:

- *Core – required*: Module, die zum Betrieb unbedingt notwendig sind und auf die der normale Nutzer keinen Einfluss hat (Checkboxen nicht abwählbar); lediglich durch Updates können diese Module verändert werden.
- *Core – optional*: Module, die mit der Standardinstallation von Drupal geliefert werden, aber nicht alle automatisch aktiv sind. Hier kann man nach Bedarf weitere Content-Typen oder sogar ein Forum per Mausklick aktivieren.

- *Other*: Hier finden sich externe Module wie beispielsweise der FCK-Editor. Einige externe Module bekommen auch einen eigenen Abschnitt wie beispielsweise das *Administration Menu*, das unter *Administration* gelistet ist.

Module vom Typ *Core – optional* muss man einfach nur per Mausklick aktivieren. Externe Module muss man erst via FTP hochladen. Dabei soll nicht das *modules*-Verzeichnis der „Stammmanschaft" verwendet werden, sondern das spezielle Verzeichnis *sites/all/modules*.

Ferner sind manche Module mehrteilig; sie hängen von anderen Komponenten ab. Freundlicherweise macht Drupal in den entsprechenden Beschreibungen mit den Hinweisen *Required by* (erforderlich für …) bzw. *Depends on* (basiert auf …) darauf aufmerksam und gibt auch gleich den Status an. Für viele Module müssen im *User management* außerdem noch Nutzerrechte vergeben werden.

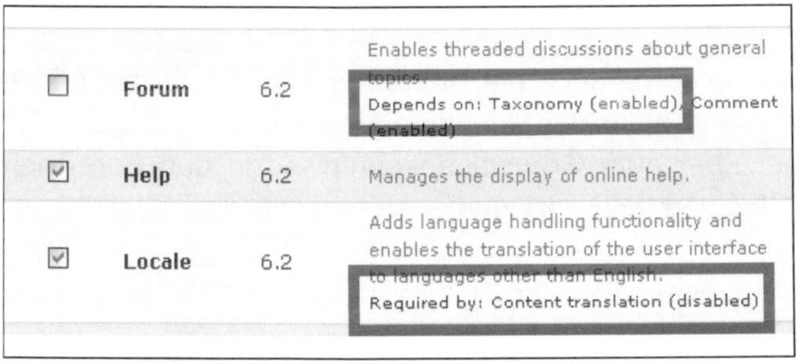

Abb. L4.3: Module bauen teilweise aufeinander auf, was in der Übersicht angezeigt wird

Im Abschnitt „Editor mit Komfort" in Kapitel L5 wird exemplarisch *die Installation der externen Module Administrator Menu und FCK-Editor* erläutert.

Themes

Themes steuern in Drupal das Erscheinungsbild der Website und trennen Inhalte und Design. Bei anderen Programmen wird eine solche Funktion auch *Template* oder *Skin* genannt. Mit der Standardinstallation von Drupal werden etwa ein halbes Dutzend Themes geliefert, die man in dieser Listenübersicht per Mausklick wechseln kann. Je nach Ausgestaltung des Themes gibt es aber auch eine *configure*-Funktion, mit der man jeweils Details des Themes verändern kann: Sitenamen, Mission-Beschreibung, Farben oder das Logo im Kopfbereich der Webseite.

Natürlich gibt es auch hier die Möglichkeit, externe Themes zu verwenden. Diese findet man sowohl auf der Drupal-Website als auch in vielen privaten Sammlungen. Wie bei den Modulen sollen diese externen Themes nicht mit den Core-Themes vermischt werden, sondern das spezielle Verzeichnis *sites/all/themes* verwenden.

Ausgeschlossen ist auch die Überarbeitung vorhandener Themes nicht, wie auch die komplette Neuerstellung. Dazu sollte man aber über gute Grundlagenkenntnisse in den Bereichen HTML, CSS und PHP verfügen.

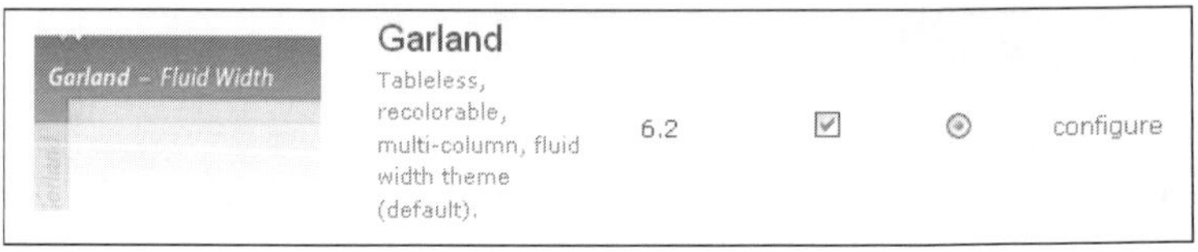

Abb. L4.4: Einige Themes erlauben über *configure* eine unmittelbare Bearbeitung durch den Nutzer

Der Umgang mit Themes wird im Abschnitt „Themes" von Kapitel L5 genauer beschrieben.

Administer: Site Configuration

Site configuration steuert viele Details der bereits genannten Funktionen, ermöglicht Grundeinstellungen oder zusätzliche Regeln. An dieser erscheinen oft auch die Einstellformulare zusätzlich installierter Module.

Actions

Über *Actions* können bestimmte Aktionen in Drupal automatisiert werden. Dabei werden *simple* (einfache) und *advanced* (fortgeschrittene) Aufgaben unterschieden.

Action type	Description
comment	Unpublish comment
node	Publish post
node	Unpublish post
node	Make post sticky
node	Make post unsticky
node	Promote post to front page
node	Remove post from front page
node	Save post
user	Block current user
user	Ban IP address of current user

Abb. L4.5: Mit *Actions* können Aktionen in Drupal automatisiert werden

Administration theme

Im Gegensatz zu vielen anderen CMS gibt es bei Drupal keine strenge Trennung zwischen Frontend“ (für jeden sichtbare Website) und Backend (Administrator-Bereich). Da mit dem Status *User* oder *Administrator* durchaus sehr unterschiedliche Nutzerrechte verbunden sein können und um dabei die Orientierung zu erleichtern, gibt es in Drupal neuerdings das *Administrator theme*. Dieses ist kein spezielles Theme, sondern kann aus der Liste der installierten und aktivierten Themes ausgewählt werden. So kann man beispielsweise als Website-Theme *Garland* verwenden und im Administrator-Bereich *Chameleon*.

Clean URLs

Die Funktion *Clean URLs* kann für suchmaschinenfreundliche URLs sorgen. Gemeint ist damit, dass statt der kryptischen Schreibweise à la `q=node/13` ein beschreibender Text wie `hallo_welt_beitrag` verwendet wird.

Diese Funktion steht nicht immer zur Verfügung und hängt meist davon ab, ob man Webspace verwendet oder einen eigenen Server hat. Oft werden die notwendigen Voraussetzungen in der Datei *.htaccess* bzw. *mod_rewrite* vom Webhoster aus Sicherheitsgründen eingeschränkt oder komplett gesperrt.

Date and time

Über die *Funktion Date and time* wird einerseits die Zeitzone eingestellt, wie sie bereits während der Installation angefragt wurde. Hier kann man dann auch den Wechsel auf Sommerzeit steuern. Datum und Zeit selbst braucht man nicht einzustellen, da sie vom Server übernommen werden.

Darüber hinaus kann man recht umfangreich die entsprechenden Formate für Datum, Zeit und Wochenbeginn einstellen. In der Grundeinstellung sind angelsächsische Formate ausgewählt, die man aber per Ausklappmenü schnell umstellen kann. Über den Eintrag *Custom* kann man nach PHP-Regeln das Format komplett selbst definieren.

Im Abschnitt „Deutsches Datum“ in Kapitel L5 wird gezeigt, wie man diese Funktion komplett auf die deutsche Schreibweise umstellen kann.

Error reporting

Hinter *Error reporting* verbergen sich folgende interessante Funktionen:

Es werden typische Fehler wie 403 (access denied; Zugriff verweigert) und 404 (page not found; Seite nicht gefunden) abgefangen. Statt der Fehlermeldung des Browsers, die den Nutzer von der eigentlichen Website wegführt, kann man den Nutzer in solchen Fällen gezielt auf eigene Seiten umlenken. Beim verweigerten Zugriff kann man beispielsweise auf die Nutzungsbedingungen aufmerksam machen und die Registrierung als Nutzer anbieten. Bei nicht gefundenen Seiten kann man auf eine Suchseite oder ein Inhaltsverzeichnis umleiten.

Die zweite Einstellung bezieht sich auf die Protokollierung solcher Fehler: Man kann sie nur in eine Log-Datei schreiben oder zusätzlich auch auf den Bildschirm ausgeben.

File system

Im *File system* sind Standardpfade für Drupal definiert. Die dort eingetragenen Pfade *sites/default/files* bzw. */tmp* müssen beschreibbar sein und sollten nicht geändert werden.

Sollten aus irgendwelchen Gründen Änderungen an diesen Pfaden notwendig sein, sollte man dies gleich nach der Installation von Drupal durchführen. Spätere Änderungen können dazu führen, dass Daten oder Programmteile nicht mehr gefunden werden und es zu erheblichen Störungen kommt.

Image toolkit

Hier wird lediglich die Bildqualität eingestellt, die das Modul *Image toolkit* bei Bildoperationen verwenden soll. Wie immer steht 100 für beste Qualität (bei relativ großen Dateien) und jede kleinere Zahl für entsprechend verminderte Qualität, aber kleineren Dateien.

Input formats

Die *Input formats* spielen immer bei *Create content* und einigen anderen Modulen eine Rolle und verwalten die eingegebenen Texte. Eigentlich müsste es *Output formats* heißen, weil man in die Textfelder jeweils alles eingeben kann – und dies in der Regel auch gespeichert wird –, es später aber nur nach den Filtervorgaben wieder ausgegeben wird. Dies betrifft beispielsweise zusätzliche HTML-Tags oder gar PHP-Code.

Installiert sind *Filtered HTML* und *Full HTML*. Weitere Filter kann man selbst definieren, um beispielsweise bis zu einem gewissen Grad auch PHP-Befehle zuzulassen. Die Nutzung der Filter kann über das *User management* gesteuert werden.

Languages

Hat man das Module *Locale* im Abschnitt *Core – optional* aktiviert, erscheint der Menüpunkt *Languages* (ehemals *Localization*). In der Grundeinstellung von Drupal steht nur Englisch zur Verfügung. In diesem Formular kann man weitere Sprachen installieren sowie die Verwendung steuern.

Enabled	Code	English name	Native name	Direction	Default	Weight	Operations
☑	en	**English**	English	Left to right	◉	-5	edit
☑	de	**German**	Deutsch	Left to right	○	-3	edit delete
☐	ar	**Arabic**	العربية	Right to left	○	0	edit delete
☑	fr	**French**	Français	Left to right	○	0	edit delete
☐	es	**Spanish**	Español	Left to right	○	0	edit delete

Abb. L4.6: Englisch ist Standard, Deutsch und Französisch können von Nutzern gewählt werden; Arabisch und Spanisch sind installiert, aber noch nicht nutzbar

Der Abschnitt „Man spricht Deutsch“ in Kapitel L5 erläutert, wie man Deutsch und andere Sprachen nachrüsten und verwenden kann.

Logging and alerts

Diese Funktion steuert das Database *Logging* (Protokollierung und Warnungen). Hier kann eingestellt werden, nach wie vielen Einträgen alte Daten überschrieben werden. Eingestellt ist *1.000*, gewählt werden kann im Bereich zwischen *100* und *1.000.000*.

Performance

Performance bezeichnet die Arbeitsgeschwindigkeit, die hier gesteuert werden kann. Zentrale Rolle spielt dabei das so genannte Caching, bei dem Daten gepuffert werden.

Das Caching kann grundsätzlich aus- oder eingeschaltet sowie auf zwei Strategien ausgerichtet werden (*Normal* oder *Aggressive*). Drupal gibt dazu mit der Meldung *Currently, all enabled modules are compatible with the aggressive caching policy* eine kleine Hilfestellung (Zur Zeit sind alle installierten Module ‚aggressive caching policy'-tauglich).

Darüber hinaus können noch folgende Funktionen verwendet werden:

- *Minimum cache lifetime*
- *Page comparison*
- *Block cache*
- *Optimize CSS files*
- *Optimize JavaScript files*

Die richtigen Einstellungen zu finden, erfordert Knowhow und etwas Experimentieren. Wenn man sich nicht auskennt, sollte man hier nichts verändern, um nicht das Gegenteil von dem zu erreichen, was angestrebt war.

Site information

Die Daten zur *Site informationen* wurden größtenteils bereits während des Installationsprozesses abgefragt. Hier hat man nun die Möglichkeit, diese Angaben zu ergänzen oder zu korrigieren. Neben dem im Titel angezeigten Namen betrifft dies insbesondere die Kontakt-E-Mail-Adresse sowie die Benennung von anonymen (nicht registrierten) Nutzern.

Site maintenance

Über *Site maintenance* (Wartung) kann man die Website für normale Surfer offline schalten. Diese erhalten dann eine entsprechende Hinweisseite angezeigt, die beispielsweise auf Wartungsarbeiten hinweist. Für eingeloggte Administratoren gilt diese Einschränkung selbstverständlich nicht.

Dieser Modus ist hilfreich, wenn der Administrator umfangreiche Umstellungen an der Website vornehmen will und diese nicht von jedermann von außen mitverfolgt werden sollen. In diesem Menüpunkt wird der Text festgelegt und die Funktion ein- und ausgeschaltet. Die Standardeinstellung ist natürlich *online*.

Administer: User Management

Eine der Stärken von Drupal ist die sehr aufwendige Verwaltung von Nutzerrechten. So wird nicht einfach zwischen Gästen und registrierten Nutzern unterschieden, sondern man kann die Benutzerrechte für fast jedes Modul regeln.

Die Abbildung L4.7 zeigt exemplarisch drei typische Surfer: den unregistrierten Gast (also erstmal jeder), einen registrierten Nutzer mit sehr eingeschränkten Rechten und einen Administrator mit weitgehenden Befugnissen.

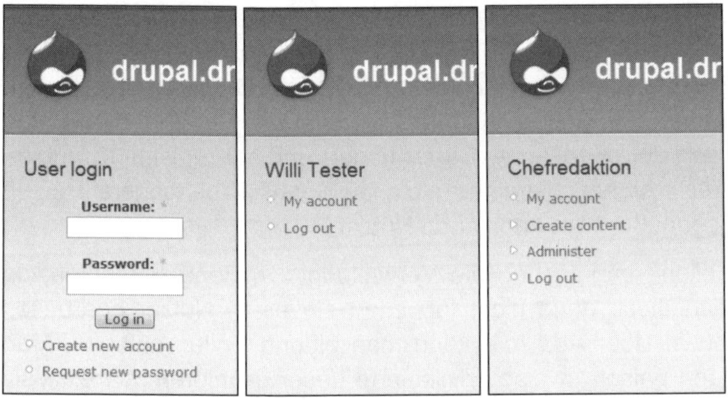

Abb. L4.7: Drei verschiedene Nutzer: Der unregistrierte Gast, der Nutzer mit einfachen Rechten und der Administrator als Chef von allem

Access rules

Die *Access rules* verwalten als Teil des *User managements* potentielle Nutzer der Website. Dabei werden *Username* und und *e-mail address* zu Grunde gelegt. Man kann Nutzer damit ermuntern“ sinnvolle Usernamen zu verwenden oder Spammern bzw. Spam-Skripten das Anlegen von Fake-Accounts erschweren.

Permissions

Der Bereich *Permissions* steuert den Zugriff auf Module über Rollen (*roles*). Von Haus aus sind in Drupal *anonymous user* und *authenticated user* vorgegeben, weitere können über *Roles* definiert werden.

Alle aktivierten Module werden aufgelistet und können über ein Häkchen in der entsprechenden Spalte einer Rolle zugewiesen werden. Die Module sind thematisch sortiert, eventuelle Abhängigkeiten werden allerdings nicht angezeigt und müssen ggf. selbst beachtet werden.

Roles

Roles steuern die Rechte von *Gruppen* (Gruppen-Verwaltung). Immer vorhanden sind *anonymous user* und *authenticated user*, der unbekannte Surfer (jeder) und der registrierte Nutzer. Letzterer hat allerdings nicht automatisch besondere Rechte gegenüber dem anonymen Nutzer.

Rollen vereinfachen die Verwaltung von Benutzerrechten, da man diese dann nicht für jeden einzelnen Nutzer bearbeiten muss. Über *Add role* kann man eigene Rollen anlegen. Man kann beispielsweise privilegierte Leser definieren, die exklusiv besondere Mitteilungen lesen dürfen, oder Redakteure, die selbst Texte einstellen dürfen. Die dort definierten Rechte gelten dann für alle Mitglieder dieser Gruppe.

User settings

Die Bezeichnung *User settings* (Benutzer-Verwaltung) ist etwas irreführend, denn es sind nicht die Einstellungen des gerade eingeloggten Users gemeint. Es geht vielmehr um das Verhalten bei der Registrierung neuer Nutzer. Dazu zählen zunächst die grundlegenden Möglichkeiten:

- *Only site administrators can create new user accounts* (Nur der Administrator kann neue Nutzerkonten anlegen). Der Prozess muss also persönlich oder via E-Mail angestoßen werden und die ganze Arbeit bleibt am Administrator hängen.
- *Visitors can create accounts and no administrator approval is required* (Jeder Surfer kann sich selbst anmelden und der Administrator unternimmt dabei nichts). Einem registrierten Nutzer werden ggf. die Sonderrechte der Rolle *authenticated user* erteilt,.
- *Visitors can create accounts but administrator approval is required* (Besucher können sich zwar selbst als Nutzer eintragen, müssen aber durch den Administrator freigeschaltet werden).

Darüber hinaus kann man an dieser Stelle noch einen ganzen Sack an Benachrichtigungsmails bearbeiten, z. B. mit welcher Nachricht der Administrator die Freischaltung eines Accounts mitteilt.

Users

Users zeigt in einer Liste alle registrierten User an und ermöglicht auch das manuelle Hinzufügen neuer Nutzer. Da die Nutzerverwaltung auch für sehr viele Nutzer möglich sein soll, kann man die Anzeige der Liste nach *Rolls*, *Permissions* oder *Status* filtern und sortieren.

Administer: Reports

Reports geben Auskunft über das Wohlbefinden von Drupal. Nicht immer weisen die rot unterlegten Meldungen auf Fehler hin, oft sind es nur Empfehlungen.

Recent log entries

Diese Daten gewinnen dann an Bedeutung, wenn es zu Ungereimtheiten und Problemen kommt. Dann kann man anhand der *Recent log entries* die wichtigsten Ereignisse nachvollziehen.

Type	Date	Message	User
user	04.05.2008 - 09.53	Login attempt failed for *Thorsten Luhm*.	Anonymous
cron	03.05.2008 - 21.23	Cron run completed.	Chefredaktion
user	03.05.2008 - 17.40	New user: *Willi Tester (test@luhm.de)*.	Chefredaktion
⚠ page not found	03.05.2008 - 15.01	node/2	Anonymous

Abb. L4.8: Jede Aktivität kann in einer Log-Datei festgehalten werden

Der Ausschnitt aus dem Log zeigt, dass ein anonymer (nicht registrierter) Nutzer versucht hat, sich als „Thorsten Luhm“ anzumelden – Tippfehler oder Hackversuch? Die Chefredaktion hat einen Cron-Lauf ausgelöst sowie den Nutzer „Willi Tester“ angelegt. Ein anonymer Nutzer hat versucht, eine nicht existente Seite aufzurufen.

Top 'access denied' errors

Listet nach Häufigkeit sortiert die Seiten auf, bei denen ein Login fehlschlug (Fehler 403); siehe auch *Administer | Site configuration | Error reporting.* Das kann ein Nutzer gewesen sein, der seinen Account-Daten vergessen hat (und jetzt rumprobiert), oder ein Hackversuch.

Top 'page not found' errors

Listet nach Häufigkeit sortiert die nicht gefundenen Seiten auf (Fehler 404); siehe auch *Administer | Site configuration | Error reporting*.

Available updates

Bei moderner Software spielt das Update eine zentrale Funktion. Einerseits müssen gerade bei Server-Applikationen immer mal wieder Sicherheitslücken geschlossen werden, um Missbrauch möglichst schwer zu machen. Andererseits werden per Update Funktionen verbessert oder erweitert.

Um diesen unter Umständen sehr mühsamen Prozess zu vereinfachen, gibt es in Drupal eine Überwachungsfunktion. Diese überprüft selbstverständlich Drupal selbst sowie viele der Module und auch Themes. Die Überprüfung auf Updates erfolgt automatisch oder kann manuell angestoßen werden (*Check manually*). Letztere Funktion zeigt Updates nur an, führt diese aber nicht automatisch durch.

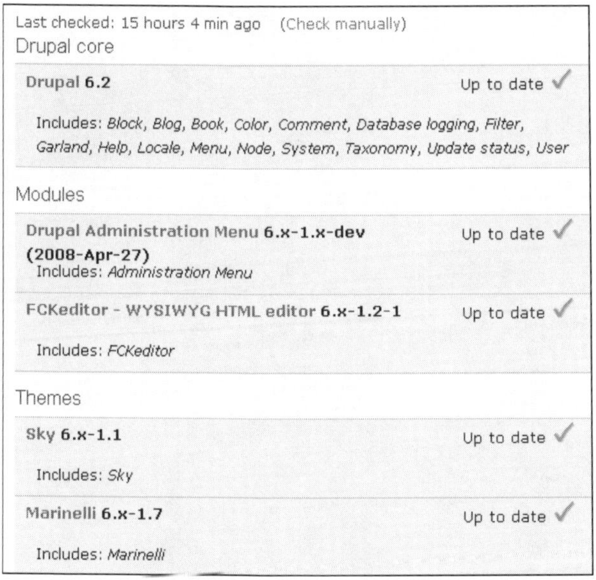

Abb. L4.9: Drupal kann automatisch auf Updates aufmerksam machen

Status report

Der *Status report* gibt Auskunft über die wichtigsten Funktionen von Drupal. Meist macht man damit erste Bekanntschaft nach Abschluss der Drupal-Installation, wenn auf Benutzerrechte von Verzeichnissen hingewiesen wird; siehe auch Kapitel L7 „Troubleshooting".

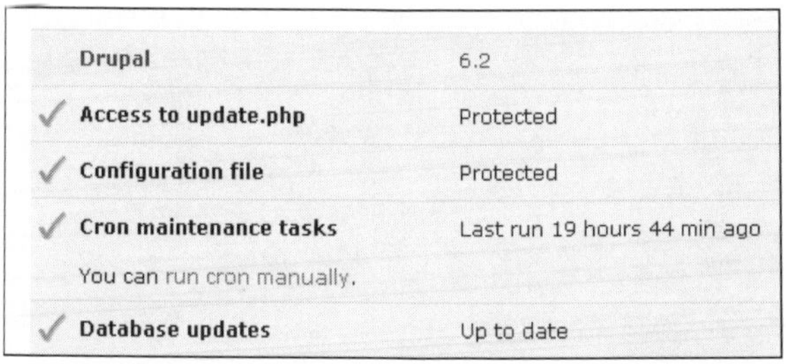

Abb. L4.10: Der *Status report* überprüft wichtige Einstellungen

L5 Feineinstellungen, Tipps und Tricks

Bis hierher haben Sie alle notwendigen Schritte kennen gelernt, Drupal überhaupt erstmal in Gang zu bringen. Drupal ist von den Grundlagen her zwar sehr leistungsfähig und bietet einen hohen Praxisbezug, ist allerdings von Haus aus bei den „Komfortfunktionen“ eher sparsam ausgestattet. Das heißt nun nicht, dass man generell darauf verzichten muss, aber im Gegensatz zur Vollausstattung anderer CMS muss man sich selbst darum kümmern. Das macht die Angelegenheit zunächst etwas komplizierter, dafür kann man sich aber genau das nachrüsten, was man haben möchte und wirklich braucht.

Eine der ersten Maßnahmen betrifft oft die Texteingabe. Es folgt zunächst eine genaue Erläuterung des umfangreichen Eingabeformulars. Denn dort wird nicht nur der Text des eigentlichen Beitrages eingegeben, sondern auch eine Menge zusätzlicher Verwaltungsfunktionen. Im nächsten Schritt geht es selbstverständlich um Textauszeichnungen und Formatierungen auf Knopfdruck und nach dem „Wysiwyg“-Prinzip: Sprich, statt <b>Text</b> für Fettschrift soll der Text schon bei der Eingabe fett angezeigt werden. Dazu wird ein zusätzlicher Editor installiert, der die Funktionen einer kleinen Textverarbeitung bietet, der FCK-Editor.

Natürlich geht es auch um das Thema Grafik. Leider ist man hier vom Komfort einer üblichen Textverarbeitung auf dem PC noch ziemlich weit entfernt. Der einfachste Weg ist eine Verlinkung via <img>-Tag. Wenn man sich eingearbeitet hat, bietet das *Image*-Modul erheblich bessere Möglichkeiten. Man kann allerdings mit dem zusätzlichen Management-Modul *IMCE* auch den FCK-Editor um eine Bildverwaltung erweitern.

Texteditor

Wenn das CMS fertig installiert ist, geht es primär um die Eingabe und Verwaltung von Beiträgen. Auch wenn man nichts zusätzlich installiert, bietet Drupal eine Vielzahl unterschiedlicher Textformate bzw. Inhaltstypen (einen Teil davon muss man allerdings erst in der *Module list* aktivieren). Diese Textarten werden dem berechtigten Nutzer unter dem Menüpunkt *Create content* angeboten und dienen jeweils einer bestimmten Zielrichtung:

- *Page (Seite):* Die Textart *Seite* ist standardmäßig aktiviert und kommt dem gewohnten Konzept einer Website mit festen Seiten in einer fest definierten Menüstruktur entgegen. Der Beitrag besteht aus einer Überschrift und dem Haupttext. Leser können gegebenenfalls Kommentare hinterlassen. Der nächste Abschnitt erläutert exemplarisch das Einstellen von Text mit diesem Typus.
- *Story (Artikel):* Ein *Artikel* ist einer *Seite* sehr ähnlich. Auch hier wird zwischen Haupttext und Überschrift unterschieden, aber es wird auch ein *Teaser*, dt. Anreißer, generiert. Ein Artikel wird in der Regel ebenfalls einem bestimmten Menüeintrag zugeordnet. Leser können gegebenenfalls Kommentare hinterlassen. Im Übrigen stimmt das Format mit dem der *Seite* überein.
- *Blog entry (Blogeintrag):* Ein *Blogeintrag* verhält sich bei der Eingabe des Textes wie eine normale Seite. Blogeinträge werden nicht festen Menüeinträgen, sondern Kategorien zugeordnet und in umgekehrt chronologischer Reihenfolge auf der Startseite der Homepage angezeigt (also der neueste Beitrag ganz oben). Diese Publikationsform wird dazu verwendet, aktuelle Meldungen schnell zu veröffentlichen. Leser können gegebenenfalls Kommentare hinterlassen.
- *Forum topic (Forenbeitrag):* In einem Forum können Nutzer untereinander über ein Thema diskutieren (der Webmaster sollte die Beiträge aber unbedingt hinsichtlich Sachlichkeit im Auge behalten).

- *Book page (Buchseite):* Mit diesem Typus will Drupal das gemeinschaftliche Arbeiten an Büchern unterstützen. Dabei geht es weniger um Romane, sondern eher um Sachbücher, bei denen an unterschiedlichen Themen gleichzeitig themenbezogen gearbeitet werden kann.

Artikel einstellen

Bis auf die kleine „Hallo Welt"-Übung im Kapitel L3 wurde noch kein Beitrag veröffentlicht. Dies soll jetzt mit einem neuen Eintrag nachgeholt werden. Egal für welchen Inhaltstyp man sich entscheidet, das nachfolgende Eingabeformular präsentiert sich weitgehend gleich.

Bei *Title* muss man die Überschrift eingeben – das gelbe Sternchen weist darauf hin, dass es tatsächlich ein Muss ist, weil sonst der Beitrag nicht veröffentlicht wird. Im *Body* kann der Text eingegeben werden. Man kann dort direkt im Textfeld tippen oder sich einen vorbereiteten Text via Klemmbrett hineinkopieren.

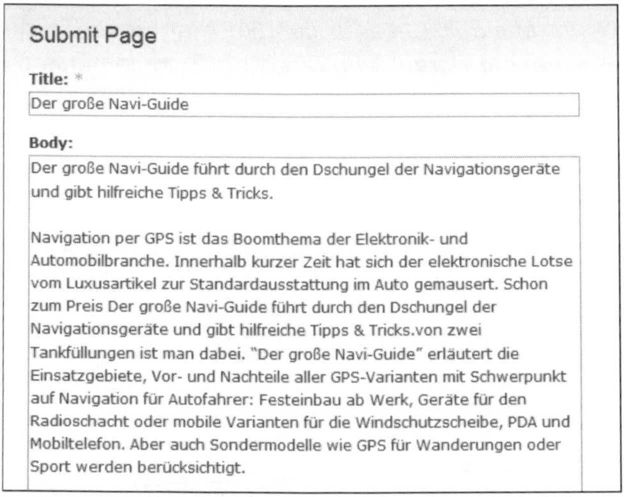

Abb. L5.1: Title und Body machen den Eintrag aus

Bei einem Blog werden Einträge in der Regel in umgekehrt chronologischer Reihenfolge angezeigt, wobei ältere Beiträge irgendwann von der Startseite verschwinden. Über die Menu settings kann man Beiträgen aber auch ganz klassisch einen Eintrag in der Navigationsleiste zuweisen.

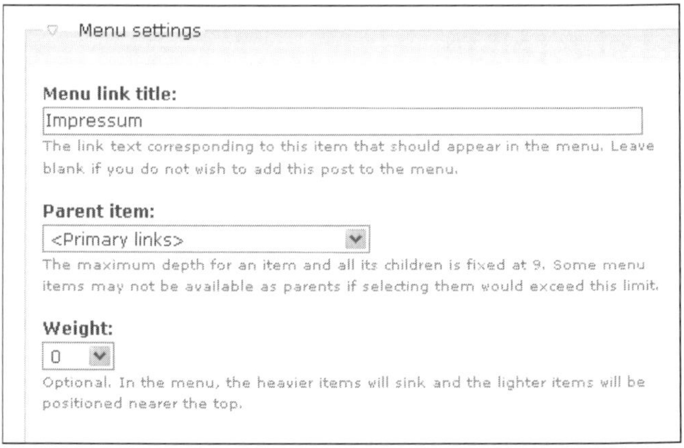

Abb. L5.2: Beiträge können auch direkt über die Navigationsleiste verlinkt werden

Dabei steht der *Menu link title* für den (kurzen) Eintrag in der Navigationsleiste, der *Parent item* regelt die Einordnung in die Hierarchieebene: Erscheint dieser Eintrag unmittelbar in der Navigationsleiste oder ist er ein Untermenüpunkt? Im Teil III „Anwenden“ werden die Möglichkeiten nochmals im Zusammenhang genau erläutert.

Unterhalb des Texteingabefeldes *Body* findet man den bereich *Input format*. Dabei handelt es sich um Filter, mit denen man beispielsweise Auszeichnungen im Text steuern oder verhindern kann (insbesondere PHP-Code, wofür es einen speziellen zusätzlichen Filter gibt).

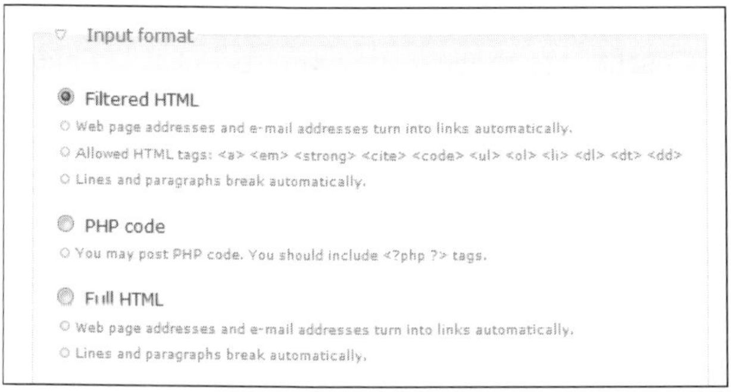

Abb. L5.3: *Input format* filtert vor allem unerwünschte Steuerzeichen aus dem *Body*

Im Textfeld Log message kann der Autor oder Bearbeiter eine Notiz hinterlassen. Dies kann man als Gedächtnisstütze für sich selbst verwenden oder um einem anderen Autor eine Nachricht zur weiteren Bearbeitung zu hinterlassen.

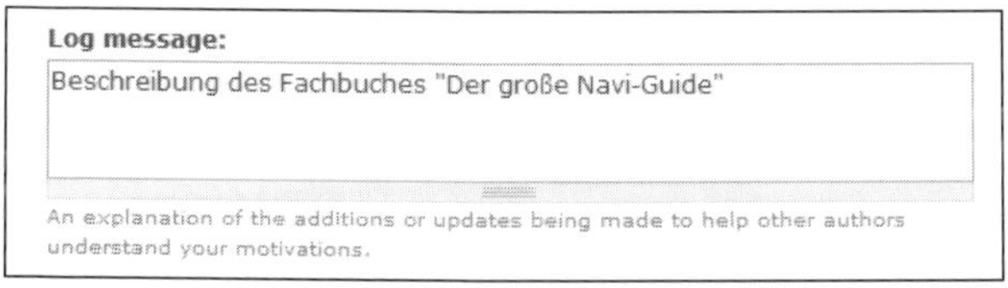

Abb. L5.4: Zu einem Beitrag können auch Notizen gespeichert werden

Einem Beitrag kann auch eine spezielle URL zugewiesen werden. Dies bietet sich beispielsweise für eine zentrale Seite wie das Impressum an.

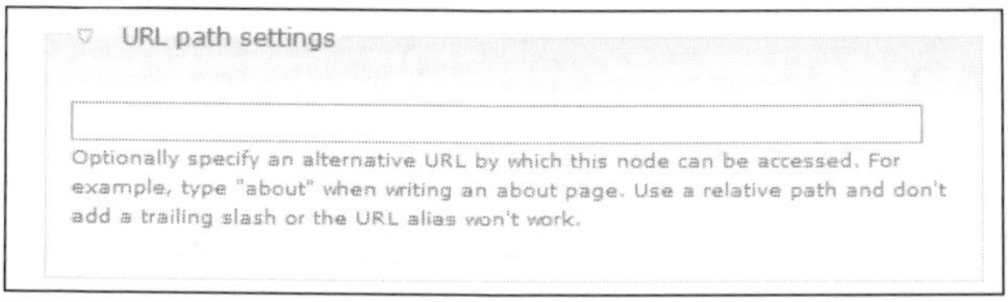

Abb. L5.5: Einem Beitrag kann auch eine spezielle URL zugewiesen werden

Zwar ist die Möglichkeit der Kommentierung gerade bei Communitys erwünscht, jedoch nicht unbedingt bei allen Beiträgen sinnvoll. Statt die Funktion generell ein- oder auszuschalten, kann man dies über *Comment settings* auch von Fall zu Fall regeln.

Abb. L5.6: Die Möglichkeit, Kommentare zu hinterlassen, kann man für einzelne Beiträge steuern

Die *Authoring information* hält fest, wer den Eintrag geschrieben hat. Gerade bei einer Website, an der tatsächlich mehrere Personen gleichzeitig arbeiten, ist dies eine wichtige Information bei Fragen oder Beanstandungen.

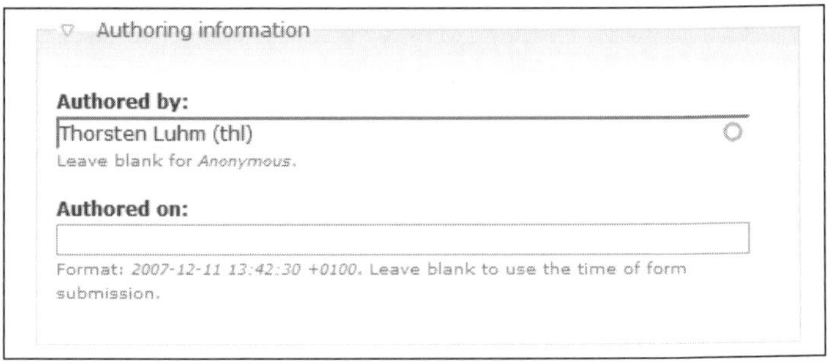

Abb. L5.7: Für jeden Beitrag lässt sich der Autor festhalten

Zu einem CMS gehört natürlich auch die Verwaltung von Beiträgen. In den *Publishing options* werden gewissermaßen Sonderwünsche eingestellt. Dabei geht es hauptsächlich darum, wie prominent der betreffende Beitrag auf der Homepage platziert wird.

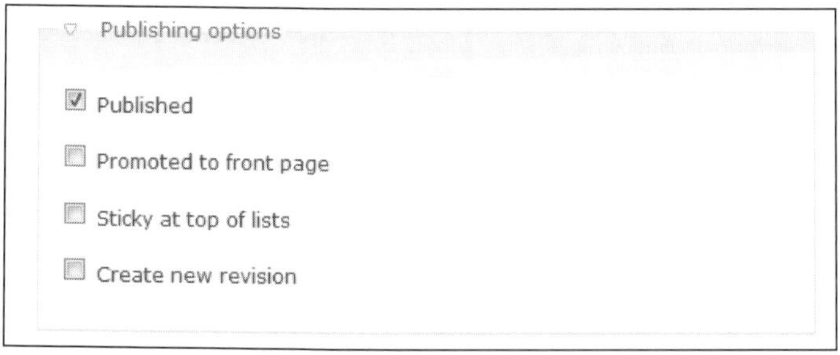

Abb. L5.8: Sonderwünsche zur Veröffentlichungsweise eines Beitrages

Textgestaltung

Vielleicht haben Sie wegen der obigen Erläuterungen schon innerlich ein wenig protestiert, weil es zwar unterhalb des Textfensters viel einzustellen gibt, der Text selbst aber *einfach nur Text* ist – keine Hervorhebungen wie fett oder unterstrichen, keine Listen und keine Bilder ... Genau darum geht es jetzt. Das Textfenster ist in der Grundausstattung von Drupal einfach ein normales Eingabefeld (in HTML `<textarea>`) und hat deshalb keine hübschen Icons für weitere Funktionen. Doch wer sich ein wenig mit HTML oder Foren-Software auskennt, ahnt schon, wie man den schlichten Text etwas aufpolieren kann: Unter dem Textfeld gibt es den Bereich *Input format*, in dem man drei Einstellungen vornehmen kann und dazu auch eine kurze Erläuterung findet (siehe Abbildung L5.9).

- *Filtered HTML* erlaubt die eingeschränkte Nutzung von HTML-Tags.
- *PHP Code* gestattet das Einfügen von Skripten in PHP.
- *Full HTML* ermöglicht die uneingeschränkte Nutzung von HTML.

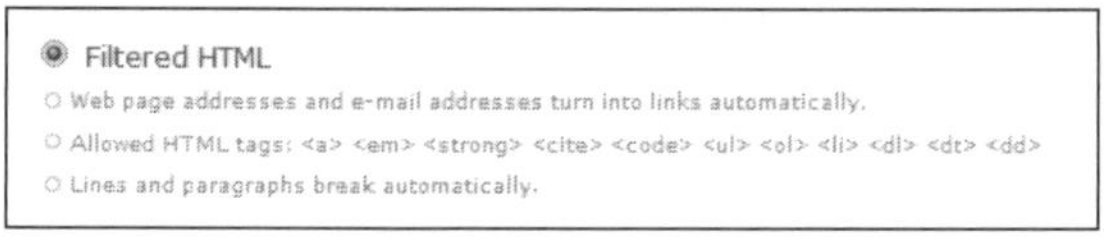

Abb. L5.9: Filtered HTML lässt nur bestimmte Einstellungen zu

Um einen Text mit der Einstellung *Filtered HTML* bearbeiten zu können, lassen sich folgende Tags einsetzen:

`<a> <em> <strong> <cite> <code> <ul> <ol> <li> <dl> <dt> <dd>`

Diese HTML-Tags werden wie anno dazumal als Steuerzeichen direkt in den Text eingesetzt. Sie müssen immer paarweise wie Klammern verwendet werden, wobei dem zweiten Tag ein / vorangestellt wird: Ein <strong>fett gesetztes</strong> Wort.

<em> *emphasized*: Text wird kursiv dargestellt

<strong> *strong*: Text wird fett dargestellt

<cite> *cited*: Text wird kursiv dargestellt, Zitate vom restlichen Text abheben

<code> *code*: Text wird in der Schriftart Courier dargestellt, die in der Regel dazu benutzt wird, Programmcode von normalen Text zu unterscheiden

<ul> *unordered list*: unsortierte Liste mit Spiegelstrichen

<ol> *ordered list*: nummerierte Liste

<li> *list*: Listenelement

TIPP

Das genaue Erscheinungsbild kann allerdings komplett abweichen, wenn in den Themes für Drupal diese Elemente anders definiert werden. Themes – bei anderen Programmen auch Templates genannt – steuern das Erscheinungsbild und Layout von Drupal. Sie haben bereits einen ersten Eindruck beim Rundgang bekommen, weitere Informationen finden Sie in diesem Kapitel unter „Themes“.

Darüber hinaus werden mit dieser Standardeinstellung gültige Web- und E-Mail-Adressen automatisch in einen Link umgewandelt. Auch der Textumbruch geschieht automatisch.

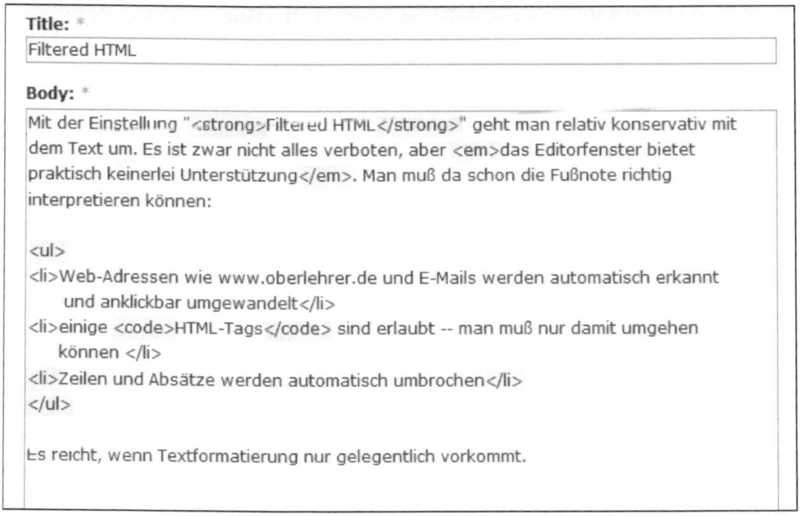

Abb. L5.10: So wird der Text mit Hilfe von HTML-Tags vorbereitet ...

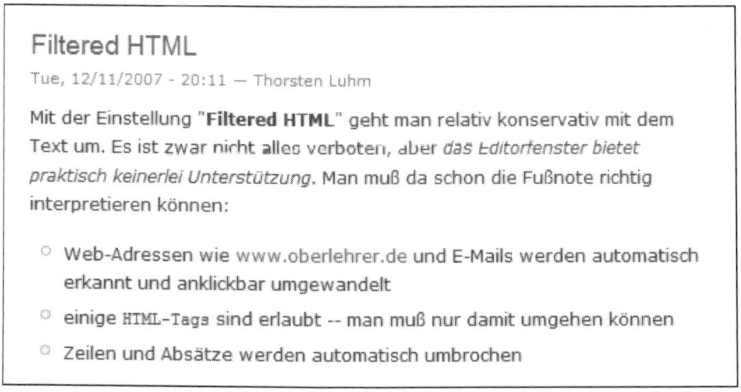

Abb. L5.11: ... und das ist das Ergebnis mit *Filtered HTML*

Diese Art der Textgestaltung ist minimal und vielleicht auch etwas umständlich. Doch sie bewahrt den Autor auch vor allzu viel Spielerei.

Bevor Sie jetzt enttäuscht Drupal zum Teufel schicken, sei darauf aufmerksam gemacht, dass man selbstverständlich einen komfortablen Editor mit allem Drum und Dran nachrüsten kann , beispielsweise den FCK-Editor.

Der Vollständigkeit halber seien aber noch die beiden anderen Einstellungen bei *Input format* auf Verbesserungsmöglichkeiten hin abgeklopft. Um es kurz zu machen: Die Einstellung *Full HTML* wechselt gewissermaßen von einem Extrem zum anderen. Zwar erscheinen durch Auswahl dieser Einstellung auch keine neuen Steuerelemente über dem Textfenster, aber der HTML-Filter ist praktisch abgestellt. So können nun sämtliche HTML-Tags verwendet werden, um den Text zu formatieren. Auf diese Weise kann dann zwar ein HTML-Experte beispielsweise auch Bilder einbinden und alle möglichen anderen tollen Sachen machen, aber das manuelle Tricksen ist ja nicht der Sinn eines Content Management Systems. Außerdem öffnet ein voller HTML-Zugriff ein Stück weit Tür und Tor für eventuellen Missbrauch.

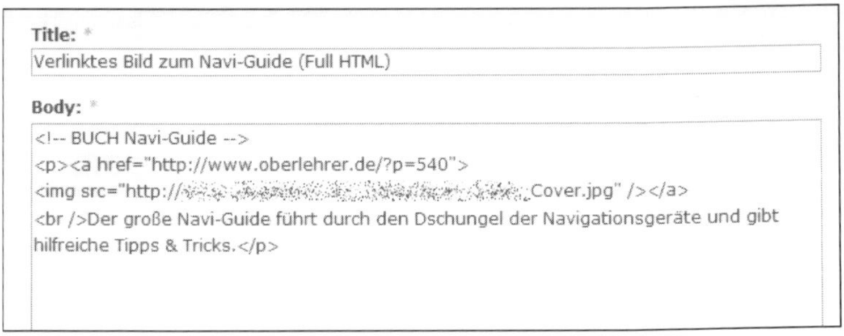

Abb. L5.12: Mit der Einstellung *Full HTML* kann man beispielsweise Bilder via <img src="..."/> einbinden

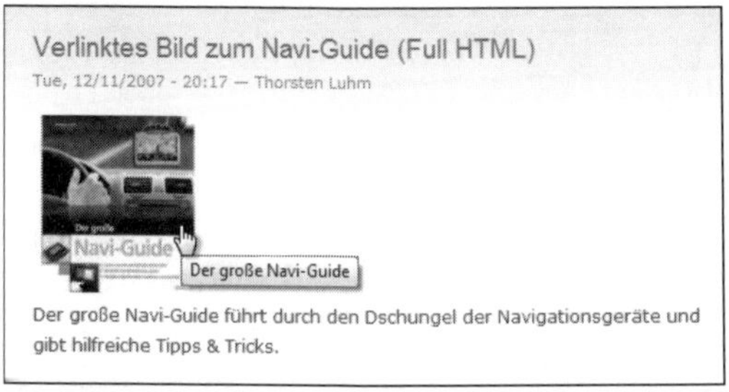

Abb. L5.13: Das Bild wird direkt online eingebunden

Das letzte *Input format* heißt *PHP Code* und ermöglicht die Verwendung von PHP innerhalb eines Beitrages. Es verwundert ein bisschen, dass diese Möglichkeit bis Drupal 5.x standardmäßig eingeschaltet war – jetzt muss sie erst bei Bedarf aktiviert werden. Während sie für Poweruser sicherlich tolle Möglichkeiten bietet, hilft sie in Sachen „einfache Verwaltung von Inhalten" nicht weiter. Im Gegenteil: Nutzern derartig weitreichende Möglichkeiten einzuräumen, stellt ein Sicherheitsrisiko dar, weil auf diese Weise leichter Schadcode eingeschmuggelt werden kann.

Das folgende Beispiel zeigt ein ganz einfaches PHP-Skript, das die IP-Adresse des Nutzers im Beitrag anzeigt. Das Skript wird ganz wie von einem Programmiereditor her gewohnt zwischen den üblichen Tags `<?php` und `?>` eingefügt.

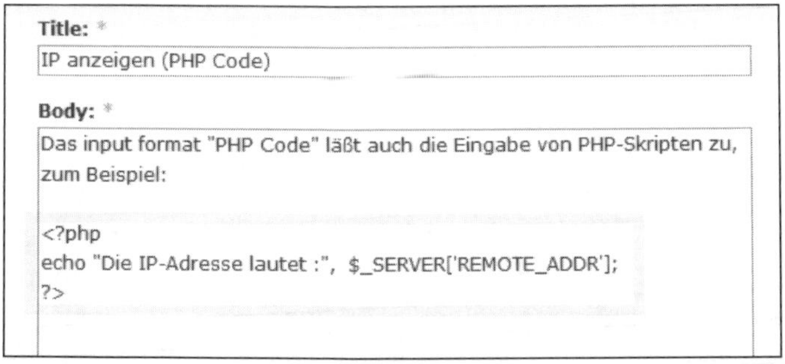

Abb. L5.14: Im Modus *PHP Code* kann man einfach normalen PHP Code in einem Beitrag platzieren ...

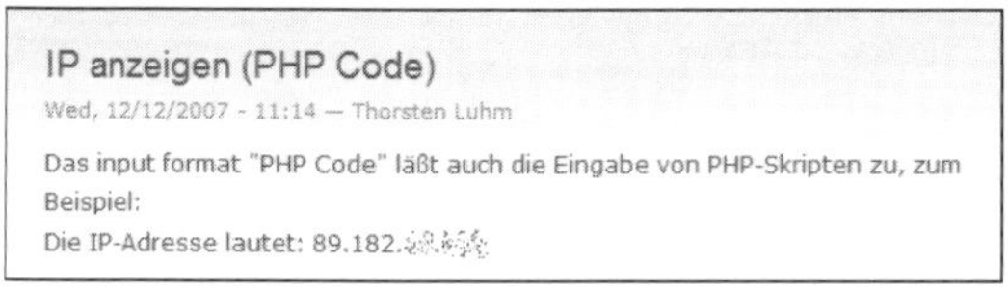

Abb. L5.15: … der dann „ganz normal" ausgeführt wird

TIPP

Diese Beschreibung der *Input formats* bezieht sich auf die Standardeinstellungen von Drupal. Man kann sie unter *Administer | Site configuration | Input formats* noch umstellen oder sogar löschen.

Editor mit Komfort

Externe Module können von Drupal-Entwicklern oder Drittanbietern stammen. Weil die hauseigene Texteingabe so spartanisch ist, gehört ein schicker Editor zu den Dingen, die ein Drupal-Administrator als erstes ändert. Auch in Sachen Bilderverwaltung werden gerne entsprechende Erweiterungen verwendet, sofern Bilder häufig genutzt werden. Es können aber auch Module sein, die lediglich Feinheiten in grundsätzlich schon vorhandenen Funktionen verbessern oder besondere Spezialfunktionen hinzufügen, die man bei einem Content Management System nicht unbedingt erwarten würde.

TIPP

Manche Module unter Drupal sind zweiteilig: Der eine Teil umfasst beispielsweise ein von Drupal unabhängiges JavaScript-Programm, während der zweite Teil als speziell für Drupal angepasstes Zwischenstück oder Adapter die Verbindung zu dem CMS herstellt (prinzipiell können geübte Programmierer dies durch direkten Eingriff in den Programmcode von Drupal auch selbst erledigen). So lässt sich ein beliebter in JavaScript entwickelter Editor sowohl unter Drupal als auch Wordpress oder Joomla einsetzen.

Als Grundregel für die Verwendung von Modulen sollte man folgende Checkliste im Hinterkopf haben:

- Handelt es sich um ein eigenständiges Drupal-Modul oder nur um das Verbindungsstück zu einem universellen Programmcode? Passen die Versionen zusammen?
- Beim Hochladen der Module beachten: Müssen mehrteilige Module in einzelne Ordner oder zusammen in einen Ordner kopiert werden?
- Die Konfiguration – soweit notwendig – findet in der Regel im Bereich *Site configuration* statt, wo es dann einen zusätzlichen Eintrag für das betreffende Modul gibt.
- Nach dem Upload müssen die Module in der Regel a) bei *Administer | Site building | Modules* aktiviert und b) unter *User Administer | management | Access control* mit Benutzerrechten ausgestattet werden. Je nach Modul muss man noch andere Einstellungen beachten, z. B. das *Input format* beim Erstellen eines neuen Beitrages.

FCK-Editor

Die normalen Texteingabefelder bei Drupal sind nicht besonders komfortabel und belästigen den Nutzer zum Teil mit HTML-Code. Doch zum Glück kann man einen Editor nachrüsten, der die Möglichkeiten einer kleinen Textverarbeitung bietet. Um den auf JavaScript basierenden Editor in Drupal zu integrieren, benötigt man noch eine Art Verbindungsmodul. Die Abbildung L5.16 wirft schon mal einen Blick auf das Ergebnis.

Wie im Abschnitt „Textgestaltung" ausführlich dargelegt, sind die hauseigenen Mittel von Drupal zur Textgestaltung recht mager ausgefallen. Doch zum guten Ton gehört, dass man fehlende Funktionen nachrüsten kann. Der *FCK-Editor* ist eine JavaScript-basierte Anwendung und kann somit prinzipiell in jedes Programm als kleine Textverarbeitung auch in andere Webseiten eingebunden werden. Das Programm ersetzt dabei einfach die HTML-`<textarea>` (siehe Abbildung L5.17).

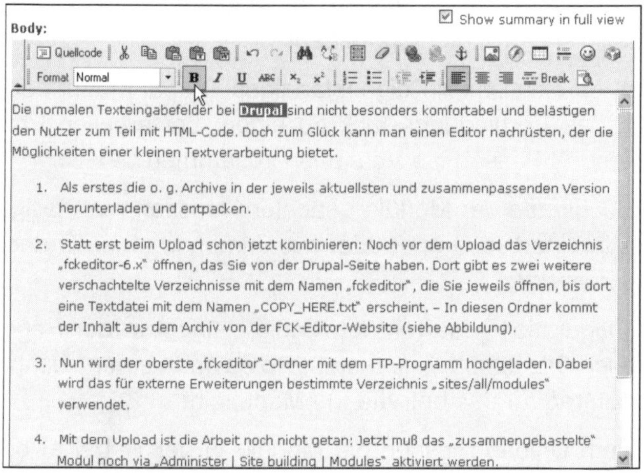

Abb. L5.16: Der FCK-Editor wirkt wie eine kleine Textverarbeitung in Drupal

Releases

Official releases	Date	Size	Links	Status	
6.x-1.2-1	2008-Apr-04	43.08 KB	Download · Release notes	Recommended for *6.x*	✓
5.x-2.1	2008-Mar-19	47.29 KB	Download · Release notes	Recommended for *5.x*	✓
4.7.x-1.1	2006-Nov-21	12.37 KB	Download · Release notes	Recommended for *4.7.x*	✓

Abb. L5.17: Das Modul für den Editor stellt nur eine Verbindung zum Javascript-Teil des tatsächlichen Editors her

Damit man bei der Verwendung in Drupal nicht direkt im Programmcode herumfummeln muss, gibt es ein spezielles Verbindungsmodul. Dieses Modul für den Einsatz des FCK-Editors kann man von der Drupal-Homepage herunterladen (*http://drupal.org/project/fckeditor*). Darüber hinaus benötigen Sie auch die Installationsdateien für den FCK-Editor selbst, die Sie auf der Homepage der Entwickler bekommen (*http://www.fckeditor.net/*). Der Download-Bereich befindet sich fast am Ende der

Seite. Achten Sie darauf, dass die Versionen von Drupal-Hauptprogramm, Drupal-Modul und FCK-Editor zusammenpassen.

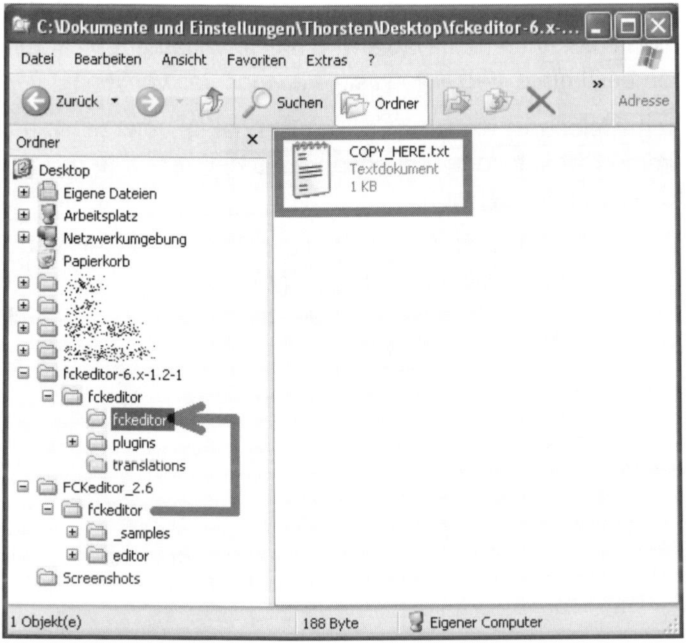

Abb. L5.18: Die Dateien für den FCK-Editor werden doppelt verpackt ins *modules*-Verzeichnis von Drupal kopiert

Zur Installation gehen Sie bitte folgendermaßen vor:

1. Als erstes laden Sie die oben genannten Archive in der jeweils aktuellsten und zusammenpassenden Version herunter und entpacken sie.

2. Statt erst beim Upload kombinieren Sie schon jetzt: Noch *vor* dem Upload öffnen Sie das Verzeichnis *fckeditor-6.x*, das Sie von der Drupal-Seite haben. Dort gibt es zwei weitere verschachtelte Verzeichnisse mit dem Namen „fckeditor", die Sie jeweils öffnen, bis dort eine Textdatei mit dem Namen *COPY_HERE.txt* erscheint. In diesen Ordner kommt

der Inhalt aus dem Archiv von der FCK-Editor-Website (siehe Abbildung L5.18).

3 Nun wird der obere *fckeditor*-Ordner mit dem FTP-Programm hochgeladen. Dabei wird das für externe Erweiterungen bestimmte Verzeichnis *sites/all/modules* verwendet.

Mit dem Upload ist die Arbeit noch nicht getan: Jetzt muss das zusammengebastelte Modul noch via *Administer* | *Site building* | *Modules* aktiviert werden.

Für den #1 Admin steht der Editor in der Regel sofort zur Verfügung. Für andere Rollen bzw. User der Website muss die Verwendung noch bei *Administer* | *User management* eingestellt werden.

Abb. L5.19: Das Modul findet sich im Abschnitt *Other*

Jetzt geht es in Drupal weiter: Loggen Sie sich bitte ein und wechseln Sie zur CMS-Verwaltung (*Administer*). Dort werden unter *Site building* | *modules* die Einstellungen für die Module aufgerufen. Ganz am Ende des Drupal-typischen Endlosformulars findet man im Abschnitt *Others* zusätzlich geladene Module, die nicht mit der Grundausstattung geliefert werden. Dort muss der neue Editor aktiviert *(enabled)* werden. Auch andere Module wie den ebenfalls beliebten *TinyMCE*-Editor findet man an dieser Stelle. Abschließend bitte nicht *Save* vergessen.

Unter *Administer* | *Site configuration* | *FCKeditor* gibt es die Möglichkeit, den FCK-Editor nochmals speziell zu konfigurieren. Da dies aber zum jetzigen Zeitpunkt nicht zwingend nötig ist, geht's weiter zum *User management* | *Access control*. Dort finden sich im Abschnitt fckeditor *module* drei Einträge für die Sie die Benutzerrechte festlegen müssen: Spalte 1 für *anonymous user*, Spalte 2 für *authenticated user* und in weiteren Spalten für zusätzlich angelegte Benutzergruppen.

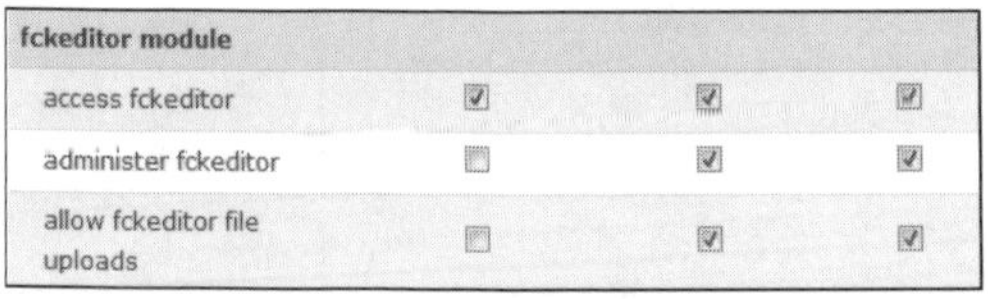

Abb. L5.20: Über *Access control* muss die Verwendung des FCK-Editors zugelassen werden

Wenn der FCK-Editor korrekt eingebunden ist, erscheint nun statt des einfachen Textfeldes eine Minitextverarbeitung mit allen möglichen Funktionen. Wie gewohnt kann man alles per Mausklick bedienen und das Ergebnis wird sofort auf dem Bildschirm angezeigt.

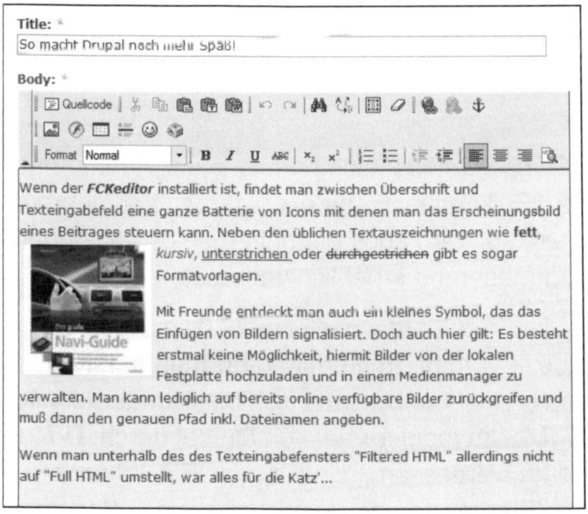

Abb. L5.21: Der FCK-Editor bietet viele Funktionen einer kleinen Textverarbeitung ...

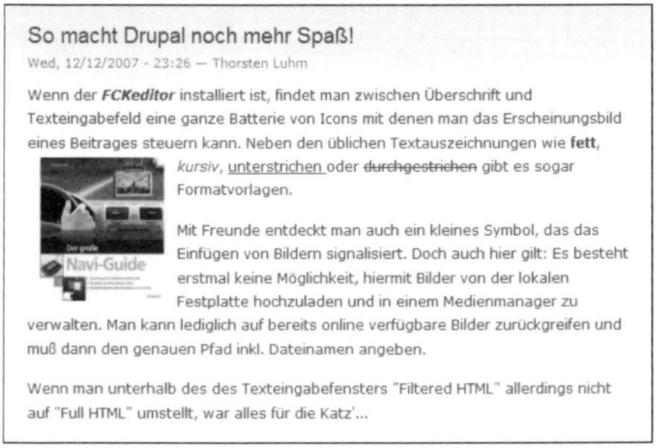

So macht Drupal noch mehr Spaß!

Wed, 12/12/2007 - 23:26 — Thorsten Luhm

Wenn der ***FCKeditor*** installiert ist, findet man zwischen Überschrift und Texteingabefeld eine ganze Batterie von Icons mit denen man das Erscheinungsbild eines Beitrages steuern kann. Neben den üblichen Textauszeichnungen wie **fett**, *kursiv*, unterstrichen oder ~~durchgestrichen~~ gibt es sogar Formatvorlagen.

Mit Freunde entdeckt man auch ein kleines Symbol, das das Einfügen von Bildern signalisiert. Doch auch hier gilt: Es besteht erstmal keine Möglichkeit, hiermit Bilder von der lokalen Festplatte hochzuladen und in einem Medienmanager zu verwalten. Man kann lediglich auf bereits online verfügbare Bilder zurückgreifen und muß dann den genauen Pfad inkl. Dateinamen angeben.

Wenn man unterhalb des des Texteingabefensters "Filtered HTML" allerdings nicht auf "Full HTML" umstellt, war alles für die Katz'...

Abb. L5.22: ... und das Ergebnis kann sich sehen lassen

So ein komfortabler Editor allerdings auch seinen Preis: Das umfangreiche Tool muss natürlich bei Aufbau der Seite zusätzlich geladen werden und verzögert den Aufbau möglicherweise deutlich. Außerdem werden praktisch alle als `<textarea>` definierten Bereiche ersetzt, was bei einigen Formularen störend sein kann.

Blogdesk

Das Programm *Blogdesk* findet sich bereits in der Rubrik „nützliche Programme“. Es kann nicht nur die Mitarbeit bei mehreren Blogs vereinfachen, sondern auch die unbefriedigende Angelegenheit der Textformatierung erheblich verbessern.

Leider wird mit den Standardeinstellungen nicht alles unterstützt, was Blogdesk vorgibt. Immerhin kann man kursiv, Fettschrift und Listen verwenden. Da setzt sich die Standardeinstellung *Filtered HTML* beim *Input format* von Drupal durch. Um die Zusammenarbeit zu verbessern, sind einige Einstellungen in Drupal notwendig. Eine Änderung unter *Administer | Site configuration | Input formats* ermöglicht die volle Umsetzung fast aller Textauszeichnungen.

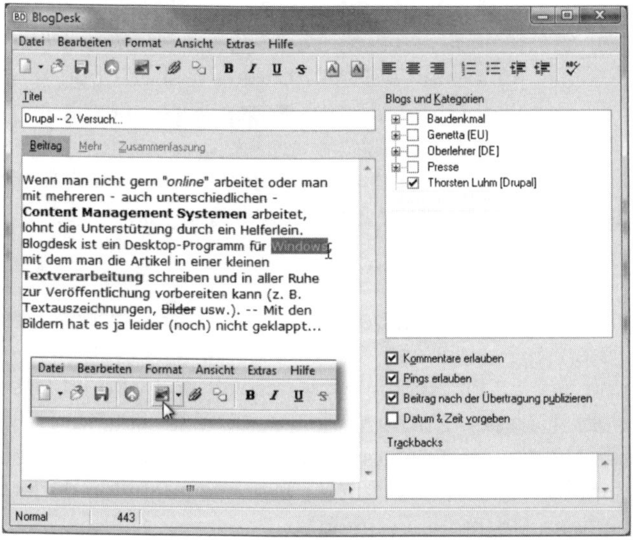

Abb. L5.23: Blogdesk bietet vielseitige Möglichkeiten der Textgestaltung und zur Einbindung von Bildern

Wie bereits erläutert, müsste man *Input formats* (Eingabe-Formate) eher *Output filters* (Ausgabe-Filter) nennen, da genau genommen nicht schon die Eingabe, sondern erst die Ausgabe über diese Einstellungen geregelt wird. Unter *configure* kann man jeweils die genauen Eigenschaften einstellen. Gegebenenfalls muss man in *Site configuration | Blog API* die API aktivieren.

Default	Name	Roles	Operations	
○	Filtered HTML	anonymous user, authenticated user	configure	delete
○	PHP code	No roles may use this format	configure	delete
◉	Full HTML	All roles may use default format	configure	

Abb. L5.24: Mit *Full HTML* erhält man mehr Möglichkeiten der Textgestaltung

TIPP

Wenn man die Grundeinstellung von *Filtered HTML* auf *Full HTML* umstellt, kann man auf die Schnelle fast alle Funktionen von Blogdesk über die API verwenden. Es empfiehlt sich aber, *Full HTML* nicht generell freizugeben, sondern für diesen Fall einem bestimmten Benutzerprofil zuzuordnen. Dieses muss dann auch in der Blog-Verwaltung von Blogdesk verwendet werden.

Über *Administer* | *User management* | *Roles* bzw. *Access control* definieren Sie eine sog. *Role* (Rechte einer Benutzergruppe) und weisen ihr Rechte zu. Anschließend wird im *User management* | *Users* Nutzern individuell eine solche Rolle zugewiesen. In diesem Fall könnte die Rolle *Blogdesk* heißen und Nutzern, die via Blogdesk auf die Website zugreifen dürfen, die notwendigen Rechte einräumen.

Eigentlich kann man mit *Blogdesk* auch Bilder verwalten (was mit Wordpress auch wunderbar funktioniert) – bei Drupal ist das leider etwas hakelig (siehe den nächsten Abschnitt in diesem Kapitel). So werden Bilder zwar gespeichert, aber nicht automatisch angezeigt. Dies muss dann auch sehr gut mit dem verwendeten Bildmodul abgestimmt werden, das ja nicht einheitlich ist. Die API legt sie im Unterverzeichnis *files* ab, während sie oft in einem weiteren Unterverzeichnis wie beispielsweise *pictures* erwartet werden. Da dieses Verzeichnis dann allerdings nicht automatisch angesteuert wird, muss man in Blogdesk die Upload-Einstellungen von *Direkter Upload über die Blog-Schnittstelle* auf *FTP-Upload* ändern. Um dort die korrekten Pfade einstellen zu können, sollte man im Zweifelsfalle einfach im FTP-Programm nachsehen.

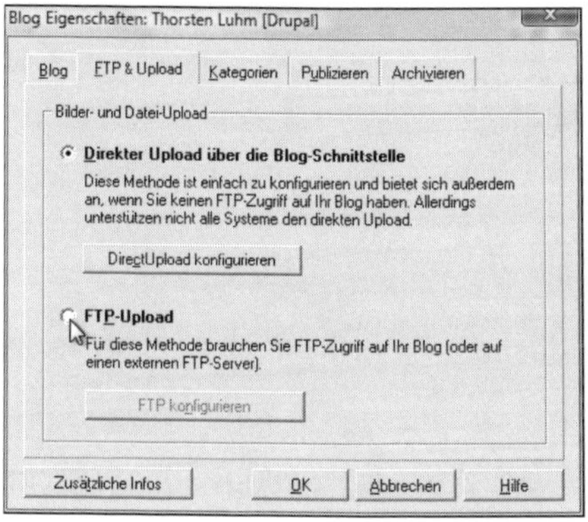

Abb. L5.25: Eventuell muss man die Upload-Pfade von Hand anpassen

Grafiklösung / Bilder einfügen

Neben dem Thema Textgestaltung ist der Bereich Bildverarbeitung die zweite Baustelle bei Drupal. Von Haus aus ist nichts wirklich Narrensicheres dabei, lediglich mit HTML-Tags wie `<img>` kann man direkt online verfügbare Bilder relativ schnell und problemlos einbinden. Wenn man sowieso nur einige wenige Bilder verwenden möchte, ist dies allerdings ausreichend.

Ein wenig besser geht es, wenn man den *KFC-Editor* eingebunden hat. Auch er kann in der Grundinstallation zwar ebenfalls Bilder nur per `<img>`-Tag einbinden, bietet dafür aber ein recht komfortables Einstellfenster. Zum Test liegt im Verzeichnis *sites/all/files* ein Bild *drupal_gasflaschen.jpg*. Über den Link *http://drupal.drumherum.info/sites/all/files/drupal_gasflaschen.jpg* kann man es direkt aufrufen, wobei es dann einfach im Browser angezeigt wird.

Abb. L5.26: Bereits online verfügbare Bilder kann man relativ leicht einbinden

Wenn man im FCK-Editor auf das *Bild einfügen*-Icon klickt, kann man komfortabel den Pfad zu einem bereits online verfügbaren Bild eintragen sowie weitere Bildeigenschaften steuern. Mit Hilfe des *IMCE*-Moduls, das im übernächsten Abschnitt beschrieben wird, kann man dies allerdings noch verbessern.

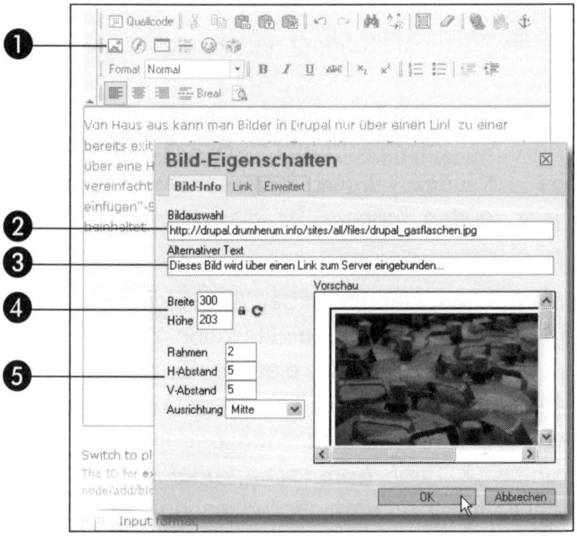

Abb. L5.27: Die *Bild-Eigenschaften* im FCK-Editor bieten eine Menge Einstellmöglichkeiten

Über das *Bild einfügen*-Icon ❶ kann man im FCK-Editor ein Bild an der Cursorposition platzieren. Sofern man keine spezielle Erweiterung installiert hat, kann dies wie im HTML-Modus nur über einen Pfad zu einem bereits im Internet befindlichen Bild geschehen. In der Eingabezeile *Bildauswahl* ❷ muss also der vollständige Pfad zum Bild angegeben werden, das zur Kontrolle im *Vorschau*-Fenster angezeigt wird. Der *Alternative Text* ❸ ist im Browser zu lesen, wenn das betreffende Bild nicht angezeigt werden kann (weil entweder im Browser die Anzeige von Bildern ausgestellt oder auf dem Server nicht mehr vorhanden ist).

Wenn die Felder *Breite* und *Höhe* ❹ leer bleiben, werden automatisch die Abmessungen der Originaldatei übernommen (es kann sich aber lohnen, die tatsächlichen Werte hier trotzdem einzutragen, da dies der Darstellung während des Seitenaufbaus zu Gute kommen kann). Trägt man in eines der Felder eine Vorgabe ein, wird der andere Wert automatisch dem Seitenverhältnis entsprechend errechnet. Wenn man die Verriegelung (Schloß rechts daneben) löst, kann man beide Werte nach eigenem Ermessen eingeben. Man muss dabei allerdings wissen, dass der Editor nur die zu Grunde liegenden HTML-Attribute verwaltet und keine Bildbearbeitung vornimmt: Ein großes Bild, das auf diese Weise klein eingestellt wird, bleibt immer noch ein großes Bild und muss in vollem Umfang zu Lasten von Transfervolumen und Zeitaufwand übertragen werden.

Die Werte im letzten Abschnitt ❺ sind optional: *Rahmen* fügt einen Rahmen hinzu, *H-Abstand* fügt einen horizontalen und *V-Abstand* einen vertikalen Abstand zum Text hinzu. Über *Ausrichtung* kann man festlegen, ob das Bild links- bzw. rechtsbündig oder mittig in einer eigenen Zeile stehen oder vom Text umflossen werden soll.

Damit diese ganzen Einstellungen Wirkung zeigen, muss das *Input format* auf *Full HTML* eingestellt werden. Hat man dies vergessen, wird das Bild nicht angezeigt. Die vorgenommenen Einstellungen sind allerdings nicht verloren und werden nach einer Änderung im *Input format* korrekt angezeigt.

Image Modul

Die oben beschriebene Methode scheint nicht besonders elegant, obwohl sie für geübte Nutzer mit HTML-Verständnis durchaus Vorteile bietet. Allerdings könnte diese Methode bei sehr vielen Bildern etwas mühsam werden. Ebenso bietet sie keine Schmankerln wie Vorschau mit hinterlegter Großansicht usw. Da bietet sich ein Modul an, das es schon für die Vorgängerversion gibt: *Image* bietet eine Menge Funktionen und installiert sich dementsprechend nicht nur mit einem Modul, sondern gleich mit mehreren:

- *image_gallery.module*
- *image_attach.module*
- *image_im_advanced.module*
- *image_import.module*

Laden Sie sich die aktuelle Version von *Image* von der Project-Page herunter (*http://drupal.org/project/image*) und entpacken Sie bitte das Archiv. Den Ordner mit dem schlichten Namen *Image* laden Sie per FTP in das für externe Module vorgesehene Verzeichnis *sites/all/modules*.

TIPP

> Zum Zeitpunkt der Recherche ist das Modul noch „alpha“ und arbeitet noch nicht reibungslos mit dem *Image-Assist*-Module zusammen. Alternativ kann man IMCE ausprobieren, in manchen Situationen vielleicht sogar die angenehmere Lösung.

Im nächsten Schritt muss das Modul bzw. das Ensemble über *Administer* | *Site building* | *Modules* aktiviert werden. Dort findet man sogar einen eigenen *Image* benannten Abschnitt unterhalb von *Core*. Wie eingangs beschrieben handelt es sich nicht um *ein* Modul, sondern um eine ganze Sammlung, die die häufigsten Einsatzgebiete abdeckt. Unter *Description* kann man sich vergewissern, dass alle notwendigen Module vorhanden (*required*) und aktiviert (*enabled*) sind.

▽ Image

Enabled	Name	Version	Description
☑	**Image**	6.x-1.0-alpha1	Allows uploading, resizing and viewing of images. Required by: Image Attach (enabled), Image Gallery (enabled), Image Import (enabled), Image assist (enabled)
☑	**Image assist**	6.x-1.0-beta1	This module allows users to upload and insert inline images into posts. It automatically generates an Add image link under the textarea fields of your choice. Depends on: Image (enabled)
☑	**Image Attach**	6.x-1.0-alpha1	Allows easy attaching of image nodes to other content types. Depends on: Image (enabled)
☑	**Image Gallery**	6.x-1.0-alpha1	Allows sorting and displaying of image galleries based on categories. Depends on: Image (enabled), Taxonomy (enabled)
☑	**Image Import**	6.x-1.0-alpha1	Allows batches of images to be imported from a directory on the server. Depends on: Image (enabled)
☑	**ImageMagick Advanced Options**	6.x-1.0-alpha1	Adds advanced options to the ImageMagick image toolkit.

Abb. L5.28: Hinter *Image* verbirgt sich eine ganze Batterie von Modulen; *Image assist* ist allerdings separat

TIPP

> Nicht vergessen: Nachträglich installierte Module finden ihren Platz in *sites/all/modules*.

Weiter geht es bei *Administer | Site configuration*, wo man alle installierten Module erstmal inspizieren kann. *Image* sollte schon bei Aufruf des Formulars mit einer Erfolgsmeldung grüßen, die auf ein neues Unterverzeichnis für die Bilder hinweist.

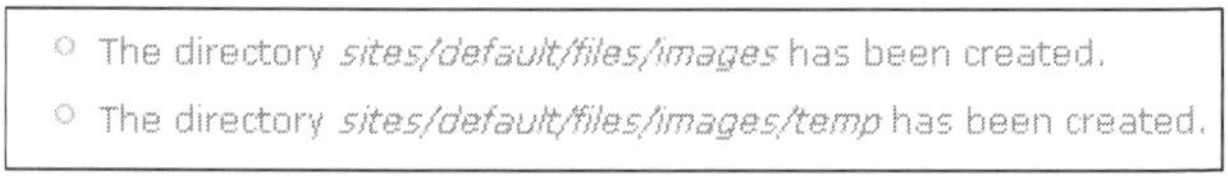

Abb. L5.29: Bilder des Image-Moduls werden in einem eigenen Verzeichnis abgelegt

Sollte diese Meldung fehlen bzw. eine rote Fehlermeldung sein, muss man die Zugriffsrechte überprüfen und die beiden Verzeichnisse ggf. von Hand anlegen (jeweils via FTP-Programm).

Wenn es nichts zu importieren gibt, wird *Imports* das Fehlen eines Verzeichnisses bemängeln.

> Das *Image*-Modul legt für die Bilder ein eigenes Verzeichnis an. Leider ist dieses Verzeichnis in Drupal nicht fest vorgegeben, so dass man nach Versuchen mit mehreren unterschiedlichen Modulen leider auch mehrere Verzeichnisse findet. Man sollte sich also beim Einsatz in einer produktiven Site auf ein Modul beschränken. Fortgeschrittene Nutzer können eventuell in Konfigurationsdateien der Module die Zugriffspfade anpassen.

Auch bei *Attach* und *Image Gallery* muss zunächst nichts weiter eingestellt werden. Sofern man nicht schon genaue Vorstellungen hat, kann man erstmal die dort vorgegebenen Einstellungen übernehmen.

Den ganzen Prozess in Gang bringt man unter *Administer | Content management | Image galleries.* Auf der überraschend leeren Seite mit dem Hinweis *No galleries available* findet man rechts oben den unscheinbaren Menüpunkt *Add gallery* (siehe Abbildung L5.30).

Der *Gallery name* ❶ kann frei gewählt werden, sollte aber natürlich schon im Zusammenhang mit der Website und den Bildern stehen. Bei der ersten Galerie könnte man ihn auch als Oberbegriff anlegen, wenn man innerhalb der Site mit mehreren Galerien arbeiten möchte (siehe *Parent*).

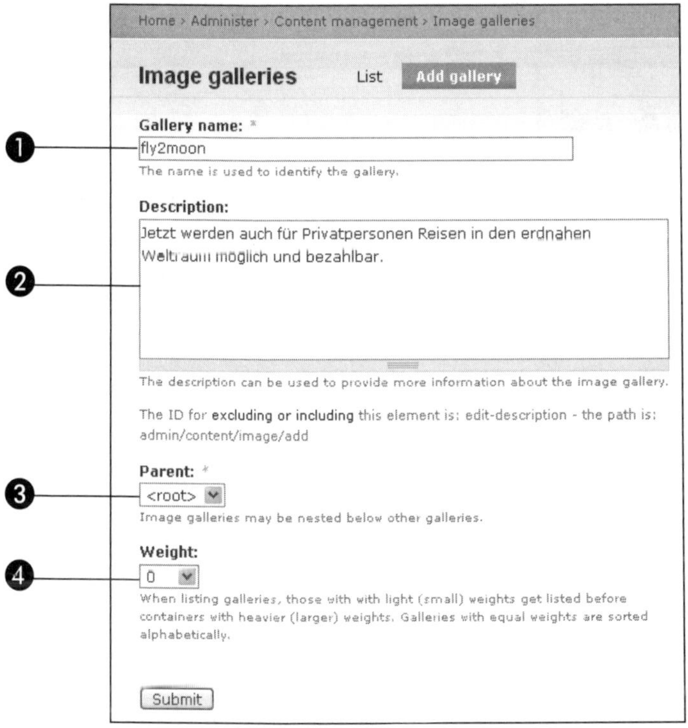

Abb. L5.30: Anlegen einer Galerie

Die *Description* ❷ beschreibt, worum es geht.

Parent ❸ bietet beim ersten Aufruf dieses Moduls nur den Eintrag *root*, was die oberste Hierarchieebene signalisiert. Wenn man eine zweite Galerie anlegt, kann man an dieser Stelle allerdings entscheiden, ob sie ebenfalls *root* zugeordnet oder dem ersten Eintrag untergeordnet werden soll (gewissermaßen als Teilmenge). Wenn die erste Galerie *fly2moon* heißt, könnte eine Unter-Galerie *Mitarbeiter* oder *Reisebilder* heißen und so eine Gliederung unterstützen.

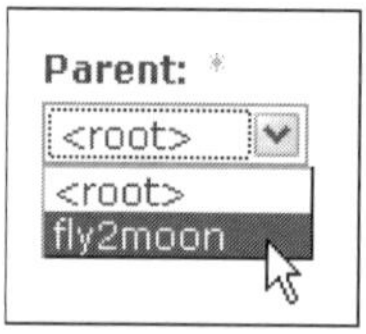

Abb. L5.31: Eine Galerie kann einer anderen zugeordnet werden

Wie überall in Drupal bestimmt *Weight* ❹ eine Gewichtung, die sich in der Reihenfolge niederschlägt. So sollte eine Teil-Galerie eine geringere Gewichtung haben als die zugehörige *Parent*. Man hat zwar somit eine oder sogar mehrere Galerien angelegt, Bilder hat man aber trotzdem noch nicht …

TIPP

Am Rande ein kleiner Oberlehrer-Hinweis: Entweder *gallery* (englisch) oder *Galerie* (deutsch) einheitlich verwenden.

Import von Bildern

Bis jetzt hat man eine Menge Module installiert, konfiguriert und schon ein paar Galerien angelegt, aber Bilder hat man trotzdem noch keine auf der Website. Schaut man schon mal unter *Create content* nach, gibt es dort auch keinen passenden Inhaltstyp – es sei denn, man hat das eingangs erwähnte Modul *Image Assist* bereits installiert und aktiviert.

Der einfachste und schnellste Weg, um die Galerien mit Bildern zu füllen und gleichzeitig als Bildfolge auf die Website zu bringen, ist der Import. Dazu sollte man die gewünschten Bilder via FTP in einem Rutsch in das Verzeichnis *sites/all/files/images/import* hochladen.

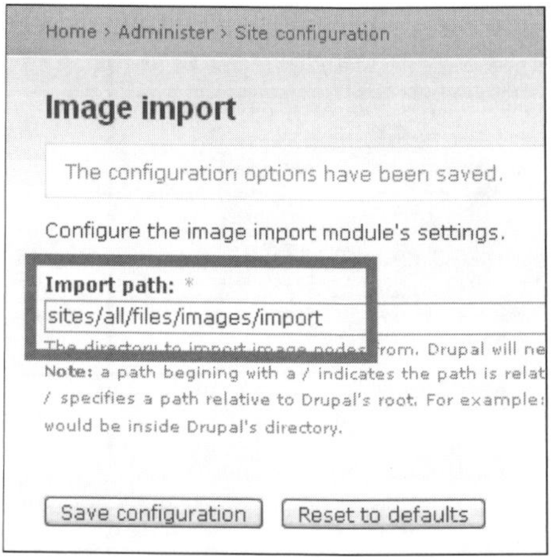

Abb. L5.32: Für Galerien kann man Bilder in einem Rutsch importieren

Weil die Größenanpassung in Drupal nicht immer automatisch geht, sollte man schon vor dem Upload auf Abmessungen und Dateigrößen achten. Die Einstellungen für dieses Verzeichnis findet man unter *Administer | Site configuration | Image import*. Durch Änderung dieser Einstellung kann man natürlich auch auf bereits hochgeladene Bilder außerhalb der neuen Drupal-Installation zugreifen (siehe Abbildung L5.33).

Über die Funktion *Administer | Content management | Image import* kann man dann die in dem speziellen Verzeichnis hinterlegten Bilder importieren. Dazu wird zunächst eine Übersicht der erkannten Bilddateien angezeigt. Wie so oft erweisen sich Dateinamen mit (deutschen) Sonderzeichen als problematisch, hier wird aus *tür* eine noch problematischere *t?r*.

Durch ein Häkchen in der ersten Spalte kann man die Bilder einem Album zuordnen. Gleichzeitig lässt sich noch ein Titel hinzufügen (siehe Abbildung L5.34).

Abb. L5.33: Bilder für eine Galerie kann man vorher schon ein wenig anpassen

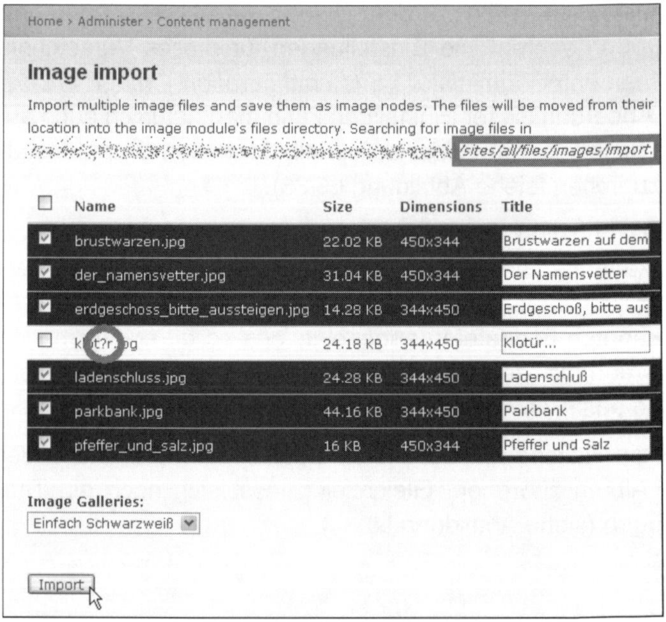

Abb. L5.34: Die im Verzeichnis erkannten Bilder werden aufgelistet

Ein Klick auf *Import* legt nicht nur eine Galerie mit den ausgewählten Bildern an, sondern auch eine eigene Seite zu jedem einzelnen Bild. Diese Seiten kann man anschließend noch bearbeiten.

Abb. L5.35: Mit einem *Import* kann man schnell eine Galerie anlegen

Image Assist

Man möchte nicht immer ganze Alben importieren oder mit FTP-Uploads hantieren. Gerade für Nutzer, die nur gelegentlich einzelne Bilder hochladen wollen, ist dies nicht besonders praktikabel. Abhilfe kann da das Modul *Image assist* bieten (*http://drupal.org/project/img_assist*).

TIPP

Zum Zeitpunkt der Recherche ist das Modul noch „beta" und arbeitet noch nicht reibungslos mit den „Image"-Modulen zusammen. Alternativ kann man das im nächsten Abschnitt vorgestellte IMCE ausprobieren, in manchen Situationen vielleicht eine interessante Alternative.

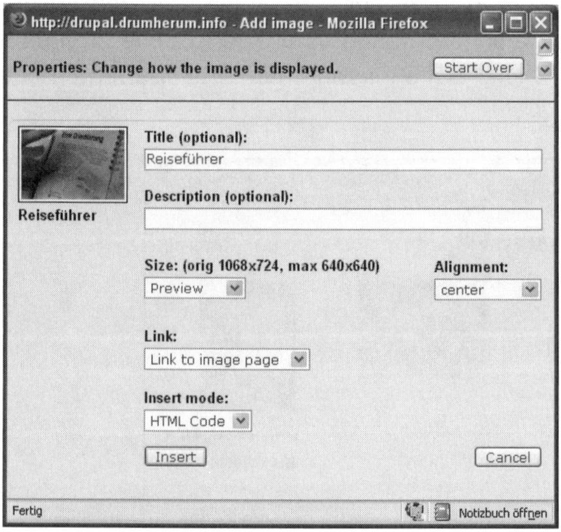

Abb. L5.36: Mit *Image Assist* kann man Bilder in einer Art Mediathek verwalten

Ist das Modul aktiv, erscheint unter dem *Body* für den Haupttext ein Bild mit einem Plus-Zeichen, das in die Bildverwaltung führt. Man kann dann aus den vorhandenen Bildern eines aussuchen oder ein neues hochladen.

Bilderintegration in den FCK-Editor

Eine interessante Möglichkeit in Sachen Bildverwaltung ist das Modul *IMCE* (*http://drupal.org/project/imce*). Es ist ein Datei- und Bilder-Uploader der in Verbindung mit dem FCK-Editor eine komfortable Bildverwaltung erlaubt (eine Integration in TinyMCE ist ebenfalls möglich; *http://drupal.org/node/241753#comment-792305*). Unter *Administer | Site configuration | IMCE* kann man das Modul konfigurieren und beispielsweise neue Verzeichnisse anlegen. Zur Integration in den FCK-Editor muss man zum Formular *Administer | Site configuration | FCKeditor settings* wechseln.

Eine kleine Vorschau dieser Integration kann man auch der Website des Entwicklers ausprobieren (*http://ufku.com/drupal/imce/demo*).

Dort muss man zuerst entscheiden, ob man diese Funktion allgemein zur Verfügung stellen möchte oder nur bestimmten Nutzern. Dementsprechend muss man *edit* in der *Default*- oder der *Advanced*-Zeile auswählen oder sogar mit *New profile* eventuell ein ganz neues Profil anlegen. Da man dies später alles wieder ändern kann, sollte man es aber auch nicht zu kompliziert machen. Im Laufe der Konfiguration wird man von Drupal sowieso öfter daran erinnert.

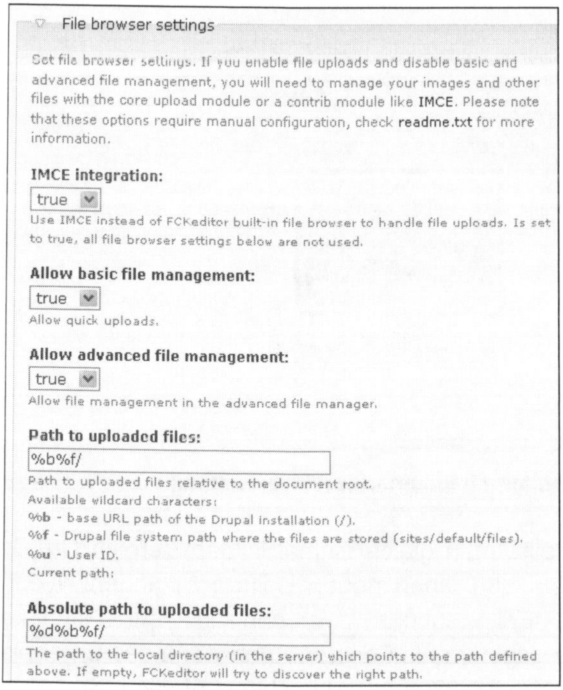

Abb. L5.37: Über *File browser settings* kann man den Bilder-Upload in den FCK-Editor intergrieren

Um das Modul überhaupt erstmal kennen zu lernen und erproben zu können, sollte man die Punkte *IMCE integration*, *Allow basic file management* und *Allow advanced file management* von *false* auf *true* umstellen. In der etwas technischen Diktion steht *true* für *ja* und *false* für *nein*. Die Einstellungen *Path to uploaded files* und *Absolute path to uploaded files* sollte man dagegen in Ruhe lassen – man kann sie aber im Hinterkopf behalten, falls man IMCE in Kombination mit einem anderen Modul verwenden möchte, das ebenfalls Bilder verwaltet und eventuell einen anderen Pfad verwendet. Zum Schluss bitte *Update profile* nicht vergessen, weil sonst die Einstellungen nicht wirksam werden.

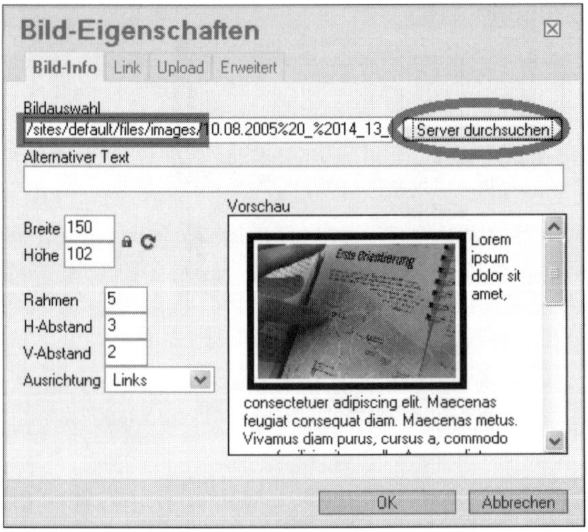

Abb. L5.38: FCKeditor mit integrierter Bildverwaltung

Anschließend sollte man gleich einmal in den Bereich *Create content* wechseln und einen neuen Beitrag beginnen. Wenn man nun im FCK-Editor auf das *Bilder*-Icon klickt, öffnet sich auf den ersten Blick das normale Fenster. Auch wenn das Ergebnis der Mühen der Abb. L5.27 zum Verwechseln ähnlich sieht, gibt es zwei entscheidende Unterschiede:

In der Hauptansicht *Bild-Info* gibt es neben dem Eingabefeld *Bildauswahl* jetzt eine Schaltfläche *Server durchsuchen*. Über diesen Button kann man bequem auf die bereits auf dem Server verfügbaren Bilder zugreifen und per Klick in einen Beitrag integrieren. Berücksichtigt wird dabei das in den File *browser settings* eingestellte Verzeichnis. Bei Problemen oder Kombination mit anderen Tools muss man dies gegebenenfalls anpassen.

Es gibt jetzt einen Karteireiter *Upload*. Über den vertrauten *Durchsuchen...*-Knopf kann man damit beliebige Dateien von der heimischen Festplatte hochladen.

Bei dieser Lösung muss man sich keine abstrakten Pfade merken, sondern kann ähnlich wie auf der heimischen Festplatte Verzeichnisse durchstöbern und dann die Bilder nach Bedarf in den Text einsetzen. Dazu kann man entweder in der obersten Zeile auf den Punkt *Send to FCKEditor* oder ganz einfach auf das ausgewählte Bild im Vorschaufenster klicken. Da dies über die Internetleitung laufen muss, ist die Geschwindigkeit allerdings nicht ganz so gut. Es lohnt sich, trotz des *point and click*-Prinzips vorbereitet an die Arbeit zu gehen.

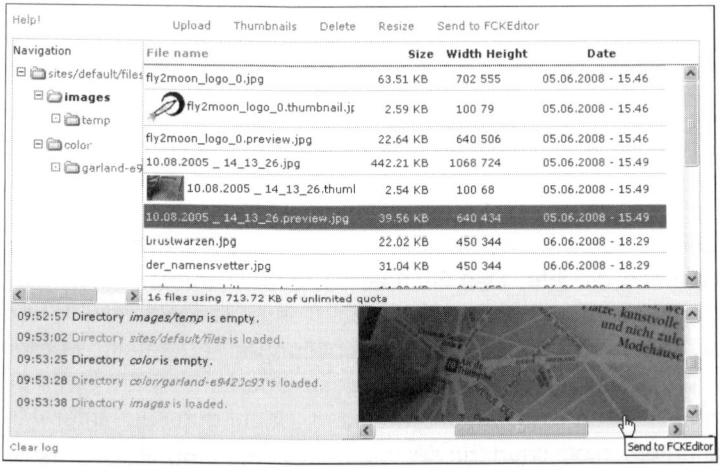

Abb. L5.39: Man kann sich Bilder ansehen und die wichtigsten Informationen wie Dateigröße und Abmessungen berücksichtigen

Themes – neue Gewänder

Eine typische Eigenschaft und ein großer Vorteil eines CMS ist die strikte Trennung von Inhalten, Funktionen und Gestaltung. Das Aussehen einer auf Drupal basierenden Website wird über sog. Themes gesteuert (bei anderen Programmen auch Template oder Skin genannt). Eine Übersicht der installierten Themes kann man jederzeit über *Administer* | *Site building* | *Themes* aufrufen. In der Grundausstattung von Drupal werden fünf Themes mitgeliefert, die sofort eingesetzt werden können, um der Website ein eigenes Gesicht zu verleihen.

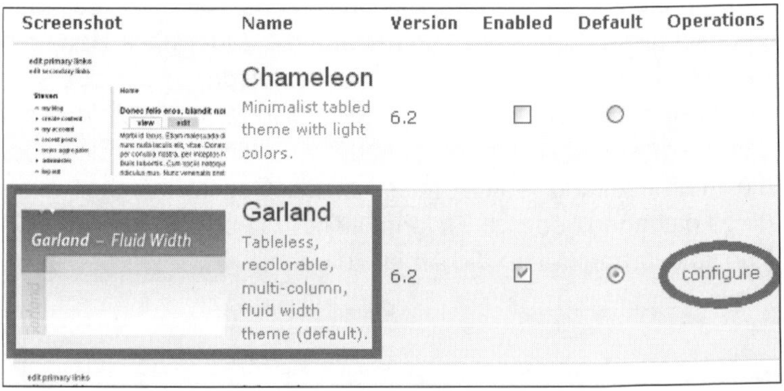

Abb. L5.40: *Garland* ist das bewährte Standard-Theme, kann aber über *configure* an eigene Bedürfnisse angepasst werden

Doch man muss nicht gleich ein komplett anderes Theme auswählen, wenn man Drupal den eigenen Design-Vorstellungen anpassen möchte. Das Standard-Theme *Garland* bietet nämlich die Funktion *configure*, die ein Konfigurationsformular hervorzaubert, das auf vier Teilabbildungen aufgeteilt werden muss. Der auffälligste Teil steht gleich oben und erlaubt weitreichende Farbanpassungen. Man kann dabei durchaus interaktiv die unterschiedlichen Einstellungen ausprobieren und ein wenig im nebenstehenden Farbkreis herumklicken. Die Farben für viele Seitenelemente kann man dabei gezielt einzeln steuern, wie beispielsweise Grundfarbe (*Base color*), Linkfarbe (*Link color*) oder Textfarbe (*Text color*). Die Auswirkungen werden in einer darunter stehenden Vorschau sofort angezeigt. Wenn man dann die harmonische Farbzusammenstellung gründlich durcheinander gebracht hat, kann man über *Farbsets* (*Color set*) erprobte Zusammenstellungen aktivieren.

In diesem Theme kann man auf *Color sets* zurückgreifen, in denen alternative Farbzusammenstellungen gespeichert sind (*Blue Lagoon* ist die Standardeinstellung).

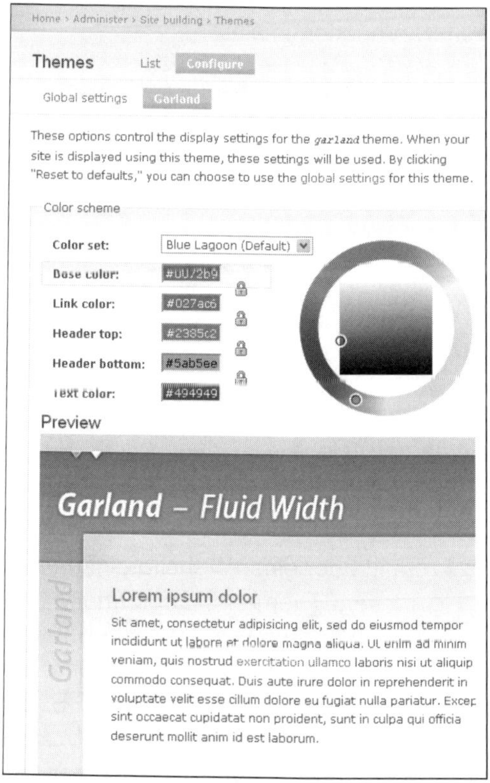

Abb. L5.41: Ohne das Theme wechseln zu müssen. kann man die Farben ändern

Solche Einstellmöglichkeiten sind allerdings nicht in jedem Theme vorhanden.

- *Ash* ist grau in grau
- *Aquamarine* spiegelt die Farben des Meeres wieder
- *Belgian Chocolate* ist lecker schokoladig
- *Bluemarine* ist hellblau
- *Citrus Blast* ist knackig gelb
- *Cold Day* ist eine weitere Variation in blau
- *Greenbeam* ist saftig grün
- *Mediterrano* rot bis violett
- *Mercury* blass grau
- *Nocturnal* dunkelblau
- *Olivia* hellgrün
- *Pink Plastic* – das richtige für Barbie
- *Shiny Tomato* macht Appetit auf frischen Salat

Der Abschnitt *Toggle display* ermöglicht das Ein- bzw. Ausblenden von Gestaltungselementen (siehe Abbildung L5.42). Dazu gehören zum Beispiel das Logo, der Sitename oder das *Mission statement* (Motto).

Ein Logo verleiht einem Produkt oder einer Website einen eigenen Charakter. Deshalb ist diesem Thema mit *Logo image settings* sogar ein eigener Abschnitt in dem umfangreichen Konfigurationsformular gewidmet. Dabei kann man wahlweise auf eine Datei im Internet verweisen (*Path to custom logo*, z. B. bei einem Bilderservice) oder ein neues Logo hochladen (*Upload logo image*). Dazu muss man natürlich zuvor das Häkchen bei *Use the default logo* löschen (siehe Abbildung L5.43).

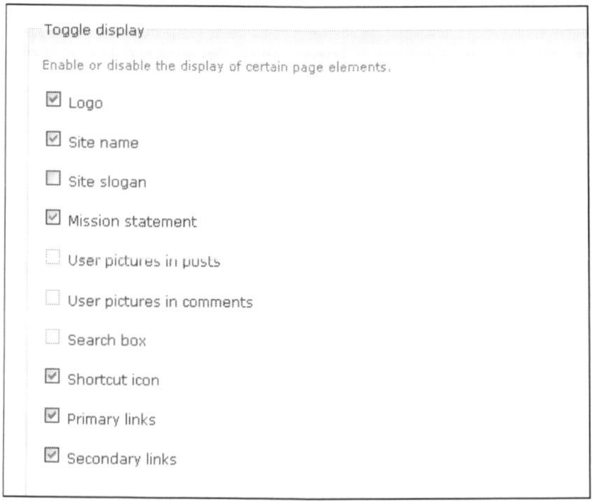

Abb. L5.42: Im Standard-Theme *Garland* kann man auch die Anzeige einzelner Elemente beeinflussen

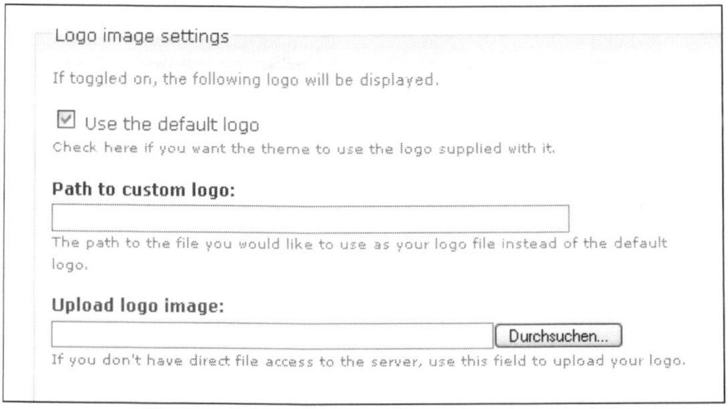

Abb. L5.43: Das Theme *Garland* erlaubt auch den Austausch des Logos

Das i-Tüpfelchen bei einer eigenen Website ist das sog. Favicon in der URL. Das macht nicht nur einen professionellen Eindruck, sondern wird auch zusammen mit den Lesezeichen gespeichert, so dass die Website in solch einer Sammlung einen höheren Wiedererkennungswert hat. Im Abschnitt *Short-*

cut icon settings kann man regeln, ob das Standardsymbol (das blaue Tröpfchen) oder ein eigenes Icon verwendet werden soll. Wenn man das Häkchen bei *Use the default shortcut icon* entfernt, kann man auf ein vorhandenes Bild im Web verlinken oder eine passende Datei hochladen.

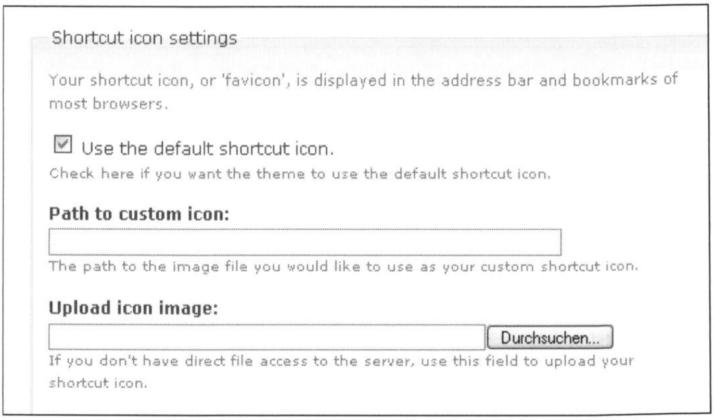

Abb. L5.44: Über das Theme kann man auch das Favicon in der URL ersetzen

Im „Anwenden"-Teil dieses Buches werden einige Tipps und Tricks vorgestellt, wie man einfach und überzeugend so ein Minibild erstellt.

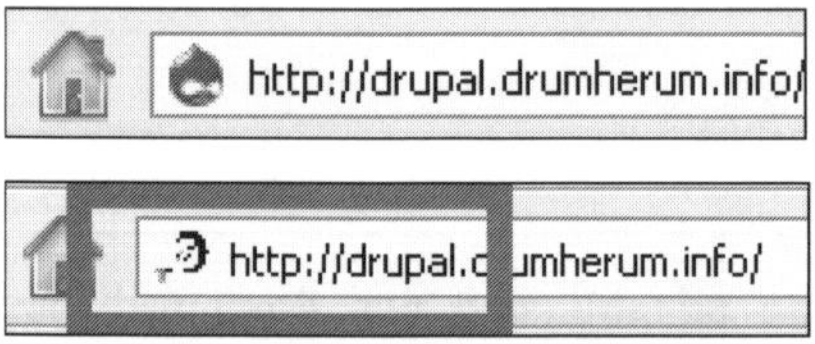

Abb. L5.45: Das Drupal-Favicon und eine eigene Kreation

Das Standard-Theme *Garland* ist also nicht ohne Grund Standard, weil es ausgereift ist und sehr viele Möglichkeiten bietet. Die hier unter *Configure* beschriebenen Möglichkeiten kann man durchaus nicht bei allen für Drupal angebotenen Themes erwarten. Viele der privat angebotenen Themes konzentrieren sich primär auf das Erscheinungsbild im Kopfbereich und die Farbzusammenstellung, während die weiteren Funktionen oft fehlen. Man sollte also auch bei der Auswahl des Themes auf Funktionalität achten. Darüber hinaus besteht natürlich die Möglichkeit, bestehende Themes anzupassen oder sogar eigene zu entwickeln.

Themes switchen

Die Auswahl an mitgelieferten Themes ist bei Drupal nicht überwältigend. Gerade mal ein halbes Dutzend Themes steht zur Auswahl, die meisten im zwar sympathischen, aber auf Dauer doch etwas langweiligen Blau mit ähnlichem Layout. Der vorhergehende Abschnitt hat gezeigt, dass man sich vom ersten Eindruck nicht täuschen lassen darf, denn über die Funktion *configure* ist eine Menge möglich (sofern für das betreffende Theme verfügbar).

Die in Abbildung L5.46 gezeigte Übersicht erreicht man über *Administer* | *Site building* | *Themes*. Der Tabellenkopf gibt über folgende Eigenschaften Auskunft:

- *Screenshot*: Vorschaubild des Themes (kann eventuell noch individuell beeinflusst werden)
- *Name*: Name des Themes sowie eine kurze Beschreibung der wichtigsten Eigenschaften.
- *Version*: Versionsnummer.
- *Enabled*: Wenn man dem Nutzer im Userprofil das Recht einräumt, kann er so zwischen freigeschalteten Themes selbst wählen.
- *Default*: Wenn mehrere Themes aktiviert (*Enabled*) sind, dann wird das mit *Default* gekennzeichnete standardmäßig verwendet.
- *Operations*: Themes bieten mehr oder weniger umfangreiche Veränderungsmöglichkeiten, z. B. für die Farben oder Logos.

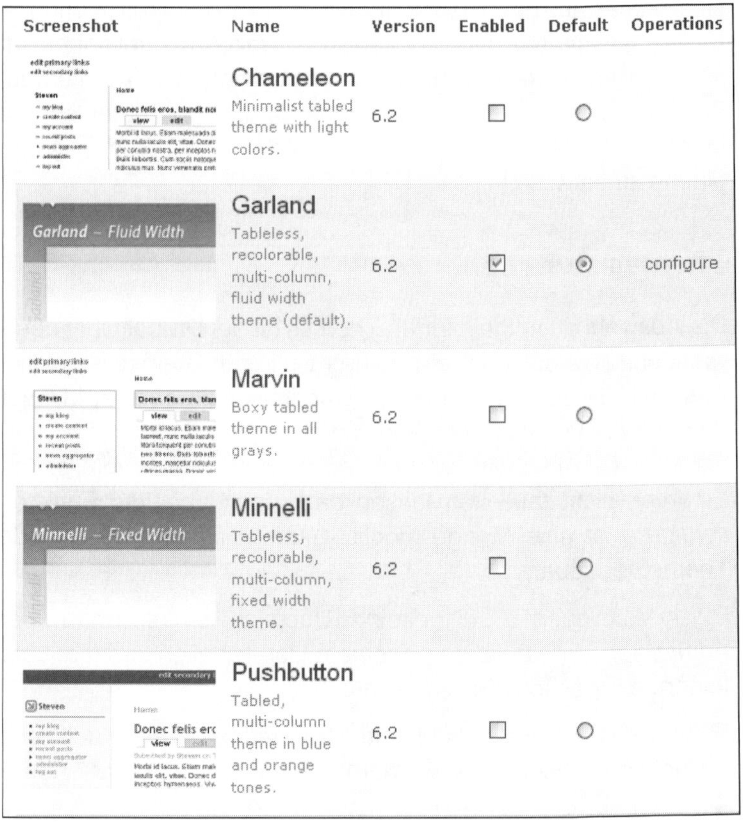

Abb. L5.46: Themes kann man auf Knopfdruck umschalten

Möchte man auf eines dieser Themes umschalten, genügt ein Klick auf den Radiobutton in der *Default*-Spalte – und natürlich *Save configuration* nicht vergessen.

Natürlich steht die ganze Zeit die Frage im Raum „Und wo bekommt man noch mehr Themes her?“ Zum Beispiel von der offiziellen Drupal-Seite. Dort gibt es einen speziellen Download-Bereich (*http://drupal.org/project/themes*). Die Liste ist zwar sehr lang, doch bei der noch recht frischen Version von Drupal sind noch nicht viele Themes auf die aktuelle Version angepasst worden. Zu jedem Theme gibt es ein Vorschaubild, eine kurze Information sowie die Angabe für welche Drupal-Version es geeignet ist. Man sollte auf die korrekte Version achten: Ein grünes Häkchen bedeutet „empfohlen“, ein rotes *Stop* steht für „Entwicklerversion“ (man sollte später noch mal nachschauen).

Version	Date	Links	Status	
6.x-1.2	2008-Apr-08	Download · Release notes	Recommended for *6.x*	✓
5.x-1.6	2008-Apr-27	Download · Release notes	Recommended for *5.x*	✓

Find out more · Bugs and feature requests

Abb. L5.47: Beim Download bitte immer auf die richtige Version achten

Eine Vorschau vieler Themes ist im „Theme Garden“ möglich (*http://themegarden.org/*).

Aber wie verwendet man Themes, die nicht zur Grundausstattung von Drupal gehören?

1. Laden Sie die gewünschten Archive herunter undsammeln Sie sie in einem Ordner.
2. Enpacken Sie die Archive, belassen Sie die zu einem Theme gehörenden Dateien aber in einem eigenen Ordner (allerdings möglichst nicht doppelt und dreifach verschachtelt),
3. Integrieren Sie die Theme-Ordner via FTP in die Drupal-Installation auf dem Server.

> Beim Download sollte man mit einem Rechtsklick auf den *Download*-Link klicken und die Option *Ziel speichern unter…* wählen. Andernfalls wird das Archiv gleich im Entpacker geöffnet, was in dem Moment wenig hilfreich ist.

WEB

Name	Größe
andreas02-6.x-1.2.tar.gz	97 KB
art4_green-6.x-1.0.tar.gz	117 KB
artistsC01-6.x-1.1.tar.gz	78 KB
blue_bars-6.x-1.2.tar.gz	93 KB
burnt-6.x-1.6.tar.gz	70 KB
celju-6.x-1.3.tar.gz	126 KB
channel_nine-6.x-1.2.tar.gz	98 KB
deco-6.x-1.0.tar.gz	3.272 KB
foliage-6.x-1.3.tar.gz	150 KB
fourseasons-6.x-1.18.tar.gz	26 KB
glossyblue-6.x-1.0.tar.gz	63 KB
interactive_media-6.x-1.3.t...	244 KB
internet_center-6.x-1.1.tar.gz	110 KB
marinelli-6.x-1.7.tar.gz	806 KB
pixture-6.x-1.1.tar.gz	86 KB
pluralism-6.x-1.0.tar.gz	76 KB
sharepoint-like-6.x-1.1.tar.gz	102 KB
sky-6.x-1.1.tar.gz	275 KB
skyroots-6.x-1.2.tar.gz	9 KB
terrafirma_theme-6.x-2.1.t...	46 KB

Abb. L5.48: Drupal-Themes haben eine durchschnittliche Download-Größe von rund 100 Kilobyte

Die Größe der Archive ist in der Regel moderat: Alles, was deutlich über 100 Kilobyte hinaus geht, ist meist auf aufwendige Bilddateien zurück zu führen. Nach dem Entpacken sind die Ordner nicht sehr viel größer, da sich ein Theme idealerweise aus einer CSS-Datei und ein paar Bildelementen zusammensetzt. Lediglich das Theme *deco* fällt aus dem Rahmen: Schon das Download-Archiv hat einen Umfang von mehr als 3 Megabyte – doch nach dem Entpacken umfasst es stolze 20 Megabyte (was allerdings an mitgelieferten Quelldateien im PSD-Format liegt). Dies ist bei Themes nicht üblich und kann jemanden ohne schnelle DSL-Verbindung beim Upload schon einige Nerven kosten. Also vorher prüfen, wie groß der Upload sein wird.

WEB

Informationen zur Installation von Themes findet man auch im Drupal-Online-Handbuch unter „Installing Themes" (*http://drupal.org/getting-started/5/install-contrib/themes*).

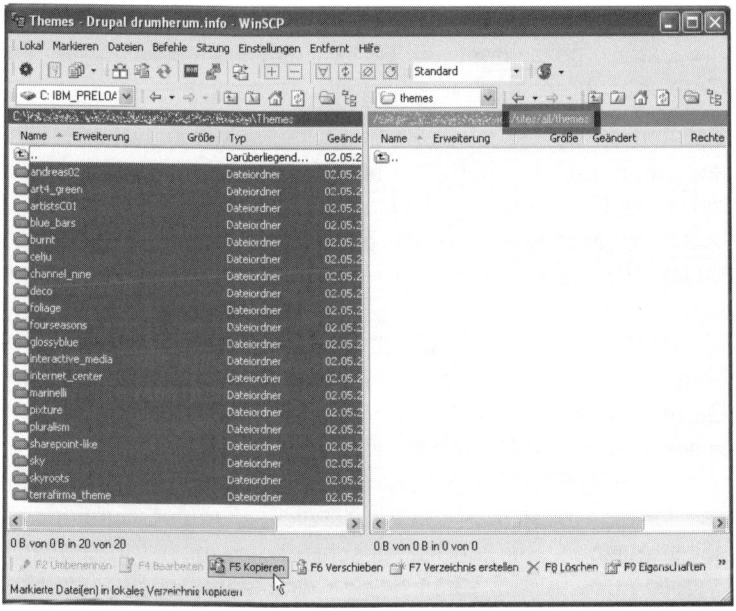

Abb. L5.49: Neue Themes müssen in einen speziellen Ordner geladen werden

Achtung: Themes von Drittanbietern sollen nicht in das „themes"-Verzeichnis auf der obersten Installationsebene von Drupal kopiert werden. Diese ist nach dem Willen der Drupal-Entwickler den *Core*-Themes vorbehalten. Zusätzliche Themes sollen deshalb in einem dafür vorgesehenen Unterverzeichnis plaziert werden: *sites/all/themes*. An dieser Stelle sollen außerdem zusätzliche Module in einem entsprechenden Unterverzeichnis *sites/all/modules* gesammelt werden.

TIPP

Externe Themes und Module

Bisher ging es in der Hauptsache um mitgelieferte Erweiterungen. Natürlich liegt die Stärke von Drupal nicht zuletzt darin, dass es Hunderte von Erweiterungen unabhängiger Softwareentwickler oder sogar von Firmen für jeden erdenklichen Zweck gibt. Diese Module von Drittanbietern werden an dieser Stelle als „extern“ bezeichnet, um sie von den Standardmodulen des Cores abzugrenzen.

Tatsächlich werden sie auch in Drupal selbst in zweierlei Hinsicht abgegrenzt: Einerseits erscheinen diese Erweiterungen in der Modulliste unter *Administer | Site building | Modules* in einem eigenen Abschnitt, der generell *Other* überschrieben ist. Einige Module erhalten sogar eine eigene Abschnittsbezeichnung. Ferner ist auch in der Filehierarchie eine Abgrenzung erwünscht: Obwohl sich gleich auf der obersten Verzeichnisebene die Ordner *modules* und *themes* befinden, sind diese der Grundinstallation von Drupal vorbehalten. Zusätzliche Module sollen nach dem Willen der Drupal-Entwickler unter *sites/all/* in einem entsprechenden Verzeichnis abgelegt werden. Trotz dieser Vorgabe muss man diese zusätzlichen Ordner allerding erst selbst anlegen: Bei WinSCP geschieht dies mit [F7] *Verzeichnis erstellen* bzw. einem Rechtsklick in das leere Fenster und *Verzeichnis erstellen*. Erst danach darf man per [F5] *Kopieren* bzw. per Drag & Drop die neuen Dateien hinzufügen.

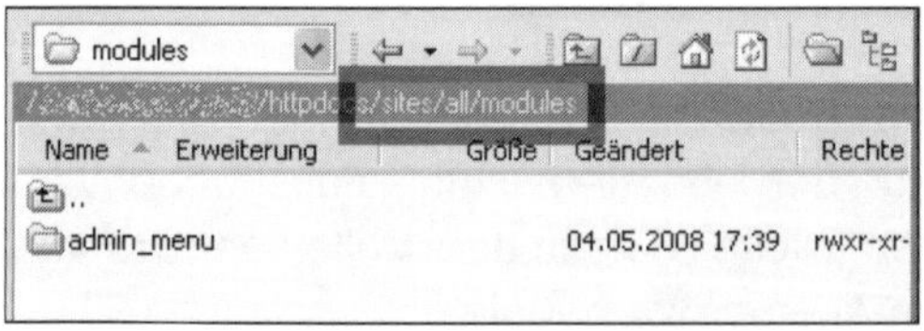

Abb. L5.50: "Externe" Module sollen im separaten Unterverzeichnis *sites/all/* platziert werden

Im Folgenden finden Sie ein paar Beispiele von Themes für Drupal. Neben dem reinen Erscheinungsbild sollte man auch auf die Anordnung der Bedienelemente und zusätzlicher Funktionen achten, z. B. Anpassen der Schriftgröße oder Ändern des Farbschemas durch den Besucher der Site. Auch interne Features wie variable Breite oder tabellenloses Design machen ein gutes Theme aus.

Abb. L5.51: Theme *4 Seasons*

Kurzinfo: Drei Spalten, auf 960 Pixel fixierte Breite, variable Schriftgröße im Frontend (hellgrau unter Umständen schlecht zu erkennen), Farbauswahl möglich (farbige Quadrate oben links)

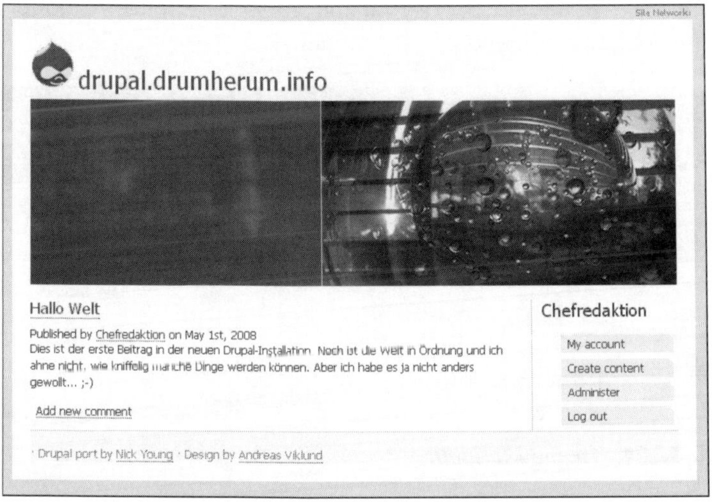

Abb. L5.52: Theme *Andreas 02*

Kurzinfo: Variable Breite, Navigation rechts, große Grafik im Kopfbereich

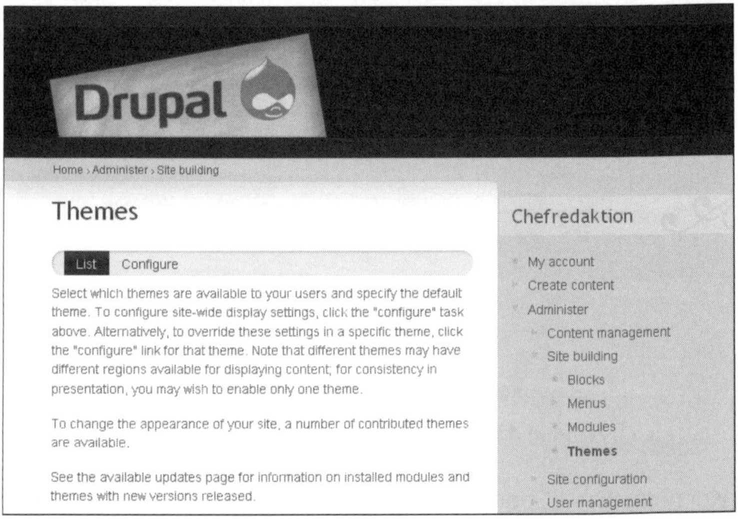

Abb. L5.53: Theme *deco*

Kurzinfo: Tabellenloses Layout mit variabler Breite in modernem Design, Navigationsleiste rechts

Abb. L5.54: Theme *Marinelli*

Kurzinfo: dreispaltiges Layout mit fester Breite, Navigation rechts

Abb. L5.55: Theme *Sky*

Kurzinfo: Zweispaltiges, schlankes Theme mit fester Breite; CSS-basiert, Navigation links oder rechts

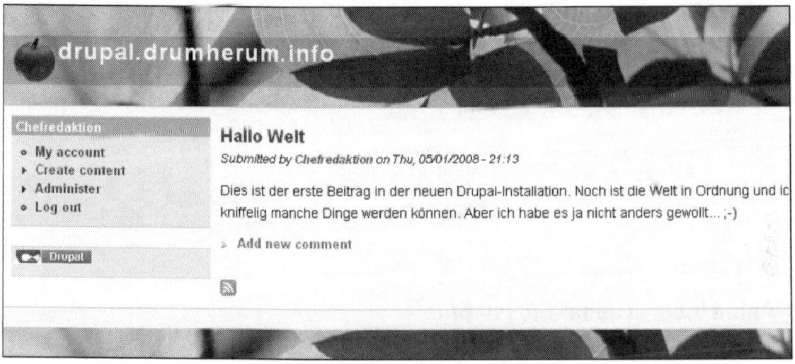

Abb. L5.56: Theme *Foliage*

Kurzinfo: Hübsches Design mit fester Breite; tabellenlos

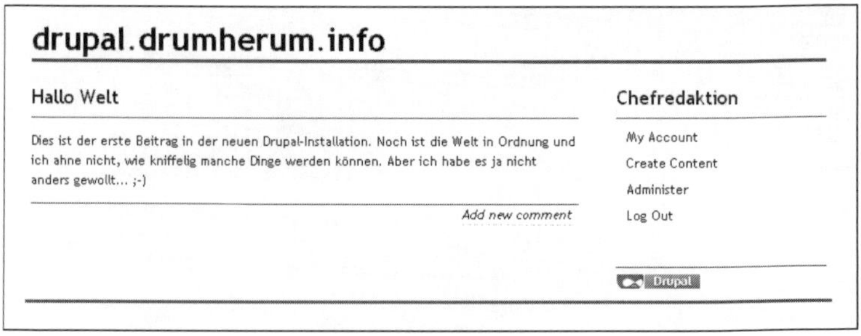

Abb. L5.57: Theme *Blue Bars*

Kurzinfo: Sehr schlichtes, effektives Layout mit fester Breite.

Abb. L5.58: Theme *Glossy Blue*

Kurzinfo: Zweispaltiges Layout mit fester Breite (Wordpress lässt grüßen ...)

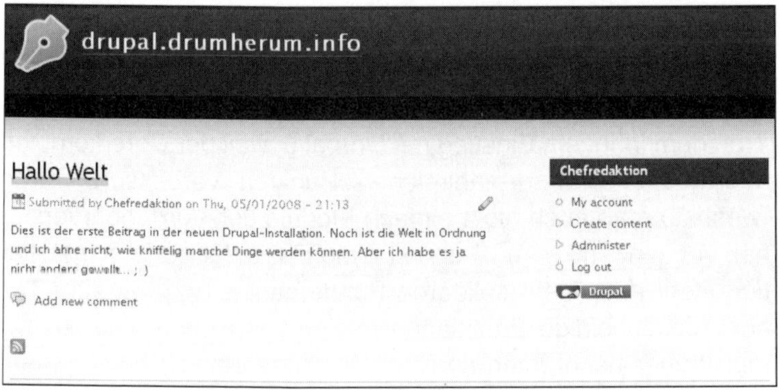

Abb. L5.59: Theme *Interactive Media*

Kurzinfo: Tabellenloses, mehrspaltiges Layout mit variabler Breite

Wie Sie sehen, gibt es eine Menge interessanter Ideen – doch für dieses Buch bleibt es am Ende bei *Garland*, damit man sich besser orientieren kann (denn mit einem neuen Layout ändern sich auch viele Bedienelemente).

Module

Die Leistungsfähigkeit und Attraktivität eines CMS hängt nicht zuletzt von der Verfügbarkeit zusätzlicher Module (*Plugins*) ab. Auch im Vorfeld zu diesem Buch gab es heiße Diskussionen darüber, welche Drupal-Version dem Buch zu Grunde liegen sollte: Die neueste Version 6.x oder die „ausentwickelte" Version 5.x? Immerhin wird die 5er-Reihe noch betreut und verfügt bei weitem über mehr und vor allem erprobte Module, Themes und andere Ergänzungen, die das Arbeiten mit Drupal erst so richtig interessant und vielseitig machen. Trotz einer großen und aktiven Entwicklergemeinde hinkt Drupal 6 in der Masse noch immer hinterher. Man muss bei einigen Erweiterungen sogar damit rechnen, dass manche Module nicht mehr für die aktuelle Version angepasst werden. Schließlich stammen viele

Module aus privater Entwicklung, und wenn während des Studiums viel Zeit für das Hobby ist, kann sich dies mit dem Einstieg ins Berufsleben schlagartig ändern …

Trotzdem lohnt ein Einstieg mit Drupal 6, weil der Core komplett überarbeitet und in zahlreichen Punkten verbessert wurde (weshalb man auch nicht einfach Module der Vorgängerversionen verwenden kann). Das heißt, die Basis der ganzen Installation steht auf einem solideren Fundament – und hat zum Teil auch schon einige Funktionen in den Kern übernommen, die man früher nachrüsten musste. Wenn es einen „Development Snapshot“ gibt, kann man im Laufe des Jahres mit einer auf Drupal 6 angepassten Version rechnen. Tut sich diesbezüglich nichts, steht man in der Regel trotzdem nicht im Regen: Zu populären Themen stehen meistens mehrere Module zur Auswahl, man muss sich dann lediglich umgewöhnen – vielleicht verbessert man sich damit sogar.

Und irgendwann wird man erneut vor dem Problem stehen – umsteigen auf Drupal 7? „Never change a winning Team“ oder „Never change a runnig System“ heißen die Weisheiten aus der EDV dazu. Wenn ein installiertes System zur vollen Zufriedenheit läuft, kann man ruhig dabei bleiben, weil ein Wechsel selten wirklich reibungslos vonstatten geht. Bei neuen Systemen kann man sich dann an den Spruch „I’m waiting for System 7“ erinnern. Für das Modul *htmLawed* (*http://drupal.org/project/htmLawed*) gibt es jedenfalls schon einen entsprechenden Eintrag.

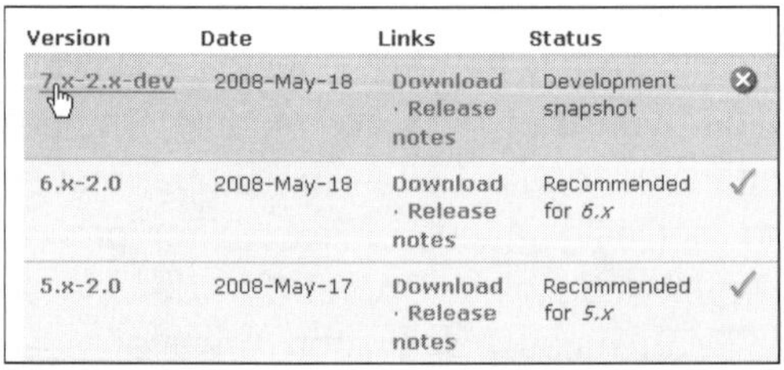

Version	Date	Links	Status
7.x-2.x-dev	2008-May-18	Download · Release notes	Development snapshot
6.x-2.0	2008-May-18	Download · Release notes	Recommended for *6.x*
5.x-2.0	2008-May-17	Download · Release notes	Recommended for *5.x*

Abb. L5.60: Bei *htmlLawed* klopft Drupal 7 schon Mal leise an …

Immerhin findet man auf der Homepage von Buytaert auch schon eine Menge Hinweise auf die neue Version:

- Starting to work on Drupal 7 (*http://buytaert.net/starting-to-work-on-drupal-7*)
- Drupal 7 timeline (*http://buytaert.net/drupal-7-timeline*)
- A test framework in Drupal 7 (*http://buytaert.net/a-test-framework-in-drupal-7*)

Der langen Vorrede kurzer Sinn: In diesem Buch werden nur Module verwendet, die mit der Standardinstallation geliefert werden oder die bereits in funktionierenden Versionen verfügbar sind . Man kann also alles sofort nachvollziehen (notfalls mit einer stabilen Beta oder einem RC). Wer das Prinzip verstanden hat, kann später sowieso selbständig „nachrüsten", wobei abschließend noch ein weiser Rat gestattet sei: Möglichst nicht *mehrere* Veränderungen *gleichzeitig* vornehmen, da man dann auftretende Probleme nicht mehr eindeutig zuordnen kann. Besser Schritt für Schritt vorgehen. Manchmal weisen die *readme*-Texte auch auf Unverträglichkeiten mit anderen Modulen hin. Fehlermeldungen nicht„wegklicken, sondern lesen und gegebenenfalls mit der bevorzugten Suchmaschine weitere Informationen sammeln.

Admin-Menü/Backend

Zu Beginn sei ein sehr nützliches Modul empfohlen, das normale Nutzer gar nicht zu sehen bekommen werden. Das *Administration Menu* erspart dem Webmaster gerade in der Entwicklungsphase der Website eine Menge Klickarbeit (*http://drupal.org/node/251566*).

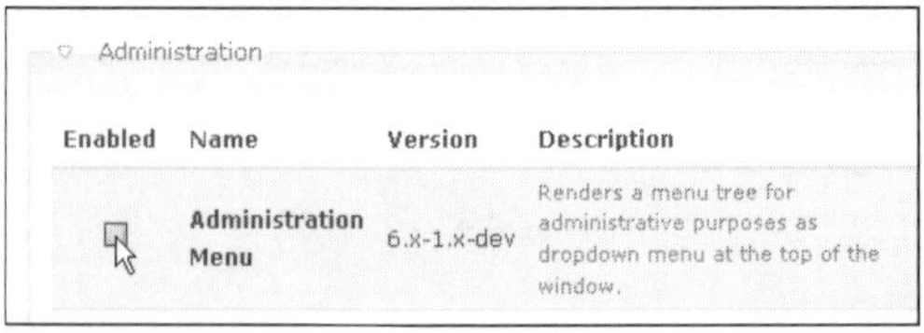

Abb. L5.61: Das *Administration Menu* ist eine nützliche Ergänzung des Backends

Das Modul wird ganz normal installiert und macht sich dann mit einer zusätzlichen Menüleiste am oberen Bildschirmrand bemerkbar. Statt sich immer in zwei oder mehr Schritten durch das *Administer*-Menü zu klicken, kann man über das *Administration Menu* die meisten Punkte auf direktem Wege erreichen – mit *einem* Klick durch Ausklappmenüs.

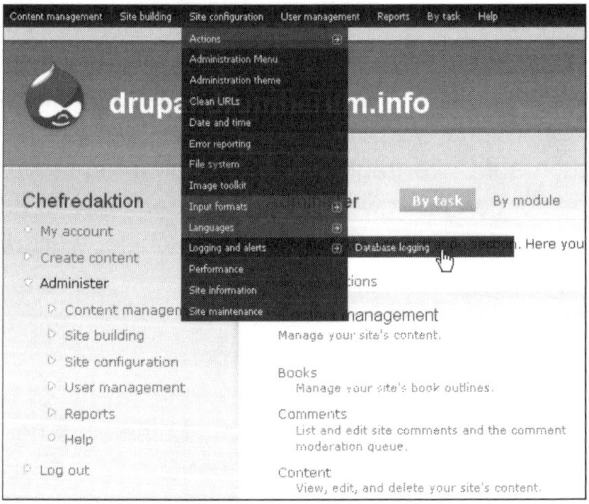

Abb. L5.62: Über das zusätzliche Menü kann man viele Funktionen ohne Umweg erreichen

Man spricht Deutsch

Wie im Vorwort bereits kurz erläutert, wurden Recherche und Manuskript anhand einer englischsprachigen Version durchgeführt. Wie bei vielen internationalen Opensource-Projekten üblich, ist auch Drupal auf die Unterstützung mehrerer Sprachen ausgelegt. Sobald die eingesetzte Version einige Zeit verfügbar ist, stehen nach und nach lokale Sprachpakete zur Verfügung.

Bevor man Deutsch als „KO-Kriterium" für oder gegen den Einsatz von Drupal verwendet, sollte man folgende Aspekte überdenken:

1. Die neueste Version – und insbesondere Beta-Versionen und *Release Candidates* – sind immer zuerst nur auf Englisch verfügbar.
2. Die von Drupal verteilten Sprachdateien beziehen sich zwangsläufig nur auf *Core* und *Core optional* – auf Module von externen Entwicklern haben die Sprachdateien und Spracheinstellungen nur bedingt Einfluß (nur wenn der Modul-Entwickler dies explizit unterstützt).
3. Konkret wirken sich die hier beschriebenen Sprachdateien sowieso nur auf dem *Administer*-Bereich aus. Alles was man selbst an Menüs bzw. Navigation anlegt, kann natürlich von vornherein auf Deutsch erfolgen, so dass Besucher der Website mit dem Problem nur am Rande konfrontiert sind. Die Übersetzung von Beiträgen auf der Website hat damit gar nichts zutun.
4. Eine allzu eifrige Übersetzung kann auch zu Verwirrung führen: Wenn beispielsweise eines der zentralen Module *Views* zu *Ansichten* übersetzt ist, führt dies zu Missverständnissen bei der Installation von Modulen, die auf *Views* quasi als Drupal-Fachbegriff Bezug nehmen. Auch in vielen deutschsprachigen Anleitungen, Dokumentationen usw. hat sich diese Sichtweise weitgehend durchgesetzt.
5. Zumindest für den administrativen Bereich sollte man sich mit Englisch anfreunden, weil es nach einer gewissen Einarbeitungszeit doch übersichtlicher ist als das Durcheinander von deutschen und englischen Fragmenten.

TIPP

Achtung: Zum Zeitpunkt der Recherche ist die im folgenden beschriebene neue Vorgehensweise zur Installation von Sprachdateien zwar implementiert und kann ohne Fehlermeldung durchgeführt werden – bleibt am Ende allerdings ohne tatsächliche Übersetzung, weil die benötigten Dateien auf dem Server schlicht noch nicht in vollem Umfang zur Verfügung stehen.

Um die Grundeinstellung *Englisch* beispielsweise in *Deutsch* zu ändern, muss man als Administrator das *Languages*-Menü aufrufen – das aber erstmal nicht zu finden ist ... Man muss nämlich erst das entsprechende Modul aktivieren, das zwar standardmäßig vorhanden, aber eben nicht eingeschaltet ist. Der erste Weg führt also *Administer | Site building | Modules,* wo das Modul *Locale* berücksichtigt werden muss.

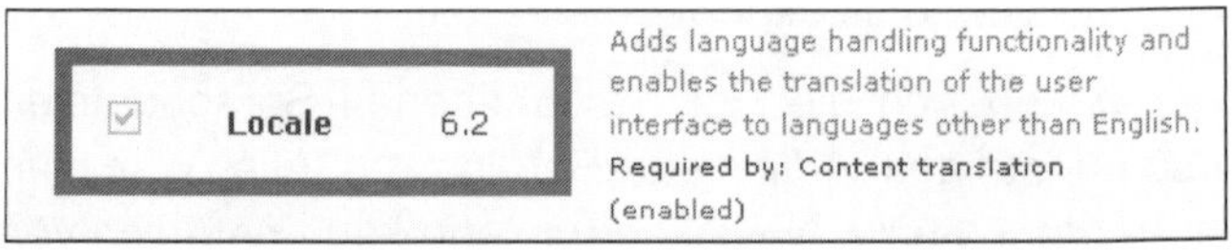

Abb. L5.63: Das Modul *Locale* verwaltet die Sprachen

Erst jetzt erscheint unter *Administer | Site configuration* wie erwartet der Eintrag *Languages*. Während man sich bei früheren Version von Drupal noch mit dem Download und Installation externer Dateien herumschlagen musste, geht es jetzt erheblich komfortabler. Zwar wird dem User zunächst nur eine englische Seite präsentiert. Wechselt man aber zu *Administer | Site configuration | Languages | Add language*, steht dort ein simples Ausklappmenü bereit, aus dem man die gewünschte Sprache per Mausklick auswählen kann.

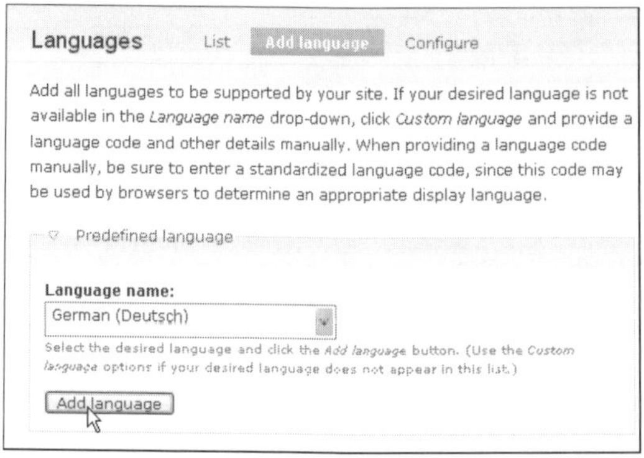

Abb. L5.64: Weitere Sprachen kann man in Drupal per Mausklick auswählen

Unter *List* ist jetzt auch *German* (Deutsch) verfügbar. Durch ein Häkchen bei *Enabled* ist die Sprache verfügbar, durch Auswahl bei *Default* kann man sie zum Standard machen. Mit den unten abgebildeten Einstellungen bleibt Englisch Standard, aber der einzelne User kann in seinem Nutzerprofil *Deutsch* auswählen. Im Gegensatz zu anderen Lösungen ist so eine auf Drupal basierende Website *gleichzeitig* in *unterschiedlichen* Sprachen verfügbar.

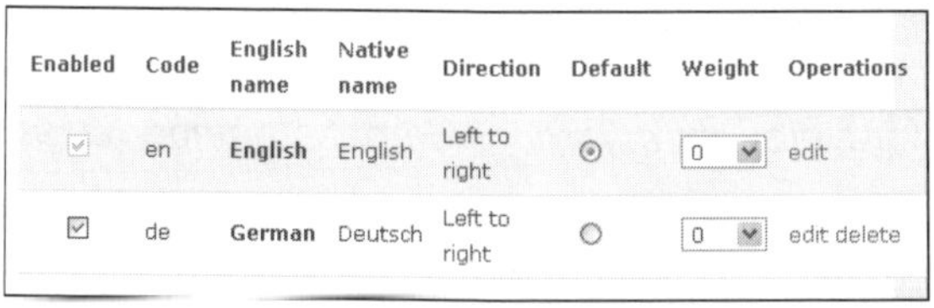

Enabled	Code	English name	Native name	Direction	Default	Weight	Operations
☑	en	English	English	Left to right	◉	0	edit
☑	de	German	Deutsch	Left to right	○	0	edit delete

Abb. L5.65: Englisch als Standard, Deutsch bei Bedarf

Die Sprachpakete betreffen nur Drupal im engeren Sinne. Schon bei den Modulen wird es knifflig. Man sollte dann auf jeden Fall das Modul *Locale* installieren, das bei mehrsprachigen Erweiterungen der Standard-Einstellung den Vorzug gibt.

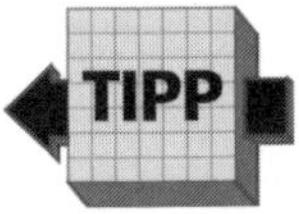

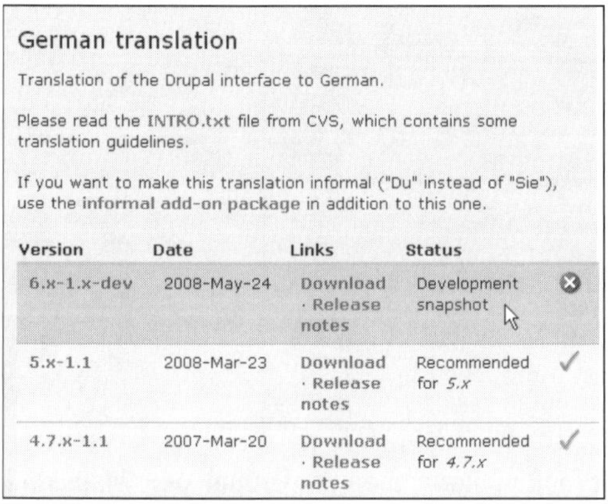

Abb. L5.66: Die Sprachanpassungen hinken in der neuesten Version gelegentlich hinterher

Mit Drupal 6 wurde gegenüber den Vorgängerversionen ein neues Konzept eingeführt, das leider noch immer mit gewissen Startschwierigkeiten zu kämpfen hat. Deshalb ist neben Englisch noch keine Sprache komplett verfügbar (*http://drupal.org/project/Translations*). Darum mein Plädoyer, sich wenigstens in den Grundfunktionen mit Englisch anzufreunden, damit man nicht ewig wartet oder bei jeder Abweichung ins Schwimmen gerät. Im Beitrag „Localization server project in the works“ kann man sich über das neue Konzept und den Fortschritt der Anpassungen informieren (*http://groups.drupal.org/node/5219*).

Wie gesagt: Das Sprachpaket betrifft praktisch nur den *Administer*-Bereich und die damit verbundenen Formulare und Erklärungstexte. Als kleine Hilfe sind in Kapitel L4 „Großer Rundgang“ alle Menüeinträge kurz erläutert. Eigene Menüpunkte und Artikel sind natürlich nicht davon betroffen, so dass man den Usern der Website durchaus vom Start weg eine komplett deutsche Oberfläche bieten kann.

Multilanguage

Wenn Sie ein deutsches Sprachpaket installiert haben, ist Ihnen vermutlich die riesige Sprachenauswahl auf der *Translations*-Homepage aufgefallen. Neben den mehr oder weniger vertrauten Sprachen mit lateinischen Buchstaben werden ganz selbstverständlich auch schwierigere Fälle wie Arabisch, Russisch oder Chinesisch unterstützt.

Hier eine kleine Auswahl der verfügbaren Sprachpakete, die man auf der Webseite *http://drupal.org/project/translations* findet:

- Arabisch
- Bulgarisch
- Chinesisch
- Dänisch
- Esperanto
- Finnisch
- Französisch
- Griechisch
- Hebräisch
- Holländisch
- Italienisch
- Japanisch
- Norwegisch
- Persisch
- Polnisch
- Portugiesisch
- Russisch
- Schwedisch
- Spanisch
- Thailändisch
- Türkisch
- Ungarisch
- Vietnamesisch

Enabled	Code	English name	Native name	Direction	Default	Weight	Operations
☑	en	**English**	English	Left to right	◉	-5	edit
☑	de	**German**	Deutsch	Left to right	○	-3	edit delete
☐	ar	**Arabic**	العربية	Right to left	○	0	edit delete
☑	fr	**French**	Français	Left to right	○	0	edit delete
☐	es	**Spanish**	Español	Left to right	○	0	edit delete

Abb. L5.67: Bei Drupal ist man nicht gezwungen, sich auf eine Sprache festzulegen

Auf Grund der im vorhergehenden Abschnitt erläuterten Schwierigkeiten, stammen diese Screenshots noch aus einer Drupal-5-Installation. Bei Drupal ist man nicht gezwungen, sich auf eine Sprache festzulegen, es können praktisch beliebig viele Sprachpakete nebeneinander verwendet werden, wobei man es ggf. sogar dem User überlassen kann, welches er für sich selbst wählt.

Abb. L5.68: Wenn die Sprachpakete zur Verfügung stehen, werden per Klick auch mehrere Sprachen unterstützt (hier in Drupal 5)

Im oben gezeigten Beispiel ist Arabisch als *Standard* eingestellt – also alle das CMS Drupal betreffenden Texte werden erstmal in der arabischen Übersetzung angezeigt. Dabei meistert Drupal sowohl die Umstellung der Schreibrichtung von rechts nach links als auch den komplett anderen Zeichensatz und das damit verbundene abweichende Zusammensetzen von Buchstaben.

Da aber darüber hinaus Englisch (nicht abwählbar), Französisch und Deutsch aktiviert sind, kann ein Nutzer bei Bedarf auf eine dieser Sprachen umschalten. Spanisch ist in diesem Beispiel zwar installiert, aber nicht aktiviert und kann deshalb zur Zeit nicht genutzt werden.

Deutsches Datum

Man will ja nicht päpstlicher sein als der Papst, aber die angelsächsische Datumsschreibweise kommt einem *alten Europäer* vor wie „Kraut und Rüben": *Monat – Tag – Jahr*, weder auf- noch absteigend. Das ist nicht nur ungewohnt, sondern kann auch zu Missverständnissen führen. Der Beitrag in der Abbildung L5.69 stammt ist nämlich nicht vom 5. Januar, sondern vom 1. Mai.

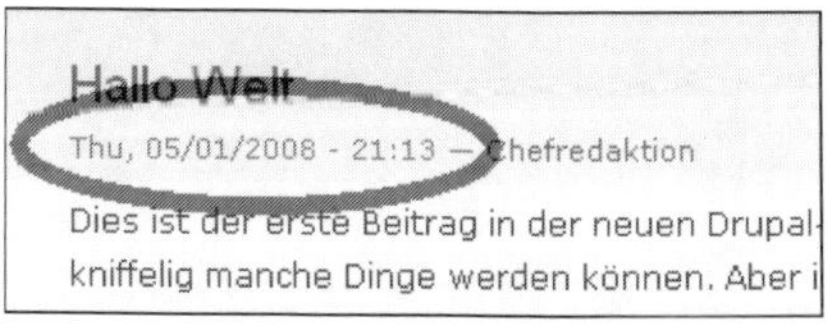

Abb. L5.69: Standardmäßig ist das angelsächsische Datum eingestellt, das alte Europäer vor allen mit der seltsamen Monat-Tag-Jahr-Reihenfolge irritiert

Zum Glück kann man das Datumsformat in Drupal einigermaßen anpassen. Dazu ist wieder ein Weg durch die Menüs notwendig, der über *Administer | Site configuration | Date and Time* zu einem umfangreichen Formular führt (siehe Abbildung L5.70).

Die *Default time zone* ❶ legt die Zeitzone fest. Deutschland und fast ganz (Festland-) Westeuropa bis nach Spanien befindet sich in einer gemeinsamen Zeitzone mit der Korrektur +1 gegenüber der alten Londoner GMT (inzwischen durch UTC ersetzt).

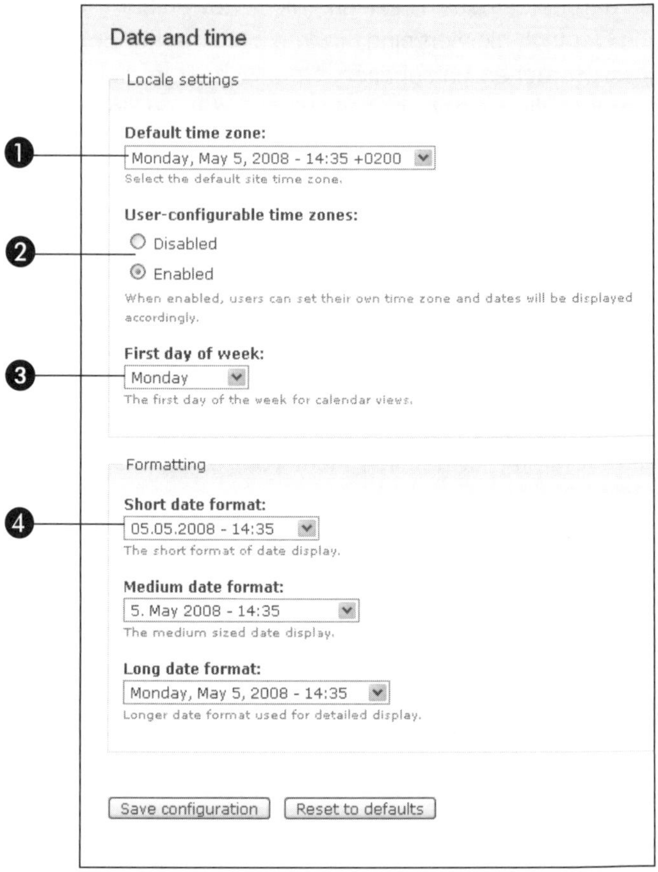

Abb. L5.70: Die Anzeige von Datum und Zeit kann umfangreich gesteuert werden

User-configurable time zones ❷ erlaubt registrierten Nutzern die eigene Zeitzone einzustellen. Dies betrifft dann die bei Beiträgen angezeigt Uhrzeit – sofern der Nutzer überhaupt aus einer anderen Zeitzone kommt. Bei einem internationalen Webauftritt ein vielleicht interessantes Feature.

First day of week ❸ definiert den Wochenanfang. Das ist in Deutschland seit 1976 – und international seit 1978 – der *Mon-*

tag, auch wenn dann der Mittwoch nicht mehr in der Mitte der Woche liegt. Für die Angelsachsen ist es anscheinend noch der Sonntag.

Im letzten Abschnitt ❹ kann man das Datumsformat für *kurz*, *mittel* und *lang* festlegen. Inzwischen ist auch die in Deutschland übliche Punktschreibweise verfügbar. Darüber hinaus bieten alle Ausklappmenüs noch den Eintrag *custom*, mit dem man ganz eigene Formate definieren kann (auf Grundlage der PHP-Schreibweise). Dann ist es möglich, auch die Uhrzeit korrekt mit einem *Punkt* statt eines Doppelpunktes zu versehen. Um nicht den Überblick bei Tag und Monat zu verlieren, sollte man eine solche Datumsumstellung möglichst nicht am 1. Januar (1.1.), 2. Februar (2.2.), 3. März (3.3.) usw. machen, weil da Tippfehler in der Reihenfolge nicht gleich auffallen.

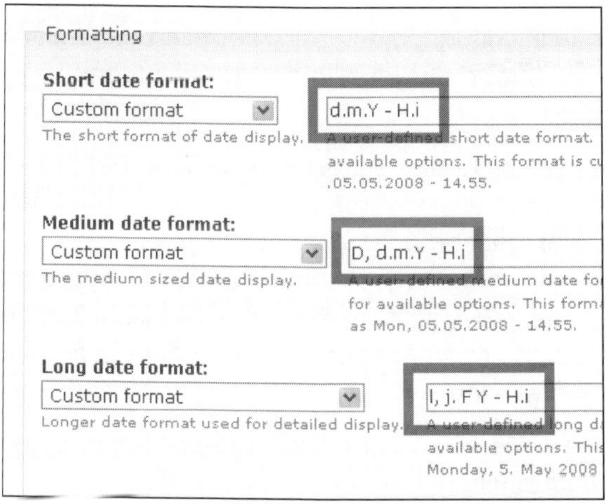

Abb. L5.71: Über *Custom format* kann man Datum und Zeit den persönlichen Vorstellungen anpassen

Zum Schluss bitte nicht *Save configuration* vergessen, weil sonst die mühsam ausgetüftelten Einstellungen verloren gehen.

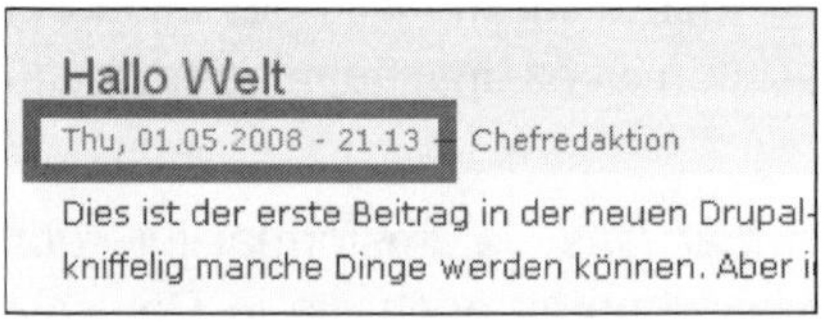

Abb. L5.72: Eine fast perfekte Datumsangabe

Site Information

Die *Site information* wurde bereits kurz bei der Installation gestreift. Dort wurde allerdings nur der Sitename abgefragt, der in der Titelzeile der Website erscheint. Man kann allerdings in dem zugehörigen Konfigurationsformular noch eine Menge einstellen (*Administer | Site configuration | Site information*).

Name ❶ ist die Bezeichnung, die in der Titelzeile der Website erscheint (bereits während der Installation abgefragt, kann hier geändert werden).

E-mail address ❷ ist die Kontaktadresse für Drupal, wenn dem Administrator etwas mitgeteilt werden muss, z. B. Fehlermeldungen. An die hier genannte Adresse sollte man sich auch erinnern, wenn man ein vergessenes Passwort anfordern möchte. Diese spezielle E-Mail-Adresse wurde bereits während der Installation für den ersten Account abgefragt und kann hier bei Bedarf geändert werden.

Slogan ❸ ist eine Ergänzung zum Titel und erscheint in der Regel ebenfalls im Kopfbereich.

Mission ❹ beschreibt das Thema der Website und wird auf der Website immer als erster Eintrag angezeigt (sofern im Theme aktiviert).

Footer message ❺ beinhaltet den Text, der in der Fußzeile jeder Seite automatisch erscheint. Hier kann man beispielsweise Copyright-Hinweise oder wichtige Mitteilungen unterbringen.

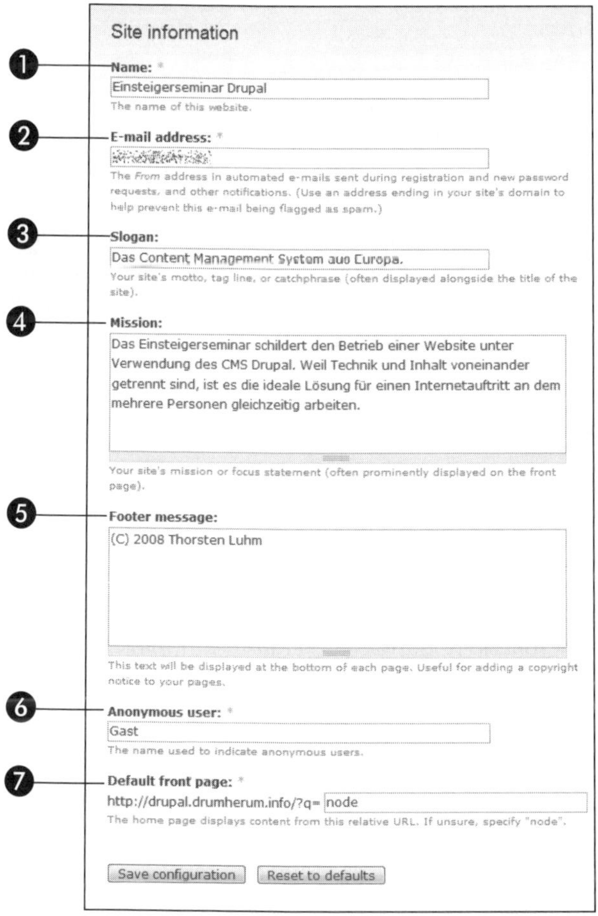

Abb. L5.73: Die *Site information* versammelt wichtige Eckdaten

Anonymous user ❻: Hier gibt man die Bezeichnung an, mit der nicht registrierte Besucher der Website geführt werden sollen. Im deutschsprachigen Raum wird hier oft die Bezeichnung *Gast* verwandt.

Default front page ❼ legt ggf. eine besondere Startseite fest.

Backup

Über das Backup wird viel gesprochen und fast niemand verneint die Wichtigkeit – aber ebenso einheitlich ist das Bild in der Praxis: Regelmäßige Sicherheitskopien sind bei Privatanwendern wie KMU (kleine und mittelständische Unternehmen) nicht selten die Ausnahme. Doch hat sich der Blog erstmal gut entwickelt und wird eifrig benutzt, ist es bei einem Crash nicht damit getan, Drupal „mal eben" neu zu installieren. Im schlimmsten Fall sind folgende Daten für immer futsch:

- die Blogeinträge,
- die Leserkommentare,
- zusätzliche Daten, z. B. von Statistiktools, Abstimmungen oder Antispam-Tools,
- individuelle Anpassungen an den Themes und den Modulen.

Wenn es dann nicht gelingt, den ursprünglichen Zustand komplett wieder herzustellen, gehen auch die Verknüpfungen innerhalb der Blogosphäre verloren: Links, Backlinks, Trackbacks, Pagerank usw. zeigen ins Leere oder auf falsche Seiten – die Website startet dann auch in Sachen Eigen-PR bei Null.

Das Backup bei einem Content Management System wie Drupal umfasst zwei wesentliche Teile:

- Die Dateien auf dem Webspace bzw. Server. Dies umfasst die PHP-Skripte sowie Themes/Templates, Plugins/Module, aber auch Uploads wie Bilder oder ZIP-Dateien, die zum Download angeboten werden. Ein Backup kann man via FTP-Programm als einfachen Download des gesamten Installationsverzeichnisses auf den lokalen Rechner erstellen.
- Gern vergessen wird der zweite Teil, nämlich die MySQL-Datenbank. Diese umfasst zum allergrößten Teil die individuellen Daten, die man nicht einfach mit einer Neuinstallation wieder herstellen kann. Leider ist das Backup dieser

Daten nicht ganz so einfach, da man mit der Datenbank direkt als User eher selten zu tun hat, denn die Konfiguration übernimmt das Installationsskript von Drupal, und das Befüllen von Daten geschieht durch die Verwendung des Blogs. Bei Shared Hosting gehören dann einige Tabellen möglicherweise zu einer anderen Installation, wenn man mehrere Programme parallel verwendet.

Das Backup der SQL-Datenbank kann man beispielsweise mit dem bei der Installation genannten *phpMyAdmin* durchführen. Der einfachste Weg führt über einen so genannten SQL-Dump. Da bei größeren Datenbanken manchmal auf Grund zeitlicher Beschränkungen ein Dump nicht vollständig durchgeführt werden kann, muss man ggf. einzelne Tabellen sichern. Eventuell hilft aber auch das Tool *SQL Dumper* weiter. Die Installation ist allerdings nicht ganz einfach und leider nicht auf allen Webhosting-Angeboten möglich.

TIPP

Die beiden Tools lassen sich leider in einigen Fällen nicht verwenden, wenn bei Webspace der MySQL-Server nicht auf der selben Maschine liegt. In solchen Fällen kann man aber meist über das Konfigurationsinterface des Webhosters auf ein Tool zur Datenbankverwaltung zurückgreifen (meist ist es auch dort phpMyAdmin).

CCK und Views

Eines der wirkungsvollsten Werkzeuge in Drupal ist das Gespann *CCK* (Content Construction Kit) und *Views*. Mit diesen beiden Funktionen ist fast nichts unmöglich und man kann eine Menge Module damit ersetzen bzw. optimal den eigenen Bedürfnissen anpassen. Allerdings ist der Preis dafür eine hohe Komplexität.

Eine Einführung findet sich im „Content Construction Kit Handbook" auf der Drupal-Site (*http://drupal.org/node/101723*) oder in den auf Drupal spezialisierten Portalen (siehe „Anwenden"-

Teil). Auch zu „Views“ gibt es auf der Drupal-Site einen Eintrag (*http://drupal.org/node/109604*). Hilfreich ist auch die die Dokumentation eines Workshops, den die *Drupal User Group Hannover* im Rahmen der monatlichen Treffen zu „Views“ veranstaltet hat. Die ausführlichen Übungsunterlagen stellt der Referent freundlicherweise allen kostenlos im Netz zur Verfügung: *http://work.derhasi.de/buch/views-workshop* (deutsch).

Ein Screencast erklärt ferner den Umgang mit *View2* (englisch, *http://www.masteringdrupal.com/screencast/new-features-in-views2/play*). Dabei wird im Bild das Geschehen auf dem Bildschirm gezeigt und kommentiert.

L6 Konzeption einer Website

Eigentlich gehört dieses Kapitel ja ganz an den Anfang des Buches. Aber wie die Erfahrung zeigt, will jeder gleich losklicken und sich nicht allzu lange mit grundsätzlichen Überlegungen aufhalten – obwohl es der Qualität einer Website sehr zu Gute kommt. Doch selbst bei professionellen Webseiten sind nicht selten elementare Fehler zu finden …

TIPP

Früher hat man sich ja schon gefreut, wenn man seine Internetseite irgendwie ins Netz bekommen hat – egal wie das Ergebnis aussah. Heutzutage sollte man sich schon ein wenig mit den Stichwörtern Usability, Website-Marketing oder Suchmaschinen-Optimierung auseinandersetzen. Ein sehr aufschlussreiches und gut lesbares Buch zu diesem Thema ist „Website Boosting" von Mario Fischer (mitp/Redline, Heidelberg 2006).

Seit der Einführung des PCs hat sich der Umgang mit dem Computer erheblich vereinfacht wobei die Möglichkeiten gleichzeitig enorm gewachsen sind. Das führt dazu, dass auch bei einem anspruchsvollen Projekt wie der Installation eines Content Management Systems wie Drupal und dem Betrieb einer Website jeder gleich losklicken und keine Zeit mit Vorbereitungen vertrödeln möchte. Das leichte Zusammenklicken von Webseiten mit DTP-Feeling verhilft allerdings nur zu kurzfristigen Erfolgen – sozusagen der dunkle Weg zur Macht. Mit zunehmender Komplexität führt Planlosigkeit fast unvermeidlich ins Desaster. Mühsam und steinig ist er, der Weg zu einer gepflegten Website.

Neben einem attraktiven Design spielen noch eine Menge anderer Dinge eine Rolle, die vor dem ersten Klick zumindest in groben Zügen geklärt sein sollten – und das geht oft am besten mit Papier und Bleistift sowie innerer Einkehr. Darüber hinaus ist es empfehlenswert, von Anfang an auch an die Barrierefreiheit zu denken, die allen nützt.

Planung: Definition der Zielgruppe

Die wichtigste Fragen lauten: Wer ist die Zielgruppe? Was soll mit der Website erreicht werden? Anhand dieser zentralen Fragestellung sollten die Inhalte sowie deren Wichtigkeit zusammengetragen werden. Liegen beispielsweise von einem Unternehmen bereits Imagebroschüren und Produktprospekte vor, kann man diese als „Ideensteinbruch" und Arbeitsgrundlage nutzen. Man sollte sie aber nicht 1:1 ins Netz zu übernehmen. Warum? Auch wenn eine Internetseite eine gewisse Ähnlichkeit zu einer Zeitschrift oder einem Buch hat, unterscheidet sich die Wahrnehmung von Informationen im Internet dennoch von der in den traditionellen Printmedien.

Mit der Wichtigkeit der einzelnen Informationen ergibt sich zum Teil auch die (technische) Struktur der Website: Reicht eine Navigationsleiste oder ist auf Grund der Themenvielfalt und Informationsmenge eine Aufteilung in Global- und Lokalnavigation notwendig?

Eine Bitte an künftige Webmaster: In Anlehnung an die Titelseiten von Büchern und Zeitschriften starten viele Webseiten mit einem Titelbild oder einem so genannten *Intro* – bitte nicht! Solche Begrüßungsseiten sind meist inhaltsarm, dafür aber datenschwer (vor allem mit einem berüchtigten *Flash*-Intro): Wenn eine Website nicht nach wenigen Sekunden mit relevanten Inhalten präsent ist, sind die meisten neuen Besucher schon wieder weg. Tipp: Plazieren Sie deshalb gerade auf der Startseite kurz und knapp die wichtigsten Informationen. Ein „weiter"-Link führt dann zur ausführlichen Version.

Die Taktik, bereits auf der Startseite alle wichtigen Themengebiete der Website anzureißen, erfreut neben den Lesern auch die Suchmaschinen. Die werten vor allem die (maschinen-) lesbaren Textteile der Webseite aus. Auch die Verlinkung der Seiten untereinander (Navigation) spielt dabei eine Rolle, weshalb man dort zwar kurze, aber dennoch aussagekräftige Begriffe verwenden sollte.

Obwohl Meta-Tags für den Leser unsichtbar in den `<head>` der HTML-Datei eingebettet werden, sollte man sich über die notwendigen Einträge schon in der Planungsphase Gedanken machen, damit dies bei der Realisierung der Website nicht durch den Programmierer „nebenbei" gemacht werden muss und somit unter Umständen die Wirkung verpufft. Immerhin bietet Drupal an verschiedenen Stellen die Verwendung von *Metadata* und *Description* unmittelbar an. Außerdem erscheinen Teile von *description* bzw. *abstract* meist in den Ergebnislisten der Suchmaschinen. Und dann wäre es doch ganz nett, wenn dort ein interessanter Text zu lesen ist, der den Suchenden auf die Website neugierig macht. Vorbereitet werden sollten

- eine kleine Zusammenfassung/Beschreibung in maximal zwei bis drei Sätzen, was die Website bietet,
- eine Liste von Stichwörtern, die den Inhalt charakterisieren.

Planung: Bedienung und Design

Art und Menge der Inhalte bedingen die Strukturierung der Website: Einerseits soll sich der Besucher zurechtfinden, andererseits möchte man auch bei der Umsetzung nicht den Überblick verlieren. Deshalb ist es hilfreich, die mögliche Struktur der Website vorher zu skizzieren.

Die Beispielskizze in Abbildung L6.1 zeigt eine ausgewogene Aufteilung der Inhalte nach Rubriken und einzelnen Themen. Enthält irgendein Informationszweig wesentlich mehr Elemente als der Durchschnitt, sollte man entweder eine Verteilung auf die anderen Rubriken versuchen oder einen Abschnitt als neue Rubrik ausgliedern. Für viele kleine Einzelinformationen bietet sich das Blog-Format an, das Informationen in umgekehrt chronologischer Reihenfolge anordnet.

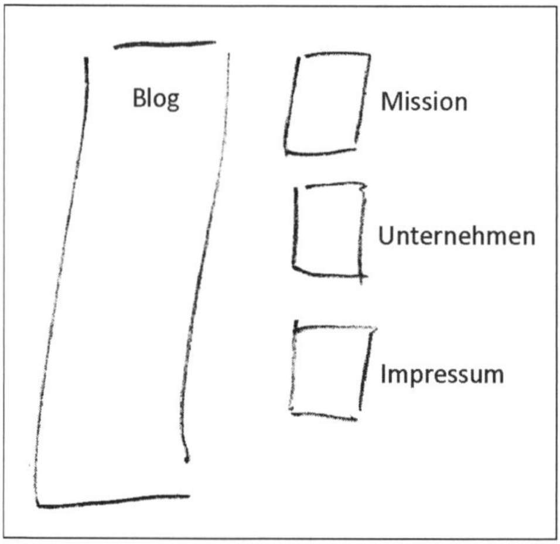

Abb. L6.1: Eine grobe Skizze erleichtert die Planung einer Website erheblich

Wer solch eine Planung dann doch unbedingt am Computer machen möchte, kann dazu ein sogenanntes Mindmapping-Programm einsetzen, damit man seine Gedanken und Ideen ordnen kann und dabei ähnliche Strukturen wie bei einer Sitemap entstehen.

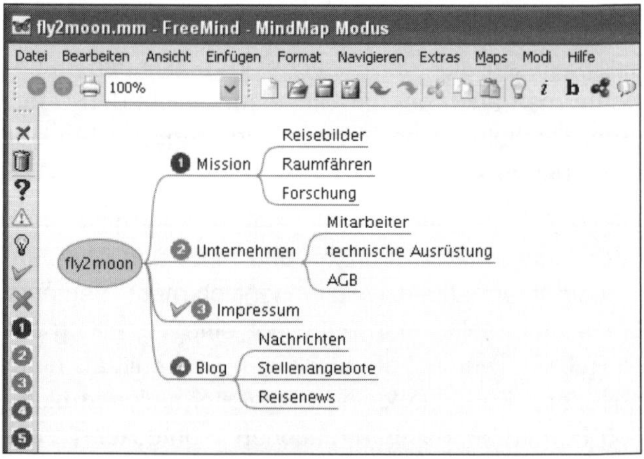

Abb. L6.2: Mit *FreeMind* kann man ebenfalls eine Mindmap zur Planung einer Website anlegen

FreeMind ist ein auf Java basierendes Mindmapping-Programm und steht für Windows, Mac OS und Linux zur Verfügung. Der Download umfasst je nach Version 3 oder 8 Megabyte (*http://freemind.sourceforge.net/wiki/index.php/Main_Page*).

WEB

Farbauswahl

Die rein optische Gestaltung ist ein weites Feld. Gibt es bereits ein *Corporate Design* (CD) bzw. eine *Corporate Identity* (CI), muss man dieses Konzept „nur" übertragen – allerdings ohne die starren Layout-Richtlinien für Druckerzeugnisse, denn das Layout muss für verschiedene Bildschirmgrößen flexibel gehalten werden. Gibt es (noch) kein CD, dann wäre die Planung der Website eine gute Gelegenheit, solche Gestaltungsrichtlinien jetzt wenigstens ansatzweise zu entwickeln. Gerade als Firma macht es einen erheblich professionelleren Eindruck, wenn Briefpapier, Visitenkarte, Prospekt und Website einen Wiedererkennungs- und Zusammengehörigkeitswert bieten. Auch für Einzelprojekte und private Webseiten ist eine gewisse Kontinuität hilfreich, wenn es auch nicht gleich ein komplettes CD sein muss. Empfehlenswert ist es dabei, sich von guten Webseiten inspirieren zu lassen und ein wenig zur Farbtheorie zu schmökern. Ein hilfreiches Tool bei der Auswahl harmonischer Farbkombinationen ist der *Color Calculator*, der als Flash-Modul realisiert ist. Darüber hinaus sollte man sich das Farbkonzept auf unterschiedlichen Monitoren ansehen, da es gerade bei TFT-Bildschirmen nicht nur farblich oft erhebliche Abweichungen gibt, sondern auch Helligkeitsunterschiede, so dass möglicherweise die Lesbarkeit allein durch die Hardware beeinträchtigt wird.

Color Calculator

Bei der Auswahl der Farben muss der Balanceakt zwischen langweilig und quietschbunt gefunden werden. Ein bewährtes Verfahren dazu ist die Verwendung von *Komplementärfarben*.

Darunter versteht man eine Farbkombination, bei der sich die beiden ausgewählten Farben im Farbkreis gegenüber liegen.

Der *Color Calculator* ist ein sehr einfach zu handhabendes Programm, mit dem man genau dies und noch ein bisschen mehr machen kann. Da es als Flash-Modul ausgeführt ist, läuft es direkt auf der Website oder kann einzeln runtergeladen auf jedem Computer verwendet werden.

Um sich eine passende Farbkombination aussuchen zu können, muss man nur den Drehknopf (*Harmony* ❶) bewegen, und im *Design*-Feld ❷ wird zeitgleich eine Beispielgrafik in den gewählten Farben angezeigt. Alternativ stehen bei der *Harmony* jeweils zwei weitere Typen von Dreieck und Viereck zur Verfügung, um jeweils drei bzw. vier harmonierende Farben auszusuchen. Zusätzlich lassen sich im Einstellfeld *Value* ❸ auch die Farbsättigung (*saturation*) und Helligkeit (*lightness*) einstellen. Rechts daneben bei *Color* ❹ kann man dann praxisnah die ausgewählten Farbwerte als RGB, CMYK und HTML ablesen und in die Zwischenablage kopieren. Weitere Informationen dazu stellt der Autor auf seiner Website *www.pieterfourie.com* zur Verfügung (Download via *Sessions.edu*).

TIPP

Haben Sie sich für eine Farbpalette entschieden, notieren Sie alle Werte in allen genannten Systemen bzw. kopieren Sie die Werte per Klemmbrett in die Dokumentation Ihrer Website, damit man auf die Eingabeformate in unterschiedlichen Programmen vorbereitet ist, z. B. RGB (255, 159, 0) bzw. CMYK für Photoshop und HTML (#FF9F00) für die Webgestaltung.

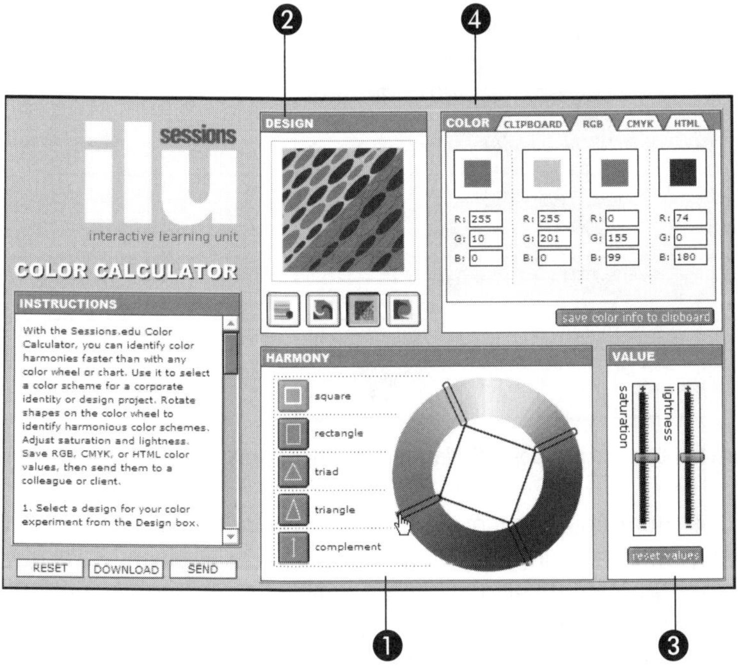

Abb. L6.3: Der Color Calculator hilft bei der Zusammenstellung von Farben

Anry Color Picker

Gerade wenn man mit unterschiedlichen Programmen arbeitet oder Bilder aus unterschiedlichen Quellen verwendet, hat man häufig das Problem, einen bestimmten Farbton einzuhalten. Der *Anry Color Picker* istein tolles Programm, mit dem man Farbwerte aus beliebigen Bildschirmpunkten auslesen kann (Windows, *http://www.anryhome.com/software/colorpicker/*).

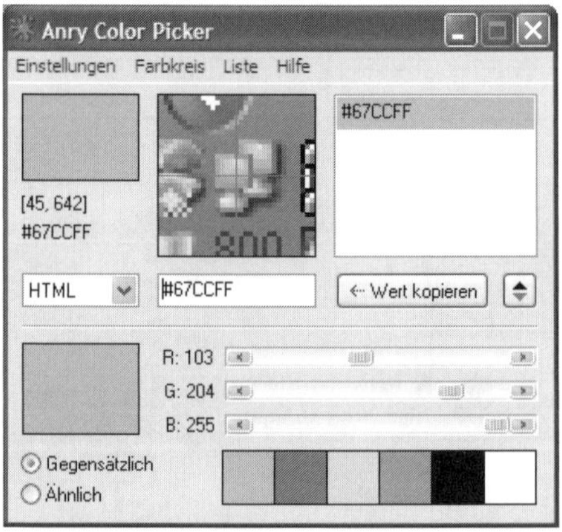

Abb. L6.4: Anry Color Picker hilft bei der Farbenverwaltung

Das Programm ist nicht nur einfach zu bedienen, sondern bietet eine Menge sinnvoller Zusatzfunktionen wie einen Farbkreis oder die Möglichkeit, die einmal ermittelten Farben in Listen zu speichern. So kann man sich beispielsweise für seine Website eine Farbzusammenstellung à la *Corporate Design* anlegen. Erfreulich auch, dass der Autor das Programm in viele Sprachen übersetzt.

Typografie

Bei der Typografie – der Auswahl der Schriften – gilt ebenfalls: Weniger ist mehr. Beachten sollte man, dass die Schriften nicht Teil des HTML-Codes oder der Drupal-Installation sind. Vielmehr werden dort nur einzelne Schriftschnitte bzw. Schriftfamilien definiert und der *Browser des* Benutzers sucht sich dann im Fundus des eigenen Computers etwas Passendes heraus. So sollte man auf extravagante Schriften verzichten, wenn sich das Layout auf dem Besucherrechner nicht komplett anders präsentieren soll. Vom „Trick“ einiger Webdesigner, solche Schriften als Grafiken zu hinterlegen sei abgeraten, weil dies Bandbreite vernichtet und außerdem nicht barrierefrei ist (nicht zuletzt zieht jede Textänderung einen hohen Arbeitsaufwand nach sich).

Abb. L6.5: Mit einer der Standard-Schriften (oberer Teil der Liste) ist man technisch wie hinsichtlich der Lesbarkeit auf der sicheren Seite

Bilder

Von der Werbung für Digitalkameras hat man gelernt, dass ein Bild möglichst viele Millionen Pixel haben muss. Bitte nicht fürs Web nachmachen! Gerade in sogenannten Galerien werden oft Unmengen von Bildern unbearbeitet hinterlegt und nur im Browser skaliert. Da brauchen dann selbst Daumennagel kleine Vorschaubilder ewig, weil mehrere Hundert Kilobyte Daten übertragen werden müssen. Werden Bildgröße, Auflösung und JPEG-Komprimierung optimal genutzt, muss ein Bild nicht mehr als 20 bis 80 Kilobyte groß sein (ein Vorschaubild kommt sogar mit ca. 10 kB aus). Für Fotos eignet sich dabei das JPEG-Format am besten, bei grafischen Elementen ist GIF effektiver.

IrfanView und *XnView* sind zwei schnelle Bildbetrachter, die außerdem einfache Bildbearbeitungsfunktionen zur Verfügung stellen. So kann man Ausschnitte wählen bzw. das ganze Bild einfach verkleinern, Kontraste anpassen und beim Speichern mit der JPEG-Komprimierung aus einem 6-Megabyte-Digitalfoto eine 120 kByte große Datei machen.

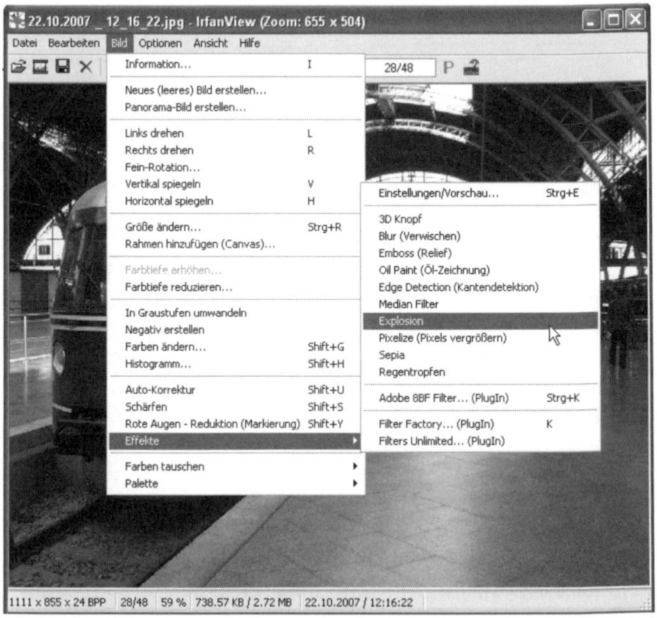

Abb. L6.6: Irfanview zeigt nicht nur Bilder an, sondern bietet auch einfache Bearbeitungsfunktionen

Irfanview bietet über Plugins eine Menge interessanter Zusatzfunktionen. Xnview erkennt mit 400 Grafikformaten auch exotische oder „historische“ Bildformate. Ungewöhnlich auch die Zahl unterstützter Betriebssysteme: Das Programm ist für Windows, Linux x86, Solaris Sparc, Solaris x86, FreeBSD x86, Irix mips, HP-UX und AIX verfügbar.

WEB

Beide Programme sind für Privatnutzer kostenlos: Irfanview (*http://www.irfanview.de/*) und Xnview (http://www.xnview.de/).

Wenn man Digitalfotos unbearbeitet ins Netz stellt, verraten die sog. EXIF-Daten mehr, als man vielleicht glaubt. Deshalb sollte man die EXIF-Einträge löschen, was manuell auch mit Irfanview geht, oder ein Tool wie *JPEG & PNG Stripper* verwenden, das per *Drag & Drop* verräterische Informationen löscht (*http://www.steelbytes.com/?mid=30*).

TIPP

Bandbreite

Auch wenn der Webentwickler selbst komfortabel per LAN oder DSL im Internet surft, sollte er an den „Normalverbraucher" denken. Wenn man nicht sicher sein kann, dass die Zielgruppe zu 100 Prozent über eine Highspeed-Anbindung verfügt (z. B. bei B2B-Kunden), dann sollte man das gute alte Modem mit 56k zum Maßstab nehmen – nicht zuletzt, weil ja mobile Anwender zur Zeit ebenfalls mit eher schmalen Bandbreiten auskommen müssen. Auch sollte man bedenken, dass man als Betreiber einer Website den sogenannten Traffic bezahlen muss, der sich nach dem übertragenen Datenvolumen richtet – je kleiner also die Dateien, desto schneller der Seitenaufbau und desto geringer die Betriebskosten.

Realisierung: Software

Auch die Auswahl der *richtigen* Software gehört zur Planung! „Richtig" orientiert sich an Anforderungen, Know-how des Entwicklers und dem Geldbeutel. Pauschalisierung ist dabei – wie immer – schwierig. Oft wählt man zunächst die grafisch orientierten Programme, „weil man sich ja schließlich auf die Inhalte konzentrieren und nicht Programmierer werden möchte!" Sicher nicht schlecht, um erste Schritte zu machen und schnell Ergebnisse zu sehen. Doch wie man es auch dreht und wendet, entweder gibt man sich mit *schnell & einfach* zufrieden oder man muss später tiefer in die Tasche greifen: Sie haben sich für Drupal entschieden, bei dem man zwar ein wenig Einarbeitungszeit investieren, dafür aber nicht so schnell nachbessern muss.

Wer Power-User ist oder werden will, sollte darüber hinaus über Grundkenntnisse zu HTML, CSS, PHP und SQL verfügen. Dies ist notwendig, wenn man Drupal später wirklich maßgeschneidert anpassen möchte, statt nur vorgefertigte Elemente zu verwenden.

Die in diesem Buch genannten Weblinks finden Sie auch noch mal online sortiert, erweitert und direkt anklickbar (*http://www.oberlehrer.de/?p=948*).

Realisierung: (Test-) Betrieb

Bevor Sie die Website veröffentlichen und bekannt machen, sollte sie unbedingt auf Herz und Nieren getestet werden. Erproben Sie deshalb technische Änderungen auf einer lokalen Umgebung und übertragen Sie dann die Ideen auf das System im Internet. Die Website komplett lokal mit allen Inhalten zu entwickeln und dann ebenfalls komplett auf einen Server im Internet zu transplantieren, ist für einen Einsteiger allerdings nicht empfehlenswert.

Ersparen Sie dem Besucher Ihrer Website Baustellenhinweise à la „under construction“ oder gar zappelnde GIF-Bilder mit Bauarbeitern oder blinkende Signallampen. Eine gepflegte Website ist immer under construction und dies bedarf keines Hinweises.

Kundenbindung: Wenn man im Meer der Milliarden von Webseiten gefunden wurde, sollte man dies zur weiteren Festigung nutzen. So kann man am Textende folgende Optionen anbieten:

- diese Seite merken (Lesezeichen anlegen),
- diese Seite einem Freund schicken,
- diese Seite bewerten,
- verweisen Sie auf andere eigene Texte,
- Linkliste mit weiterführenden Informationen Dritter.

Und wenn Sie sich dann durch die gesamte Aufgabeliste gekämpft haben, ist klar: Soll die Website attraktiv sein und bleiben, bedarf sie der ständigen Pflege. Schreibfehler und „broken links“ müssen beseitigt, Inhalte aktualisiert oder erweitert und von Zeit zu Zeit die Struktur der Site überarbeitet werden.

Impressum

In Deutschland ist alles geregelt – ob das dem Fortschritt dienlich ist, sei dahingestellt. Deshalb sei an dieser Stelle auf das Impressum hingewiesen. Zwar sollen private Websites davon ausgenommen sein, aber besonders unter Juristen gibt es teilweise abstruse Vorstellungen darüber, wann eine private Website nicht mehr privat ist und man dementsprechend einer Impressums-Pflicht unterliegt. Dabei gibt es im Volk der Vorschriften-für-andere-Erfinder ein umfangreiches Betätigungsfeld:

- *Was* hat in einem Impressum zu stehen?
- *Wo* hat man es in der Website einzubinden?
- *Wie* hat man den Link dorthin zu gestalten?

Grob zusammengefasst und ohne rechtliche Verbindlichkeit: Wenn keine gewichtigen Gründe dagegen sprechen, sollte man ein Impressum in die Website aufnehmen. Dazu gehören in der

Regel der Name und eine vollständige Anschrift sowie ggf. E-Mail und Telefon – ob und wie man sie als Schutz gegen Spam-Roboter (*Harvester*) als Grafik oder über Hex-Codes „verschlüsselt" einbinden darf, ist umstritten ; ebenso, wie die Privatsphäre des Webmasters geschützt werden soll, wenn Verrückte die Impressumsangaben zur persönlichen Belästigung nutzen. Dem Impressum sollte man im Zweifelsfalle auch eine eigene Seite spendieren, die man ggf. um erklärende Hinweise, Copyright-Vermerke oder einen Haftungsausschluss usw. ergänzen kann (eventuell muss auch eine Passage zum Datenschutz eingefügt werden). Ein Link auf das Impressum sollte am besten direkt auf jeder Seite sichtbar sein und auch so heißen: „Impressum" (siehe *Menu settings* beim Anlegen eines Beitrages mit *Create content*).

Sobald man eine eindeutig gewerbliche Seite betreibt – beispielsweise einen Webshop – ist nicht nur das Impressum Pflicht, sondern auch weitere Angaben zum Unternehmen wie Umsatzsteuer-ID, Geschäftsführer bis hin zum Aufsichtsrat usw. Dazu kommen die Angaben zum Fernabsatzgesetz mit Umtausch und Rücknahme, Garantie und Batterierücknahme. Fragen Sie im Zweifelsfalle bitte bei der IHK oder einer Unternehmensberatung nach.

Wenn man nicht gleich einen kostspieligen Berater bezahlen will oder kann, sollte man sich das Impressum einer vergleichbaren bzw. einer anerkannt seriösen Website angucken. Außerdem gibt es im Internet eine Menge Informationsseiten zum Thema Impressum sowie einige Generatoren, mit denen man sich ein passendes Impressum zusammenklicken kann. Darüber hinaus sollte man die Angaben von Zeit zu Zeit überprüfen (lassen).

WEB

Ein Assistent zur Erstellung eines Impressums findet sich beispielsweise bei Digi-Info „Net & Law" (*http://www.digi-info.de/de/netlaw/webimpressum/index.php*).

Wort-Reich

Viel wird bei Webseiten über das Design diskutiert, der Content oft aber vernachlässigt. Dabei sollte beim Schreiben fürs Web den neuen Anforderungen und speziellen Lesegewohnheiten Rechnung getragen werden. Es spielen neben inhaltlichen auch die besonderen technischen Aspekte eine wichtige Rolle.

Schreiben fürs Web ist eigentlich ganz einfach: Wer auch sonst sein Handwerk beherrscht, bringt Texte auch gut ins Netz – besonders, wenn er darüber hinaus die technischen Besonderheiten respektiert und entsprechend nutzt. Gibt es im Internet tatsächlich mehr schlechte Texte? Es fällt wohl eher auf, weil die Veröffentlichungsschwelle – sofern vorhanden – niedriger als bei den meisten Printmedien ist. Außerdem geht es allzu oft nur ums schnelle Füllen der Seiten. Neben formalen Dingen muss man selbstverständlich auch inhaltlich einiges leisten, da durch Suchmaschinen nur Texte mit hohem Informationsgehalt überhaupt bis zum Leser vordringen und dieser nach kurzem Scannen langatmige Ausführungen schnell wegklickt.

Abb. L6.7: Zeitungmachen ganz ohne Computer, Schreibmaschine und Internet – volle Konzentration auf den Content Anfang der 1960er

Die Abbildung stammt aus den 1960er Jahren und zeigt einen fleißigen Redakteur bei der Arbeit: Nur mit Füllfederhalter und Papier bewaffnet, ganz auf den Inhalt konzentriert. Leider sieht der Redaktionsalltag heute ganz anders aus und macht den *Inhalt* immer mehr zur Nebensache. Als Webmaster und Chef der eigenen Website sollte man gerade deswegen viel Zeit in den Content investieren, um sich von schnell zusammengeschusterten Seiten abheben zu können. Außerdem bewerten Suchmaschinen Seiten immer nur nach lesbarem bzw. auswertbarem Text, Design-Sperenzchen können inhaltsarme Seiten nicht ausgleichen. Wer guten Inhalt zu bieten hat, wird besser gefunden, öfter gelesen – und hat mehr Spaß an seinem Projekt.

Inhalt und Stil

Obwohl die Darstellungsqualität der Bildschirme mit schwarzer Schrift auf weißem Grund bei praktisch flimmerfreien TFT-Anzeigen keine Wünsche offenlässt, wird das Lesen am Bildschirm noch immer als unangenehm und mühsam empfunden. Dies hängt mit der erhöhten Konzentration beim Lesen, der Textlänge sowie dem Scrollen zusammen, wobei die Abneigung mit zunehmender Textlänge steigt. Oft wird dann ein als online konzipierter Text ausgedruckt – oder weggeklickt. Dem entgegen kommt der bekannte Grundsatz, Texte kurz zu halten („In der Kürze liegt die Würze"). Kurz sollte man in diesem Zusammenhang als mindestens eine, maximal zwei Bildschirmseiten definieren, wobei man die Zeilenbreite nicht zu groß wählen sollte. Ausnahme bilden dabei Blogs mit ihren Endlosseiten, die ständig am oberen Seitenende ergänzt werden und dabei sowieso nur abschnittsweise gelesen werden (Drupal bietet dafür sogar ein spezielles Layout).

Nehmen Sie sich inhaltlich eine gute News-Seite zum Vorbild: Eine aussagekräftige Überschrift, gefolgt von einem zusammenfassungsähnlichen Vorspann. Alternativ bietet sich auch eine nicht ganz so sachliche Hauptüberschrift an (Neugier wecken), die durch eine Unterzeile erklärt wird. Solange Sie keine Prosaseite betreiben, darf es dann knackig-sachlich weitergehen: Der Text folgt dem Grundsatz „das Wichtigste zuerst". Dabei sollte man auf verschachtelte Bandwurmsätze ebenso verzichten wie auf wortreiche Abschweifungen oder Füllworte. Versuchen Sie Texte im Präsens zu schreiben, das wirkt lebendiger als die oft favorisierte Vergangenheitsform. Auch der Verzicht auf Hilfsverben und Passiv-Konstruktionen fördert den Lesefluss.

Außerdem kann man das Auge des Lesers unterstützen, indem man den Text durch Absätze klar strukturiert. Relativ kurze Absätze lassen sich besser im Stück erfassen und nach Schlüsselbegriffen „scannen". Mit dem Internet hat sich eine Lesetechnik verbreitet, die einige Vielleser bereits bei dicken Büchern anwenden: Das Diagonallesen und Suchen nach Schlüsselbegriffen, um schnell an die gesuchte Information zu kommen. Denn im Internet liest man nicht Romane (entsprechende Projekte großer Verlage und Hardwareanbieter „eiern" seit Jahren herum), sondern sucht in der Regel gezielt nach bestimmten Informationen: Technische Daten für eine Grafikkarte, Zitate berühmter Zeitgenossen, die Einwohnerzahl eines Landes.

Beim *Scannen* werden unwichtige Textteile übersprungen, wobei die Schwelle für unwichtig viel niedriger als bei gedruckten Texten liegt. Es ist deshalb ratsam, zunächst einen relativ stark verdichteten Text anzubieten (ähnlich der News-Seite einer Zeitschrift), um den Leser inhaltlich zu interessieren und von der zu erwarteten Qualität zu überzeugen und ihm dann mit einem „`weiter`"-Link die Möglichkeit zum Weiterlesen anzubieten. Solche Stichwörter kann man ggf. durch Fettung oder Unterstreichung zusätzlich hervorheben, von kursiv sollte man wg. der schlechteren Lesbarkeit am Bildschirm absehen.

Touristenreise zum Mond bald möglich	Neugier
Agentur „fly2moon“ plant Reisen zum Mond	Erklärung
Waren die Amerikaner nun auf dem Mond oder nicht? Schauen Sie einfach selbst nach, wenn das intergalaktische Reisebüro „fly2moon“ demnächst bezahlbare Reisen im erdnahen Weltraum anbietet.	Information
mehr ...	Weiterführende Information

Abb. L6.8: Für eine interessante Website ist auch journalistisches Handwerk gefragt

Beachten Sie die Aktualität: Viele Webseiten werden einmal mit hohem Aufwand und viel Engagement entwickelt – und dann kümmert sich niemand mehr darum, weil nicht genug Ressourcen zur Verfügung stehen – oft jahrelang ... Da kann der Text noch so gut sein, wenn das letzte Aktualisierungsdatum zu weit zurück liegt, wird er ganz schnell weggeklickt. Auch andere Indizien wie alte DM-Angaben, überholte Bezeichnungen oder Produktfotos mit erkennbar veralteter Mode, Haarschnitt usw. lassen den Leser misstrauisch werden, gilt doch das elektronische Medium Internet als besonders schnell und aktuell. Die Erwartungen sind nicht zuletzt deshalb hoch, weil im Internet bevorzugt Themen vertreten sind, die einem rasanten Wandel unterliegen. Wie oft aktualisiert werden muss, hängt dann natürlich auch vom Thema ab: bei technischen Themen meist häufiger als bei historischen.

Mit einem CMS wie Drupal kann man Artikel besonders leicht bearbeiten und aktuell halten. Nutzen Sie außerdem die Möglichkeit, weitere Nutzer für Pflege und Ergänzung der Website einzubinden. Gerade bei Drupal ist die Nutzerverwaltung besonders ausgeklügelt.

Besondere technische Aspekte

Während es beim Schreiben für die traditionellen Printmedien primär auf Inhalt und Stil ankommt, sollte man beim Publizieren im Internet unbedingt auch die technischen Aspekte im Auge behalten. So kann man den Nachteil der geringeren Aufmerksamkeit beim Lesen am Bildschirm durch intelligente Ausnutzung der speziellen Möglichkeiten nicht nur kompensieren, sondern optimieren.

Eine der auffälligsten Besonderheiten im elektronischen Text sind die *Hyperlinks*. Zwar findet man solche Verweise ähnlich auch im gedruckten Text, aber nirgends kann man so komfortabel solchen Verweisen auch folgen. Das weiß man spätestens zu schätzen, wenn dieser Hinweis sich auf ein anderes Werk oder sogar ein anderes Medium bezieht. Nutzen Sie also diese Möglichkeit, Ihren Haupttext kurz und übersichtlich zu halten, gleichzeitig dem Leser bei Bedarf die Möglichkeit zu weiterführender Information zu geben („drill down").

Im Zusammenhang mit dem Internet arg gebeutelt – aber nicht unberechtigt – ist das Schlagwort Multimedia. Während sich beim gedruckten Medium die Möglichkeiten auf Text, Fotos und Grafiken beschränken, rechtfertigt sich die Umschreibung „Multi" durch Hinzufügen von bewegten und vertonten Bildern oder auch separaten Tondokumenten oder Downloads mit Testsoftware. Bilder und Grafiken können direkt in den Text eingebunden oder mittels Hyperlink angefordert werden. Filme und Tondokumente sollten aus gutem Grund nicht automatisch beim Betreten der Seite gestartet werden, das Anklicken eines Standbildes für einen Film oder eines Zitates im Text für ein Tondokument kommen intuitiver Bedienung entgegen (solange Bandbreite noch ein Flaschenhals ist, sollte man zusätzlich mit einer Info darauf hinweisen). Selbst bei immer schneller werdenden DSL-Verbindungen sollte man diese Tugend der Sparsamkeit pflegen. Einerseits aus Rücksicht auf Gelegenheitsnutzer mit Modem, andererseits auf die zunehmend mobile Nutzung, die ja oft nicht wesentlich schneller ist.

Auch wenn Sie die Website nach allen Regeln der Kunst für das Online-Lesen aufbereitet haben, müssen Sie damit rechnen, dass der Text ausgedruckt wird. Sei es, um ihn mit Anmerkungen zu versehen, ihn an jemanden weiterzureichen, der nicht „online" ist oder ihn thematisch abheften zu können. Nutzen Sie also entsprechende Programmiertechniken, um auch auf dem Papier gut dazustehen (z. B. Mediatype bei CSS).

Die hier geschilderten Möglichkeiten führen zu mehreren Verpflichtungen: Einerseits dem Leser – dort wo es sinnvoll ist – sämtliche Informationsmöglichkeiten zu bieten, andererseits sich aber eben diese Mittel zu verkneifen, wo sie vom Text ablenken und zum Selbstzweck werden.

L7 Troubleshooting

Gerade als Einsteiger zuckt man natürlich zusammen, wenn sich nach einem Klick in der Administration ein rot unterlegtes Hinweisfenster zu Wort meldet. Manchmal verbergen sich dahinter in der Tat leicht umsetzbare Hinweise, manchmal etwas kniffligere Probleme. Die kniffligsten Probleme sind allerdings in der Regel die, die ganz ohne Fehlermeldung im Hintergrund ihr Unwesen treiben. In diesem Kapitel sind die häufiger und reproduzierbar auftretenden Fehler und deren Lösungen versammelt.

Hinweis nach Installation

Gerade am Ende der Installation erscheint oft die Meldung *One or more problems were detected. Check the status report for more information.* (Es sind ein oder mehrere Probleme aufgetreten. Überprüfen Sie den Status-Report für weitere Informationen.) Das ist gerade für einen Einsteiger oft ein ganz schöner Schrecken. Eine unmittelbare Fehlfunktion liegt in diesem Fall meist nicht vor und man kann erstmal weiter arbeiten. Was genau sich dahinter verbirgt, wird in den folgenden Abschnitten erläutert.

Den *Reports* ist sowohl in Drupal als auch in diesem Buch ein langer Abschnitt gewidmet (siehe Kapitel L4). Man findet sie unter *Administer | Reports* mit mehreren Unterpunkten. Wie bereits erwähnt, macht man oft schon unmittelbar nach der Installation mit dem *Status report* Bekanntschaft.

Trotz der Signalfarbe verbergen sich hinter dieser speziellen Meldung nur zwei gut gemeinte Ratschläge (sowie eine sehr ausführliche Information zum Konfigurationsstatus von PHP):

- Rechte für die Verzeichnisse anpassen,
- *Cron* anstoßen.

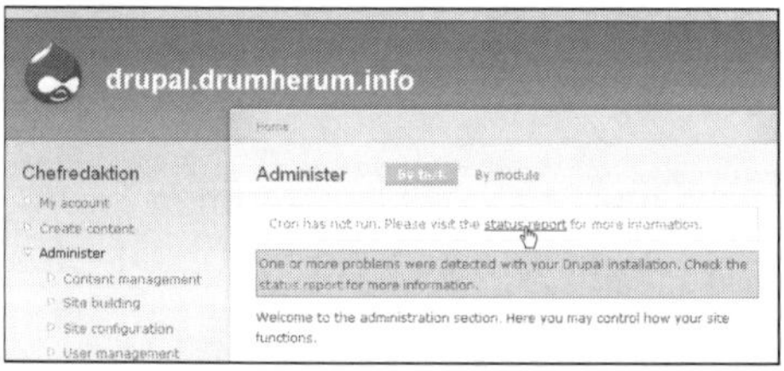

Abb. L7.1: Hinter mancher Fehlermeldung verbirgt sich nur ein Hinweis ohne ernstliche Probleme

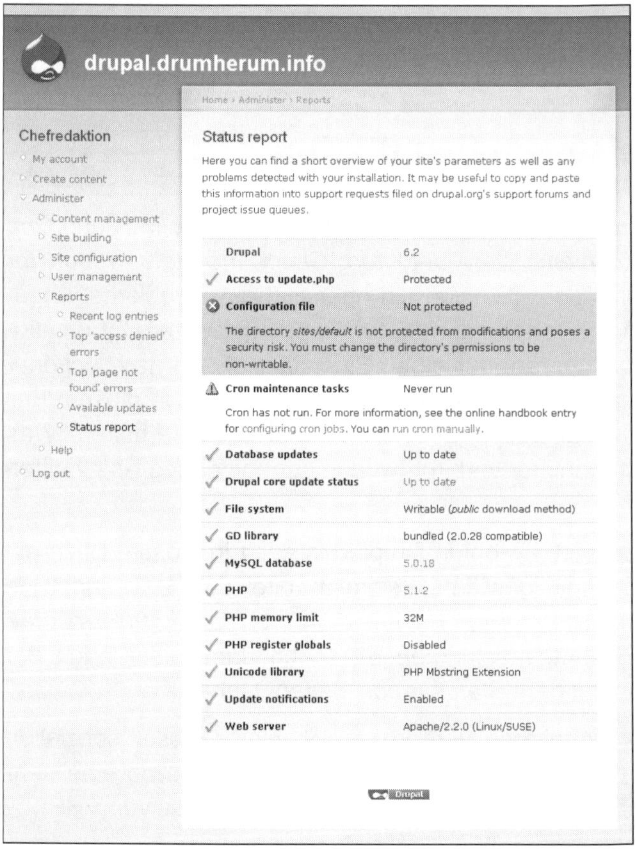

Abb. L7.2: Der *Status report* informiert über wichtige Einstellungen

Zugriffsrechte

Während und nach der Installation sowie bei Verwendung externer Module kann es bei Drupal zu Beanstandungen hinsichtlich der Rechtevergabe im Dateisystem kommen. Wer regelmäßig mit Linux arbeitet, ist damit meist schon vertraut. Gerade Windows-Nutzer werden dagegen damit eher erschreckt, denn eine Differenzierung, wer was mit einer Datei machen darf, ist zwar prinzipiell auch in Windows vorhanden, wird aber nicht konsequent genutzt.

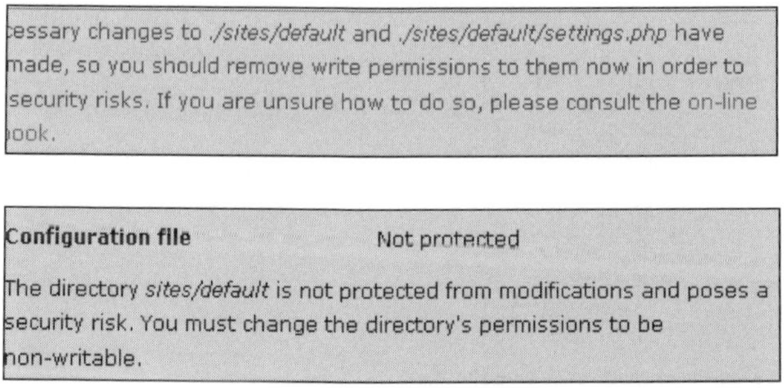

Abb. L7.3: Nicht mehr benötigte Schreibrechte sollten aus Sicherheitsgründen auch wieder gelöscht werden

Beim Wer wird zwischen *Eigentümer*, *Gruppe* und *anderen* unterschieden, beim „Was nach Lesen (R, *read*), Schreiben (W, *write*) und Ausführen (X, *execute*). Eine solche Unterscheidung ermöglicht es, dass zwar Drupal selbst eine Datei bearbeiten kann, ein Zugriff von außen dagegen nicht zugelassen wird. Der Hinweis *The directory sites/default is not protected from modifications and poses a security risk* nach Ende der Installation dient also der Absicherung gegen Mißbrauch („Das Verzeichnis *sites/default* ist nicht vor Änderungen geschützt und stellt ein Sicherheitsrisiko dar").

Wenn man die Meldung aufmerksam durchliest, werden in der Regel noch weitere konkrete Angaben gemacht: *You must change the directory's permission to be non-writeable* („Sie müssen die Verzeichnisrechte auf nicht beschreibbar ändern").

Die Umsetzung kann man auch hier via FTP-Programm erledigen. Dazu muss man die beanstandete Datei bzw. das entsprechende Verzeichnis anklicken und *Eigenschaften* (*properties*) aufrufen. Man muss bei der Formulierung dieses Hinweises allerdings einmal um die Ecke denken: Man kann keinen Schreibschutz einschalten, sondern nur *Schreibrechte entziehen*, also das Häkchen entfernen (und OK nicht vergessen).

Abb. L7.4: Auf einem Server muss man eine umfangreiche Zuordnung von Rechten beachten

Cron maintenance tasks

Im *Status report* gibt es den Hinweis *Cron has not run*. (Cron wurde nicht ausgeführt). *Cron* ist eigentlich eine Funktion von Unix (Linux), um Prozesse zeitgesteuert aufrufen zu können. Drupal nutzt diese Funktion, um beispielsweise Verwaltungsinformationen der Datenbank aktuell zu halten, Feeds zu aktualisieren oder aufzuräumen. Bei Verwendung von Webspace steht diese Betriebssystemfunktion meist nicht zur Verfügung. Auch bei einem Server können solche Funktionen durch den Webhoster eventuell eingeschränkt sein.

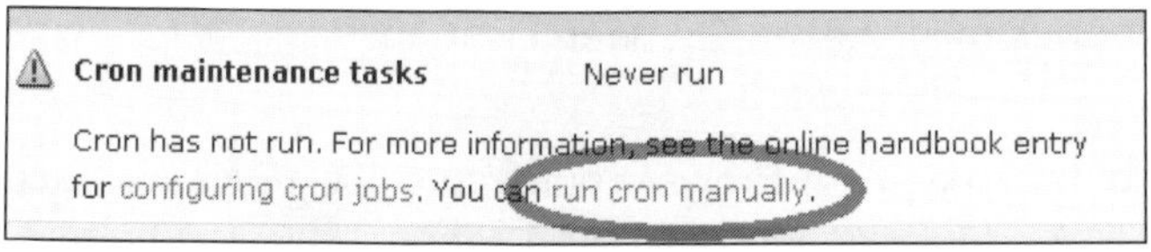

Abb. L7.5: Cron arbeitet zeitgesteuert Aufgaben ab

Es gibt zwei Lösungsansätze: Schon innerhalb des Hinweises findet sich ein Link *You can run cron manually* (Sie können Cron manuell starten). Genau das geschieht bei einem Klick auf diesen Link, der Cron-Job wird manuell angestoßen. Dies kann man immer mal wieder von Hand erledigen, wenn man als Administrator in Drupal angemeldet ist, und stellt auch kein Problem dar, vor allem bei täglicher Arbeit mit Drupal.

Wem das zu lästig ist oder wer doch Probleme feststellt, kann auf einen externen Cron-Dienst zurückgreifen: Dieser ruft als Service von einer anderen Webseite aus diese Funktion auf. Das ist dann zwar auch kein echter Unix-Cron, aber für den Einsteiger ein guter Kompromiss (z. B. *Webcron.org*, „kostenlos" gegen Werbung; *http://www.webcron.org/index.php?&lang =de*). Außerdem gibt es das Modul *Poormanscron* (*http://drupal .org/project/poormanscron*), das trickreich über die normalen Besucher der Website ausgelöst wird.

Ausführlich auf das Thema geht der Beitrag „M. Cron aufsetzen" bei Drupalcenter ein (*http://www.drupalcenter.de/handbuch/6019*).

Kein Login

Standardmäßig wird von Drupal ein Login-Menü angeboten, über das sich registrierte Nutzer und der Webmaster einloggen (*login*) oder neue Interessenten einen Account anfordern können (*create account*). Es kann vorkommen, dass dieses kleine

Formular aus mysteriösen Gründen nicht angezeigt wird – was tun?

Vielleicht hat sich ja der Browser nur „verschluckt", also einfach einmal *Reload* (*Neu laden*) anklicken oder F5 drücken (in hartnäckigen Fällen Strg+F5). Wenn dies ausreicht, kann man eventuell den Login manuell aufrufen (speziell bei Drupal 5):

```
http://[hier Webadresse der Site]/?q=user
```

Wenn man diese Webadresse aufruft, erscheint das Anmeldeformular nicht am Rand als Teil des Menüs, sondern als eigene Seite. Dies ist vielleicht auch die Lösung für ein Seitenkonzept, bei dem ein Login-Formular gar nicht erst allgemein erscheinen soll. Wichtig: `?q=user` muss wirklich so eingegeben und nicht etwa durch den User-Namen ersetzt werden.

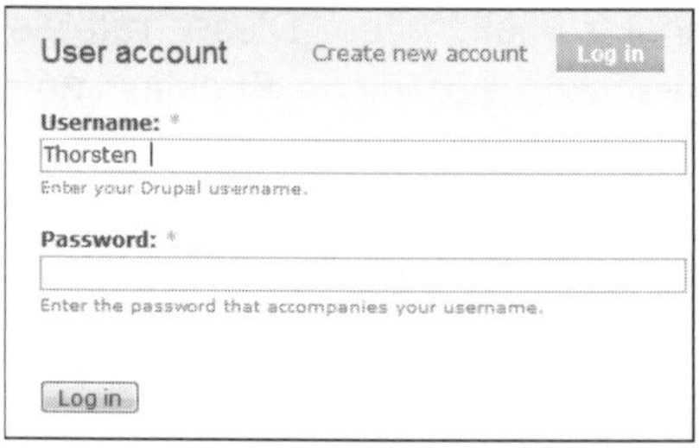

Abb. L7.6: Für die Anmeldung als Nutzer kann auch eine spezielle Login-Seite aufgerufen werden

Das richtige Passwort

Der Hinweis zum richtigen Passwort erfolgt der Vollständigkeit halber, denn darüber ist schon viel geschrieben worden, und es wird auch viel darüber diskutiert. Die Schwierigkeit damit ist, dass man sich täglich mehr Passwörter merken muss, die möglichst komplex sein sollen, aber man darf sie nirgends aufschreiben. Daraus ergibt sich die Dualität „leicht zu merken, aber leicht zu knacken" gegen „schwer zu knacken, aber mit Potential zur Selbstaussperrung".

In aller Kürze sollte man zunächst typische Fehler vermeiden – folgende Passwörter also bitte *nicht* verwenden:

- test
- passwort
- geheim
- 123456789
- Namen von Ehefrau/Ehemann, Freund/Freundin, Kindern und Haustieren
- Andere bekannte Namen oder Begriffe, die jemand auch zufällig aufschnappen könnte
- Alles, was *genau so* im Wörterbuch zu finden ist

Viele dieser Passwörter lassen sich erraten, weil viele Nutzer die gleichen „originellen“ Einfälle haben. Außerdem arbeiten Knackprogramme oft mit Wörterbüchern, so dass es nur eine Frage der Zeit ist, bis es gefunden wird. Eigennamen stehen zwar nicht im Wörterbuch, können aber im Umfeld oder durch persönliche Gegenstände ausgekundschaftet werden.

Was ist nun ein gutes Passwort? Aus rein technischer Sicht ein Wort mit möglichst vielen *unzusammenhängenden* Buchstaben, eingestreuten Ziffern und eventuell „sicheren“ Sonderzeichen wie „-“, „_“ oder „&“. Wenn Sie einfach mal Ihre Katze über die Computertastatur laufen lassen, wird dabei vermutlich ein ziemlich gutes Passwort herauskommen. Leider wird es schwer zu merken sein – womit das Hauptproblem genannt ist, das zu *unsicheren* Passwörtern führt.

Nicht aus Sicherheitsgründen, sondern wegen eventueller technischer Probleme sollte man auf (deutsche) Sonderzeichen verzichten: Entweder werden sie schlimmstenfalls im System fehlerhaft verwaltet oder sind auf ausländischen Tastaturen nicht mehr erreichbar. Neben den Umlauten (ÄÖÜ) und der Ligatur ß zählt dazu auch das §-Zeichen.

Die Website *Fudder* widmet dem Thema ebenfalls einen längeren Beitrag: Wie wähle ich ein sicheres Passwort? (*http://fudder.de/artikel/2008/04/11/tipps-zum-merken-wie-waehle-ich-ein-sicheres-passwort/*) Dort weist ein Leser auf das Projekt *Stanford PwdHash* hin, mit dem man schwierige Passwörter leichter verwalten können soll (*https://www.pwdhash.com/*).

Als Kompromiss zwischen komplex und merkbar wird gern auf folgende Ansätze verwiesen:

- *Akronyme bilden*: Aus dem Sprichwort „herein wenn es kein Schneider ist“ wird „hwekSi“ („**h**erein **w**enn **e**s **k**ein **S**chneider **i**st“). Das Ergebnis ist eine Buchstabenfolge, die kein sinnvolles Wort ergibt und entsprechend schwer zu erraten ist. Allerdings sind keine Ziffern und keine Sonderzeichen enthalten.
- *Spielerei mit Buchstaben*: Man tauscht Buchstaben gegen ähnlich aussehende Ziffern aus. Aus „Eselshof“ wird „3selsh0f“ („**3**selsh**0**f“). Auch diese Buchstabenfolge ist (für eine Maschine) nicht sofort als Wort zu erkennen, aber nicht ganz so wirr wie das Akronym.

Möglicherweise liegt die Lösung in einer Kombination aus mehreren Methoden, z. B. wie „hwek5i“. Auf jeden Fall sollte ein Passwort nicht auf die Schnelle eingetragen werden, dann kommen meist die einfallslosen Varianten heraus. Außerdem sollte man auch Passwörter zu „unwichtigen“ Accounts geheim halten, weil man sonst von den bekannten „unwichtigen“ Daten auf die Taktik bei den wichtigen Zugängen schließen kann.

Passwort verloren

Passwörter sind eine kniffelige Sache: Einerseits sollen sie möglichst nicht zu erraten sein, andererseits vergisst man die wirklich guten Passwörter möglicherweise selbst. Außerdem geht es dabei ja nicht nur um das Passwort, sondern um die richtige Kombination mit Nutzer-Name bzw. E-Mail-Adressen. Bei wirklich wichtigen Accounts sollte man deshalb auch seinen Login-Namen vertraulich behandeln.

Wenn ein Nutzer (User) seine Account-Daten verbaselt, kann er sich über die Funktion *Request new password* temporär einloggen und ein neues Passwort einstellen – vorausgesetzt, er kann sich wenigstens an den exakten Nutzer-Namen oder die hinterlegte E-Mail-Adresse erinnern. Das hört sich im Moment vielleicht lächerlich an, aber Poweruser kommen mit der Vielzahl an Accounts auf unterschiedlichen Plattformen gern einmal durcheinander.

Wenn man sich zuverlässig an seinen Nutzernamen oder die hinterlegte E-Mail-Adresse erinnert, kann man sich via Request new password einen „Wiederbelebungslink" zumailen lassen.

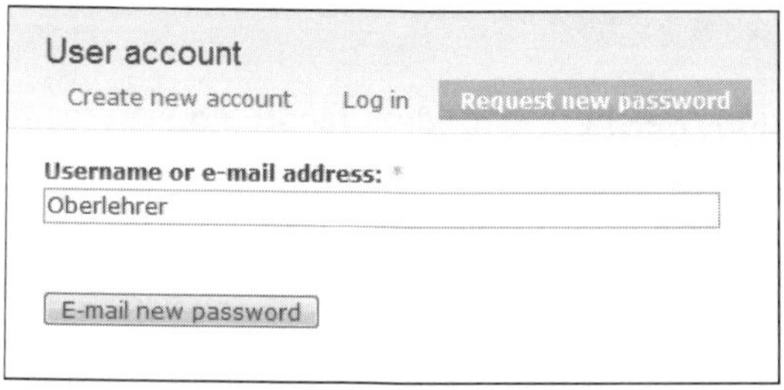

Abb. L7.7: Für vergessene Passwörter kann man Ersatz anfordern

Wenn dies nicht zum Erfolg führt, kann ein gewöhnlicher Nutzer noch auf den Admin zählen: Der kann nämlich im *Administer* | *User management* | *Users* über die Funktion *edit* ein neues Passwort zuweisen. Mit diesem Passwort kann man sich dann einloggen und es später erneut ändern.

TIPP

Ein Administrator kann bei den meisten Systemen nicht einfach „nachsehen“, wie das vergessene Passwort heißt, weil es auch für den Chef des Systems nicht angezeigt wird. Wie beschrieben kann der Admin im Notfall nur das leere Passwortfeld überschreiben und der Nutzer es hinterher gern wieder austauschen.

Problematischer wird es, wenn der Admin sich selbst aussperrt. Der erste während der Installation anlegte Account ist nämlich ein besonderer: Er ist mit allen Rechten ausgestattet und kann eventuell nur von einem zweiten, gleichwertig ausgestatteten Nutzer bearbeitet werden. In der Regel aber wird kein anderer registrierter Nutzer für den Admin das Passwort zurücksetzen können. Natürlich steht auch dem Admin die Standardfunktion *Request new password* zur Verfügung – und gerade ein Administrator sollte sich wenigstens an seinen Benutzernamen erinnern können.

Wenn dies aus irgendwelchen Gründen nicht möglich sein sollte, gibt es Plan B: Man kann das Passwort direkt in der allmächtigen MySQL-Datenbank ändern – vorausgesetzt, dass diese Zugangsdaten nicht auch verschütt gegangen sind!

TIPP

Der Merkzettel für Drupal dient dazu, alle relevanten Nutzerdaten gesammelt zu notieren. Die Praxis zeigt, dass allzu oft Account-Daten spontan festgelegt werden – und sich schon ein paar Tage später als doch nicht so einprägsam erweisen wie zunächst gedacht.

So recherchiert man seinen eigenen Administrator-Account:

1. PhpMyAdmin aufrufen.
2. Im Ausklappmenü oben rechts die zu Drupal gehörenden Datenbank auswählen, z. B. *drupal*.

3. In der Spalte links die Tabelle *users* auswählen.
4. Den Datensatz *pass* per Klick in die Ankreuzbox auswählen.
5. Über *Anzeigen* den Datensatz anzeigen lassen (siehe Abbildung L7.8).

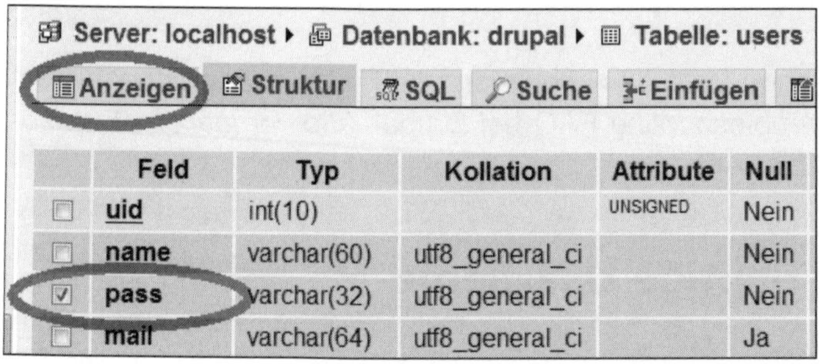

Abb. L7.8: Passwörter werden in der SQL-Datenbank gespeichert

Abb. L7.9: Das MD5-verschlüsselte Passwort in der SQL-Datenbank

Um die Daten bearbeiten zu können, muss das Bleistift-Symbol vor dem Datensatz angeklickt werden. In der Zeile *pass* wird in der Spalte *Funktion* dann über das Ausklappmenü die Einstellung *MD5* gewählt. In dem nebenstehenden Feld *Wert* kann man dann die „wirre Buchstabenkombination" – auch MD5-Hash genannt – im Klartext mit dem neuen Passwort überschreiben. Abschließend mit *OK* speichern.

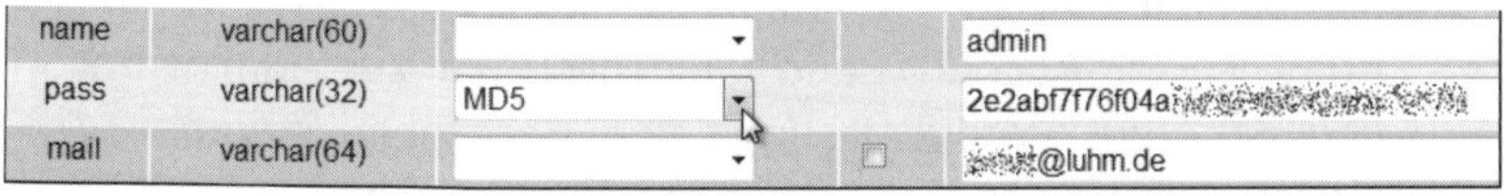

Abb. L7.10: Wichtig ist die Einstellung *MD5*

TIPP

Beim direkten Bearbeiten einer Datenbank ist immer mit besonderer Sorgfalt vorzugehen. Sollten die Entwickler zwischenzeitlich die Datenbankstruktur und vor allem die betreffenden Datenfelder ändern, kann eine solche Aktion zum kompletten Datenverlust führen!

Eine lange Liste an Problemen und Problemchen findet sich in der Troubleshooting FAQ bei Drupal (*http://drupal.org/Troubleshooting-FAQ*).

Der richtige Username

Oft wird man eindringlich aufgefordert, das *Passwort* möglichst komplex zu wählen und es anschließend geheim zu halten. Sofern sinnvoll umsetzbar, sollte man diese Regel auch auf den Benutzernamen anwenden – zumindest, was den Super-Administrator-Account angeht, der als erstes angelegt wird und alles darf. Warum? Wenn der Benutzername bekannt ist, muss ein Eindringling nur noch das zugehörige Passwort knacken (also *ein* Wort). Ist dagegen auch der User-Name nicht bekannt, sind *zwei* Begriffe herauszufinden – die Anzahl der Möglichkeiten steigt rapide an.

Dem entgegen steht, dass der Benutzername bei Drupal ja unter Einträgen angezeigt wird. Dies kann man lösen, indem man als Betreiber der Webseite für *Administration* und *Redaktion* unterschiedliche Accounts mit unterschiedlichen Rechten verwendet – wobei der Account mit dem *öffentlichen* Benutzernamen natürlich der Eingeschränkte sein sollte. Wenn der Administrator-Account dann tatsächlich nur zur Administration und nicht zur Veröffentlichung von Beiträgen verwandt wird, erschwert man das Einbrechen ins System.

Nicht immer ist so ein Aufwand notwendig: Beim Duo Benutzernamen-Passwort für den Zugriff auf eine SQL-Datenbank tritt der Nutzername in der Regel ja nach außen nicht in Erscheinung. Hierbei sollte man allerdings eine andere Kombination verwenden, um bei einem Zufallstreffer nicht gleich mehrere Accounts zu verlieren bzw. Rückschlüsse darauf zuzulassen.

Falsches Bildformat

Auch wenn die Fehlermeldung in der Abbildung zu einem bestimmten Modul gehört, ist sie gewissermaßen doch allgemeingültig. Ein Bildupload für Drupal ist oft nur sinnvoll, wenn das Bild auch im Browser angezeigt werden kann. Dies ist aber nur für drei Formate möglich: JPG/JPEG, GIF und PNG.

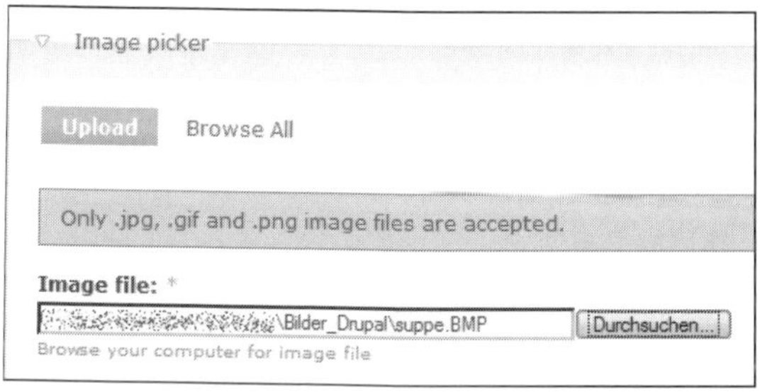

Abb. L7.11: Es sind nur drei Bildformate internettauglich: JPG, GIF und PNG

Andere Bildformate kann man zwar hochladen, dies ist aber nur als Anhang (Attachment) zu einem Beitrag sinnvoll. Das Bild kann dann nicht angezeigt, sondern nur heruntergeladen werden. Das Upload-Modul kann dann selbstverständlich auch für alle anderen Dateitypen verwandt werden, wobei man unter *Administer | Site configuration | File uploads* gewisse Grenzen einstellen kann.

Auch wenn man Uploads generell zulassen möchte, muss dies nicht grenzenlos sein. Man sollte einerseits mit unerfahrenen Nutzern rechnen, die versehentlich sehr große Dateien hochladen wollen, andererseits kann der Upload auch missbraucht werden. Man sollte also in *General settings* nur Werte zulassen, die tatsächlich benötigt werden.

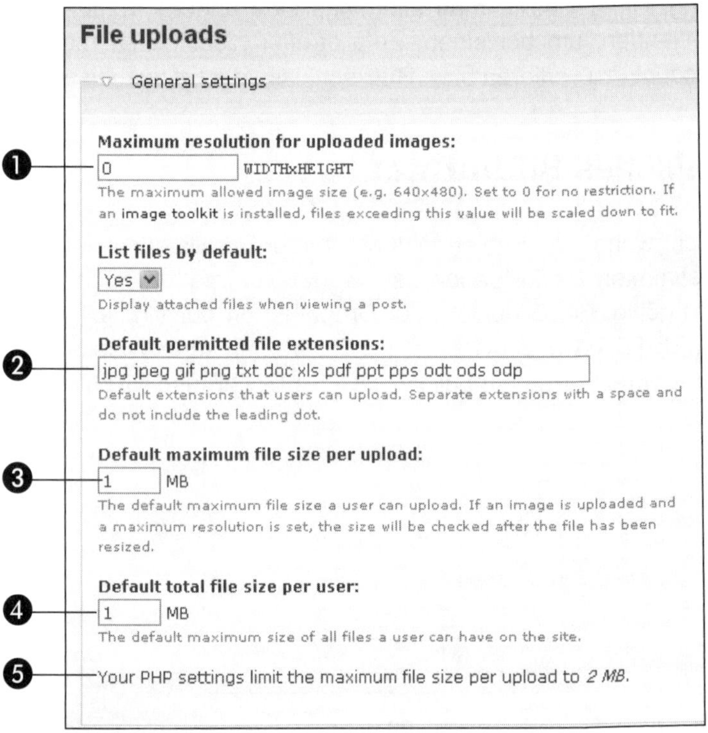

Abb. L7.12: Beim Upload sollte man nicht unbegründet alle Formate zulassen

Maximum resolution for uploaded images ❶ beschränkt die maximale Größe für den Upload von Bildern. Gerade unerfahrenen Nutzer machen dies gern mit Bildern direkt aus der Digitalkamera, die dann locker im Bereich von 3 bis 5 Megabyte liegen und mit Abmessungen von 2.000 x 3.000 Pixel auf einer Website kaum sinnvoll genutzt werden können.

Default permitted file extensions ❷ identifiziert erlaubte Dateiarten an Hand der Dateinamenerweiterung (*Extension*). Diese Liste sollte nur die tatsächlich benötigten Formate enthalten. Wenn Excel-Tabellen nicht benötigt werden, löschen Sie *xls* aus diesem Feld.

Leider bietet *Default permitted file extensions* mit der Überprüfung der Dateiendungen nur eine kleine Hürde gegen unerwünschte Uploads. Zum Thema Sicherheit sollte man weitere Fachliteratur zu Rate ziehen.

Default maximum file size per upload ❸ und *Default total file size per user* ❹ beschränken die Größe des Uploads. Für Bilder in webtauglichen Abmessungen reicht hier oft eine Größe von 200 Kilobyte für den einzelnen Upload. Dabei sind auch noch Vorgaben des *Webhosters* zu beachten, die hier eine generelle Beschränkung auf 2 Megabyte vorsehen ❺.

Updates

Hinweise auf Updates erschrecken den Webmaster mit der Signalfarbe Rot. Es handelt sich aber nicht um Fehler, die man sofort beseitigen muss, sondern um Empfehlungen. Mit der Version 6 macht Drupal automatisch auf Updates aufmerksam.

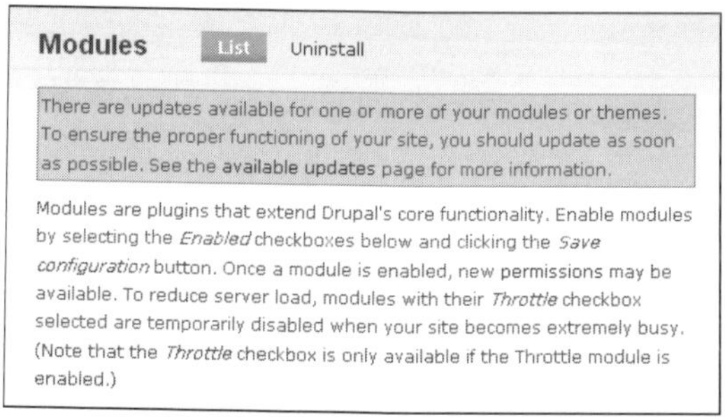

Abb. L7.13: Drupal macht automatisch auf Updates aufmerksam

Sofern die Updates den *Core* betreffen, sollte man sie so bald wie möglich durchführen. Auch verwendete Module sollte aktuell gehalten werden. Diese Warnung erscheint allerdings auch für *unbenutzte* Module oder Themes, bei denen man es nicht eilig haben muss.

Teil II: Üben

Ü1 Übungen zu Kapitel L1

1 Was bedeutet CMS?

Die Abkürzung CMS steht für *Content Management System*

2 Was leistet ein Content Management System?

Mit einem Content Management System (CMS) kann man eine Website betreiben ohne über HTML- oder Programmierkenntnisse verfügen zu müssen. Ein CMS verwaltet dabei die redaktionellen Inhalte in einer Datenbank.

3 Welche Vorteile bietet ein Content Management System?

Mit einem Content Management System kann man *technische Administration* und *Inhaltliche Verwaltung* voneinander trennen. Außerdem können an einer Website mehrere Personen gleichzeitig arbeiten.

4 Was ist der Unterschied zwischen einer Textverarbeitung und einem Editor?

Eine Textverarbeitung ist zum Schreiben langer redaktioneller Texte konzipiert, wobei *Textgestaltung* eine große Rolle spielt. Ein Editor ist dagegen zum Schreiben von Programmen oder für die Bearbeitung von Steuerungsdateien gedacht. Zusätzlich bietet er Funktionen wie Syntaxkontrolle oder Fehlersuche.

5 Was bedeutet FTP?

Die Abkürzung FTP steht für *File Transfer Protocol*.

6 Wozu benötigt man ein FTP-Programm?

Mit einem FTP-Programm werden Dateien auf einen Webserver hochgeladen und Schreibrechte im Dateisystem konfiguriert. Auch der Download von Dateien ist möglich, beispielsweise für Backup-Zwecke.

7 Welche Daten benötigt man zur Konfiguration eines FTP-Zugangs?

Für einen FTP-Zugriff benötigt man folgende Daten:

- Host-Name (FTP-Server)
- Benutzername (*User Name*)
- Passwort (*Password*).

8 Wieso ist ein Zipper kein Reißverschluss?

Als *Zipper* bezeichnet man umgangssprachlich Programme, die mehrere Dateien zu einem *Archiv* zusammenfassen und gleichzeitig *verlustfrei* komprimieren (in Anlehnung an die Dateikennzeichnung *.zip*). Man verwendet solche Archive für Programme oder Manuskripte die aus mehreren Dateien bestehen.

9 Was ist der Unterschied zwischen einer Datenbank und einer Tabelle?

Die Tabelle ist Teil einer Datenbank. Eine Datenbank kann mehrere Tabellen enthalten, die wiederum aus Datensätzen bestehen.

10 Was versteht man unter Webhoster bzw. Webspace?

Ein Webhoster bietet Speicherplatz (Webspace) oder Server an, die mit schnellen Datenleitungen ans Internet angeschlossen sind. Dort werden dann die Websites gespeichert und allgemein zugänglich gemacht („hosten"). Der Webhoster erledigt i. d. R. auch die Anmeldung einer Domäne.

11 **Welche Alternative zum Webhosting gibt es für die Erprobung von Drupal?**

Man kann auf dem Schreibtisch-PC einen lokalen Server einrichten. Dieser verhält sich dann genauso wie Webspace oder ein Server im Internet. Fertige Programmpakete sind beispielsweise XAMPP oder Server2go.

12 **Wie ruft man einen lokal installierten Server auf?**

In der Browser-URL muss man `localhost` oder `http://127.0.0.1` eingeben.

13 **Welches Betriebssystem muss auf dem Schreibtischcomputer laufen?**

Das Betriebssystem auf dem Schreibtischcomputer spielt keine Rolle solange es dafür einen Webbrowser und ein FTP-Programm gibt, um Drupal installieren und konfigurieren zu können.

14 **Welche Anforderungen muss das Webhosting erfüllen, damit Drupal darauf läuft?**

Das Webhosting muss folgende Funktionen zur Verfügung stellen, damit man Drupal darauf installieren kann:

- Apache (Webserver)
- PHP (Skriptsprache)
- MySQL (Datenbank)

15 Welche Informationen benötigt man zur Konfiguration des Datenbankzuganges?

Zur Konfiguration des Datenbankzuganges benötigt man folgende Informationen:

- Servername
- Benutzername
- Passwort
- Datenbankname

16 Welche Webbrowser gibt es?

Das Angebot an Webbrowsern ist sehr groß, die bekanntesten sind:

- Firefox / Mozilla
- Internet Explorer
- Opera
- Safari

Ü2 Übungen zu Kapitel L2

1 **Was versteht man unter einem Account?**

Ein Account ist das Benutzerkonto eines registrierten Nutzers bei einer Website.

2 **Sind in Drupal alle Accounts gleich?**

Nein, über allgemeine Einstellungen und Rollen kann der Administrator unterschiedlichen Nutzern bzw. Gruppen fein abgestufte Möglichkeiten einräumen.

3 **Welches Programm kann bei der Verwaltung einer MySQL-Datenbank sehr nützlich sein?**

Wenn man nicht die SQL-Konsole verwenden möchte oder kann, leistet das Tool *phpMyAdmin* sehr gute Dienste. Es zeigt außerdem jeweils den verwendeten SQL-Befehl an und bietet ferner einen entsprechenden PHP-Code-Schnipsel zur eigenen Programmierung.

4 **Wie kann man eine SQL-Datenbank einrichten?**

Wenn man einen Server verwendet, muss vor der Installation eine Datenbank angelegt werden. Dies kann man mit *phpMyAdmin* erledigen.

5 **Auf welcher Website erhält man den jeweils aktuellen Entwicklungsstand von Drupal?**

Die jeweils aktuelle Version von Drupal findet man auf der Drupal-Homepage *www.drupal.org*.

6 **Gibt es auch eine deutsche Version von Drupal?**

Mit Hilfe von Sprachpaketen kann man Drupal nach der Installation auf viele weitere Sprachen umstellen. Eine von Anfang an eingedeutschte Version findet man bei *www.drupalcenter.de*.

7 **Welches Programm benötigt man zum Download des Installationsarchivs?**

Für einen Download benötigt man in der Regel kein besonderes Programm, weil dies der Browser erledigt. Zum Auspacken des Archivs ist ein sog. *Zipper* empfehlenswert.

8 **Welches Programm benötigt man zum Upload der Installationsdateien?**

Für den Upload benötigt man ein *FTP-Programm*, z. B. WinSCP.

9 **Wie ruft man einen lokalen Server im Browser auf?**

Um den lokalen Server aufzurufen (z. B. XAMPP), gibt man `localhost` oder http://127.0.0.1 in die URL ein. Damit wird das Verzeichnis *htdocs* des Servers angezeigt. Befindet sich dort eine Datei mit dem Namen *index.htm* (*index.html*, *index.php*), wird sie automatisch geladen und angezeigt.

10 **Wozu dient das Tabellen-Präfix?**

Das Tabellen-Präfix wird *allen* Tabellen einer Installation vorangestellt. Damit kann man sie bei mehrfacher Nutzung *einer* MySQL-Datenbank von anderen Programmen abgrenzen und Drupal mehrfach installieren (mit unterschiedlichem Präfix für unterschiedliche Versionen oder mehrere Projekte).

11 Welche Informationen benötigt man zur Konfiguration des MySQL-Datenbankzugangs?

Um die Datenbank nutzen zu können, benötigt man folgende Angaben:

- Servername
- Benutzername
- Passwort
- Datenbankname

12 Welche Sicherheitsmaßnahme sollte man zum Abschluss der Installation durchführen?

Wenn die Installation erfolgreich durchgeführt wurde und Drupal einwandfrei startet, sollte man unnötige Schreibrechte deaktivieren (nach Vorgabe von Drupal).

13 Was versteht man unter einer Beta-Version?

Eine Beta-Version ist die Vorversion einer Software, die einem größeren Benutzerkreis zur Erprobung zur Verfügung gestellt wird. In der Regel folgt darauf ein *Release Candidate* und schließlich die erste offizielle Veröffentlichung (*Stable*).

Ü3 Übungen zu Kapitel L3

1 Was ist der Unterschied zwischen Frontend und Backend?

Als *Frontend* bezeichnet man die „normale“ Website, wie der Surfer sie zu sehen bekommt. Das *Backend* ist dagegen der Administrationsbereich, der nur dem Administrator zur Verfügung steht.

2 Welchen Status haben Sie während Sie Drupal installieren bzw. konfigurieren?

Wenn man Drupal neu installiert, ist man automatisch Administrator #1 mit umfassenden Rechten. Neue Nutzer, die sich am Frontend anmelden, werden „registrierte Nutzer“ laut Standardeinstellung. Der Status kann durch den Administrator geändert werden, vorzugsweise durch Zuweisung einer „Rolle“.

3 Wie gelangt man als Administrator ins Backend?

Bei Drupal gibt es keine strenge Trennung zwischen Frontend und Backend. Nach der Anmeldung als Administrator stehen in der normalen Navigation einfach zusätzliche Funktionen zur Verfügung.

4 Kann man „Frontend“ und „Backend“ trotzdem optisch unterscheiden?

Ja, man kann zusätzlich ein *Administrator*-Theme angeben (aus den vorhandenen Themes).

5 Wie nennt man die Steuerungszentrale von Drupal?

Die Steuerungsfunktionen erreicht man über den Menüpunkt „Administer“.

6 Wozu dient *Menu settings* bei der Funktion *Create content*?

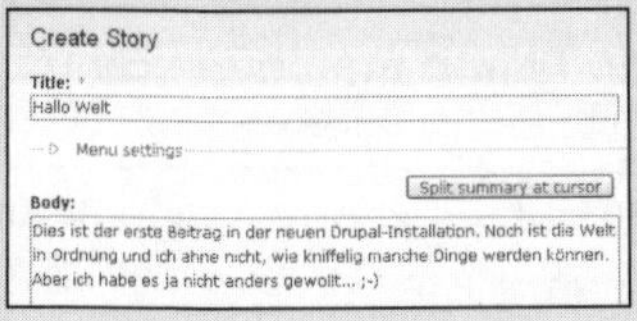

Über *Menu settings* kann man einen neuen Beitrag in die Navigationsstruktur einbinden.

7 Wo kann man weitere Funktionen finden?

Umfangreiche Funktionen oder Module teilen sich auf mehrere Formulare in den Bereichen *Site configuration* und *Site building* usw. auf. Innerhalb der Formulare gibt es Ausklappbereiche oder Zusätze wie *Add* und *Configure*.

8 Wo kann man seinen User-Namen ändern?

Den eigenen User-Namen kann man unter *My account* ändern.

Ü4 Übungen zu Kapitel L4

1 Über welche Funktion kann man neue Beiträge schreiben?

Als angemeldeter Benutzer kann man unter *Create content* neue Beiträge beginnen.

2 Gibt es nur eine Art von Beitrag?

Nein, die Art und Anzahl der Beiträge (Inhaltstypen) kann durch Module und eigene Definitionen praktisch beliebig erweitert werden.

3 Was sind überhaupt „Inhaltstypen“?

In Drupal wird nicht einfach eine neue Seite angelegt, sondern man kann sie aus einer Kategorie wählen, beispielsweise Blog-Eintrag, Buch, Album usw. – das nennt man abstrakt *Inhaltstypen*. Man kann diese als fortgeschrittener Nutzer selbst definieren.

4 Was ist ein RSS-Feed?

Über einen RSS-Feed kann man die (neuen) Beiträge einer Website abonnieren, ohne die Seite aufrufen zu müssen. Drupal kann einen solchen RSS-Feed zur Verfügung stellen.

5 Erscheinen neue Beiträge automatisch in der Menü-Leiste?

Nein, Einträge müssen unter *Menu settings* definiert werden.

6 Sind unterschiedliche Menüeinträge möglich?

Ja, grundsätzlich wird zwischen *primary* ❶, *secondary* ❷ und *navigation* ❸ unterschieden, wobei zusätzlich noch eine Verschachtelung möglich ist. Die Navigationslinks erscheinen an unterschiedlichen Stellen im Layout.

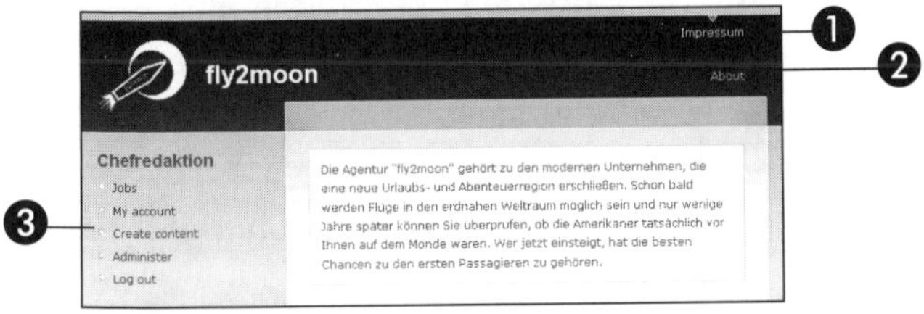

7 Wozu dienen Module?

Module steuern die Funktionen in Drupal. Die wichtigsten werden als *Core* installiert. Darüber hinaus kann man beliebige Funktionen über Module hinzufügen. In anderen Programmen spricht man in diesem Zusammenhang auch von Plugins.

8 Wozu dient das Administrator-Theme?

Mit der optionalen Auswahl eines Administrator-Themes kann man das Backend kenntlich machen.

9 Wie viele Sprachen kann man in Drupal gleichzeitig verwenden?

Man kann alle Sprachen, für die ein Sprachpaket zur Verfügung steht, gleichzeitig verwenden. Neben einer allgemeinen Vorgabe für beispielsweise „Deutsch“ kann jeder Nutzer im Profil auch eine andere Sprache einstellen.

10 Was versteht man unter „Clean URLs“?

Clean URLs sollen die Suchmaschinenfreundlichkeit erhöhen, indem statt kryptischer Links wie *q=node/18* „sprechende“ Konstruktionen wie *hallo-welt-beitrag.htm* verwendet werden.

11 **Stehen Clean URLs auf jedem System zur Verfügung?**

Die Funktion steht leider nicht generell zur Verfügung, weil bestimmte Funktionen durch den Hoster freigegeben sein müssen (z. B. *mod_rewrite*).

12 **Kann man eigene Fehlerseiten einstellen?**

Ja, im *Error reporting* kann man beliebige Seiten für die Fehler 403 und 404 einstellen.

13 **Welches Problem verbirgt sich hinter Fehler 403?**

Zugriff verweigert (Access denied)

14 **Welches Problem verbirgt sich hinter Fehler 404?**

Seite nicht gefunden (Page not found)

15 **Wozu dient die Funktion *Site maintenance*?**

Mit *Site maintenance* kann man normalen Surfern eine Wartungsseite anzeigen lassen, wenn man als Administrator Umstellungen an der Website vornimmt.

16 **Wo kann man die persönlichen Einstellungen vornehmen?**

Bei *User profile* kann man persönliche Einstellungen vornehmen. Der Umfang hängt allerdings davon ab, was der Administrator freigeschaltet hat (z. B. eigenes Theme, Sprache usw.).

17 **Kann man sich selbst als Nutzer registrieren?**

Ja, man kann sich selbst als Nutzer registrieren. Der Status wechselt dann von *anonymous user* zu *authenticated user*.

18 **Haben „Rollen“ in Drupal etwas mit Schauspielerei zutun?**

In Rollen werden Nutzungsrechte für Gruppen zusammengefasst, die dann einem Profil zugeordnet werden können. Wird die Rolle geändert, passen sich die Rechte aller damit verbundenen User an.

19 **Wozu dient der *Status report*?**

Im *Status report* werden Fehler und Empfehlungen angezeigt. Zum Beispiel wenn auf Grund fehlender Schreibrechte ein Verzeichnis nicht angelegt werden kann (Fehler, muss sofort behoben werden), Updates vorhanden sind (Empfehlung, sollte aus Sicherheitsgründen gemacht werden) oder ein Cron-Lauf durchgeführt werden sollte (Empfehlung zur Funktionalität).

Ü5 Übungen zu Kapitel L5

1 **Wie kann man Texte in Drupal gestalten?**

Um Texte zu gestalten, kann man entweder HTML-Tags verwenden oder über ein Modul einen Editor integrieren, der die Textauszeichnungen wie in einer kleinen Textverarbeitung über Icons zur Verfügung stellt.

2 **Was muss man bei aufwendigen Formatierungen in Drupal beachten?**

Um alle Funktionen nutzen zu können, muss man das *Input format* von *Filtered HTML* auf *Full HTML* umstellen.

3 **Welche Probleme kann es im Browser geben, wenn man im FCK-Editor einen Text eingibt?**

Damit der Texteditor die umfangreichen Funktionen einer Textverarbeitung zur Verfügung stellen kann, verwendet er *JavaScript* – das dazu im Browser aktiviert sein muss. Weil für einige Funktionen ein zusätzliches Einstellfenster geöffnet wird, müssen Popups erlaubt werden. Dazu muss man einen Popup-Blocker (gegen Werbefenster) nicht gleich deaktivieren, sondern nur die eigene Website in die Ausnahmeliste aufnehmen.

4 **Welche Editoren kann man in Drupal einbinden?**

FCK-Editor und TinyMCE sind die bekanntesten und bieten die meisten Funktionen. Es gibt aber eine Vielzahl kleinerer Projekte, die dann auch einfacher zu bedienen sind.

5 **Wie kann man einen sehr langen Artikel in Drupal gliedern?**

Lange Artikel kann man mit *Split summary at cursor* aufteilen.

6 **Wie kann man Bilder in Drupal einbinden?**

Ohne zusätzliche Installationen kann man Bilder über das <img>-Tag einbinden. Etwas mehr Komfort bieten zusätzliche Module wie *image*, *IMCE* oder *Image Assist*.

7 **Wie führt man „copy & paste" praktisch durch?**

Als „copy & paste" bezeichnet man die Übernahme von Inhalten, die man an einer Stelle kopiert (*copy*) und an anderer Stelle „einklebt" (*paste*). Praktisch geht das beispielsweise über die Zwischenablage (Klemmbrett) mit den praktischen Tastenkombinationen [Strg]+[C] (kopieren) und [Strg]+[↓] (einfügen).

8 **Kann man Drupal auch auf Deutsch umstellen?**

Ja, sofern ein Sprachpaket verfügbar ist, kann man Drupal neben Deutsch auch auf viele andere Sprachen umstellen. Dies ist unter *Administer* | *Site configuration* | *Languages* möglich.

9 **Welche Möglichkeiten hat man, englische Texte zu übersetzen?**

Neben einem klassischen Wörterbuch gibt es Online-Wörterbücher wie beispielsweise *leo.org* oder *Babelfish*. Darüber hinaus kann man die Google-Toolbar einbinden, die Wörter direkt übersetzt als Tooltipp anzeigt.

10 **Wie stellt man die deutsche Schreibweise für Datum/Uhrzeit ein?**

Bei *Administer* | *Site configuration* | *Date and Time* kann man im Abschnitt *Formatting* fertige Schreibweisen übernehmen oder über "Custom" ein eigenes Format definieren.

11 Wie kann man die deutsche Schreibweise mit einem Punkt einstellen?

Über *Custom format* muss man als Platzhalter die Folge `d.m.Y – H.i` eingeben.

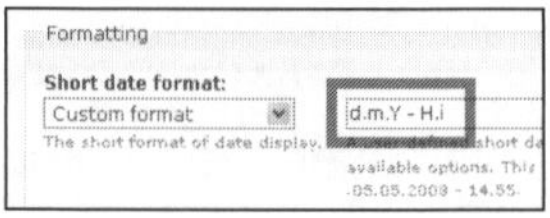

12 Wie kann man ein Backup der Website machen?

Ein Backup muss zwei Schritte umfassen:

1. Sichern der Daten vom Webspace/Server via FTP (Installationsverzeichnis)
2. Sichern der MySQL-Datenbank, beispielsweise als *Dump*.

Ü6 Übungen zu Kapitel L6

1 Wer oder was ist das wichtigste an einer Website?

Der Leser. Vor, während und nach der Entwicklung sollte man seine Zielgruppe definieren und die Aktivitäten daraufhin überprüfen.

2 Welche Arbeitstechnik kann bei der Planung einer Website nützlich sein?

Brainstorming kann nützlich sein, weil dabei erst einmal alle Ideen gesammelt und noch nicht bewertet werden.

3 Welche weitere bekannte Technik kann man der Strukturierung der Informationen helfen?

Mindmapping hilft, Ideen thematisch sortiert aufzuzeichnen.

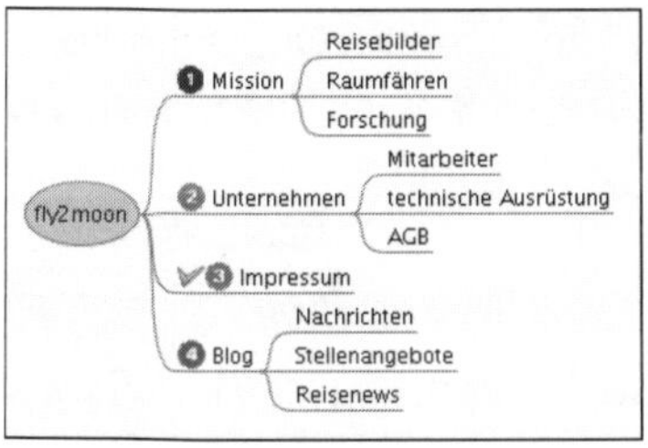

4 Welche Programme könnte man unterstützend bei der Planung einer Website einsetzen?

Man könnte folgende Programme bei der Planung einsetzen:

- *FreeMind* oder *Mindmeister* (online) zur Erstellung einer Mindmap
- *Gantt-Project* oder *OpenWorkBench* für einen Projektplan

5 **Auf welche Seite eines Internetauftritts legen Bürokraten besonderen Wert?**

- Bürokraten legen besonderen Wert auf das *Impressum*. Fehlende Angaben oder komplette Abwesenheit kann zu Abmahnungen führen und rückt den Webmaster in die Nähe krimineller Machenschaften. (Aber Sie wissen ja: Das dient alles nur der Terrorbekämpfung – und Sie sind doch nicht etwa dagegen?)

6 **Was sollte man bei der Auswahl von Farben für die Website beachten?**

Die Farben sollten harmonisch zusammenpassen (→Komplementärfarben), aber auch kontrastreich sein, damit Funktionsbereiche, Texte, Bedienelemente usw. gut erkennbar bleiben (→Barrierefreiheit).

7 **Ist „Website" ein Tippfehler von „Webseite"?**

Nein, dies ist kein Tippfehler. Im Deutschen bezeichnet man als *Webseite* meist eine einzelne Seite, während *Website* den Internetauftritt als ganzes meint.

8 **Was bedeutet die Abkürzung PHP?**

Die Abkürzung steht ursprünglich für ***P**ersonal **H**ome**P**age Tools*, wurde später zu ***PHP H**ypertext **P**rocessor* (und damit sogar außerdem rekursiv).

9 **Welche Programme können bei der Farbauswahl behilflich sein?**

Folgende Programme könnte hilfreich sein: Der *Color Calculator* hilft bei der Auswahl von Farben. Das Programm *Anry Color Picker* ermöglicht das Auslesen beliebiger Farbpunkte auf dem Bildschirm, so dass man Farbwerte konsequent umsetzen kann.

10 Was versteht man unter Corporate Design?

Als *Corporate Design* bezeichnet man ein unternehmensweit einheitliches Erscheinungsbild. Dabei sollen nicht nur die Seiten eines Internetauftritts einem Konzept folgen, sondern darüber hinaus auch andere Medien eines Unternehmens wie beispielsweise Briefbögen oder Visitenkarten.

11 Was unterscheidet einen Radiobutton von einer Checkbox?

Ein Radiobutton stellt sicher, dass aus einer Optionenliste nur *eine* Möglichkeit ausgewählt werden kann (eine vorher gewählte „springt heraus“ wie bei alten Radios üblich). Eine *Checkbox* erlaubt dagegen durch „Ankreuzen“ die Auswahl mehrerer Möglichkeiten gleichzeitig.

12 Warum lohnt es sich, trotz DSL auf die Größe von Bilddateien zu achten?

Auch wenn man selbst schnelles DSL verwendet, sollte man an Nutzer von Modems und ISDN denken. Außerdem sind per GSM angebundene mobile Geräte ebenfalls nicht besonders schnell und brechen den Download sehr großer Bilddateien auch gern mal ab. Und: Egal wie schnell eine Verbindung ist, eine kleinere Datei lässt sich noch schneller laden. Außerdem erzeugen kleinere Dateien weniger Traffic, den man unter Umständen sonst zusätzlich zahlen müsste.

13 Was bedeutet SEO?

SEO steht für *Search Engine Optimization* und bedeutet Suchmaschinen-Optimierung. Informationen dazu finden Sie bei *http://de.wikipedia.org/wiki/SEO*.

14 Kennen Sie die „Hommingberger Gepardenforelle“?

Bei der *Hommingberger Gepardenforelle* handelt es sich um ein SEO-Experiment (*http://de.wikipedia.org/wiki/Hommingberger_Gepardenforelle*).

15 Was ist FAQ?

FAQ steht für *Frequently Asked Questions*, also häufig gestellte Fragen. In einer Frage-Antwort-Liste werden Fragen, Probleme und Antworten bzw. mögliche Lösungen zusammengefasst.

16 Welche Fehler sollte man vermeiden?

Man sollte auf folgende Fehler verzichten:

- „under construction“ – eine Website ist immer *under construction*, leere Seiten sollte man aber ebenso vermeiden wie Zappelbildchen mit Bauarbeitern.
- „last update“ – ein Hinweis auf den Veröffentlichungsstand ist gut, wird aber zum Eigentor, wenn daraus erkenntlich wird, wie lange sich nichts mehr getan hat (dann lieber ganz darauf verzichten).
- „untitled document“ – erscheint als Text in der Titelzeile des Browsers, wenn man den `<title>`-Tag nicht ordentlich ausfüllt.

Ü7 Übungen zu Kapitel L7

1 Wozu dient *Cron*?

Mit *Cron* kann man auf einem Server zeitgesteuert Aufgaben durchführen. Diese Funktion steht aus Sicherheitsgründen nicht immer zur Verfügung.

2 Wie kann man Cron behelfsweise ersetzen?

Wenn ein echter Cron via Unix/Linux auf dem Server nicht zur Verfügung steht, simuliert das gleichnamige Modul *poormans-cron* einen Cron-Lauf. Alternativ kann man auch einen Webdienst beauftragen, der ähnlich vorgeht. Bei kleineren Drupal-Projekten kann man die mit Cron verbundenen Aufgaben auch manuell auslösen.

3 Wenn während oder nach der Installation Zugriffsrechte beanstandet werden – wie kann man dies korrigieren?

Man muss auf die entsprechenden Dateien bzw. Verzeichnisse via FTP-Programm zugreifen und über *Eigenschaften* die Rechte anpassen.

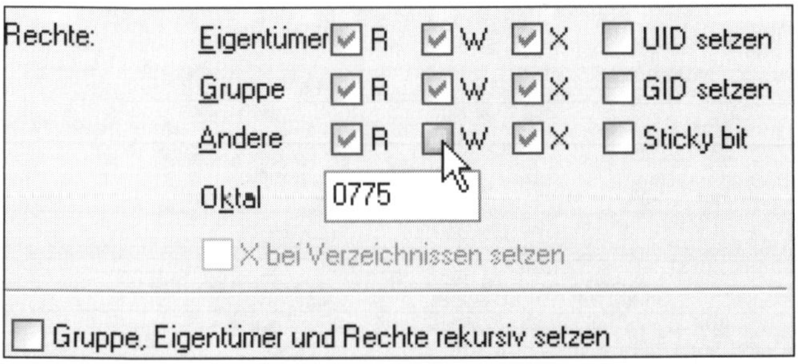

4 **Welches der folgenden Passwörter gilt als sicher?**

1. test
2. Passwort
3. sH6-kLj7698
4. Helga
5. 12356789

Nur Vorschlag Nr. 3 lässt sich durch Erraten schwer knacken – ist aber schlecht zu merken …

6 **Welche Empfehlung gibt es, Passwörter sicher und merkbar zu machen?**

Es wird empfohlen die Anfangsbuchstaben von Merksätzen zu verwenden, beispielsweise wird „**h**erein **w**enn **e**s **k**ein **S**chneider **i**st“ zum Passwort „hwekSi“.

Teil III: Anwenden

A1 Anwenden – Praxisbeispiel

Das Kapitel „Anwenden“ ist keine Wiederholung des Lernen-Teils mit anderen Worten. Hier geht es vielmehr darum von der *Sache* ausgehend das Gelernte anzuwenden: Wozu soll die Website dienen, wie erreicht man dieses Ziel? Was muss man bedenken, wo kann man noch optimieren? Die einzelnen hier genannten Themen dienen gewissermaßen der Inspiration. Hier geht es um die *Umsetzung eines konkreten Projektes* – vielleicht erst zu Übungswecken oder doch schon für einen ernsthaften Einsatz. Während in Teil I noch relativ abstrakt die Installation von Drupal sowie exemplarisch in wichtige Funktionen eingeführt wurde, soll jetzt der umgekehrte Weg gegangen werden: Wie soll die Website aussehen, welche Funktionen soll sie bieten – wie kann man das mit Drupal umsetzen? Gemäß dem Sprichwort „Es ist noch kein Meister vom Himmel gefallen“ sollte man gerade beim Einstieg in ein Thema nicht gleich ein perfektes Ergebnis erwarten – und (um gleich noch eine Weisheit zum Besten zu geben) man muss in der Regel „Lehrgeld bezahlen“.

So ist die *Planung der Website* in vielen Büchern ein ungeliebtes Kapitel, weil eine leicht bedienbare grafische Oberfläche eine gründliche Vorbereitung überflüssig erscheinen lässt. Aber gerade, *weil* es viele Möglichkeiten gibt und diese per Mausklick installiert werden können, sollte man dies mit zumindest einem Minimum an Planung angehen.

Darüber hinaus werden Sie feststellen, dass sich Anspruch und Möglichkeiten gegenseitig beeinflussen: Zuerst setzt man um, was man laut Planung haben möchte. Dann stellt man aber fest, dass Drupal noch ganz andere tolle Möglichkeiten bietet – und dann experimentiert man anschließend auch damit. Ist das Experiment erfolgreich, kann es sein, dass man das gesamte bisherige Konzept in Frage stellt. Beispiel: Gerade wer schon mit „statischem HTML“ Erfahrungen gesammelt hat (also konventioneller „händischer“ Programmierung einer Website), wird sich sicherlich viele Gedanken zur Menüstruktur und der dahinter stehenden Verlinkung machen. Durch den praktischen Umgang mit Drupal wird man vielleicht erstmals Erfahrungen mit Verschlagwortung (*Tags*) bzw. *Taxonomy* machen und die Vorteile der dynamisch generierten Gliederung schätzen lernen.

TIPP

Bevor man eine „echte" Website aufsetzt, die „live" im Internet zu sehen ist, sollte man auf einem Test-System erste Erfahrungen sammeln: Das bezieht sich einerseits auf die rein technische Abwicklung, andererseits auf die Erprobung der vielen tollen Möglichkeiten, die sich durch den Einsatz von zusätzlichen Modulen ergeben. Lesen Sie dazu ggf. im Kapitel L2 „Installation" nach, wie man einen lokalen Testserver einsetzt. Arbeiten Sie anschließend den Teil „Anwenden" mit Blick auf das geplante Projekt durch. Nichts ist schlimmer, als ein von Anfang an durch Tests und Ausprobieren „vergurktes" System.

Neben Drupal im engeren Sinne, wie es im Abschnitt „Lernen" vorgestellt wird, berücksichtigt dieser Abschnitt auch Programme, die bei Planung oder Optimierung helfen können, z. B. beim Erstellen eines *Favicons*. Selbstverständlich lernen Sie auch Tipps und Tricks kennen, wie man die Website optimieren kann.

Operation: fly2moon

Man kann eine komplexe Software wie Drupal kaum abstrakt erlernen, sondern muss sich einarbeiten und Erfahrungen sammeln. Das geht am besten, indem man ein Projekt umsetzt: entweder ein kleines reales oder ein fiktives. Reale Projekte haben den Vorteil, dass man dort eher auf die vielen kleinen Probleme des Alltags trifft. Um nicht gleich ins Schwimmen zu geraten, sollte man das Ziel auch nicht zu hoch stecken. Kalkulieren Sie für den Anfang 3 bis 5 Einzelseiten bzw. Themenbereiche.

Als roter Faden dient in diesem nicht perfekten Beispiel die Reiseagentur „fly2moon“, die Urlaubsreisen zum Mond anbieten möchte. So bekommt man auch ein Gefühl dafür, wo an ganz unerwarteter Stelle Dinge schieflaufen können oder wie aufwendig manchmal an Details getüftelt werden muss.

Offline-Planung der Website

- Ziel der Website
- Technische Anforderungen
- Inhaltliche Anforderungen
- Planung dies zu erreichen
- Kostenplanung

Ziel der Website

Die Agentur "fly2moon" gehört zu den modernen Unternehmen, die eine neue Urlaubs- und Abenteuerregion erschließen. Schon bald werden Flüge in den erdnahen Weltraum möglich sein und nur wenige Jahre später können Sie überprüfen, ob die Amerikaner tatsächlich vor Ihnen auf dem Mond waren. Wer jetzt einsteigt, hat die besten Chancen, zu den ersten Passagieren zu gehören.

Diese Website informiert über das Unternehmen, deren Mitarbeiter und die Planungen für die nächsten Jahre. Dazu werden Artikel und Bilder zur Verfügung gestellt, an Hand derer sich der Besucher über „fly2moon“ informieren kann. Aktuellste Informationen erscheinen in einem Blog.

Technische Anforderungen

Die Website soll auf Drupal 6 basieren. Als technische Voraussetzung wird Webspace bzw. ein Webserver benötigt, der über die Skriptsprache PHP sowie eine MySQL-Datenbank verfügt.

Da mit der Bestellung eines Webpaketes meist auch die Registrierung einer Domäne verbunden ist, werden potentielle Namen mit einem Domain-Checker überprüft (z. B. bei *http://www.oberlehrer.de/?p=650*).

Zur weiteren Vorbereitung werden jeweils die neuesten Versionen von Drupal selbst sowie bereits fest eingeplante Module und Erweiterungen bereit gestellt (beispielsweise der FCK-Editor oder das *Image*-Modul).

Natürlich muss auch ein Logo her. Das ist meist eine aufwendige Angelegenheit. Vielleicht reicht auch hier erstmal eine Skizze, damit man sich nicht an einer Stelle festbeisst. Oft gilt ja auch für ein Logo das Motto „je einfacher, desto besser". Das Beispiel der folgenden Abbildung ist in einer Viertelstunde mit *CorelDRAW* entstanden. Auf Grund der einfachen Form ist es eine gute Grundlage für weitere Entwicklungen wie beispielsweise ein *Favicon*.

Abb. A1.1: Zu einer schicken Website gehört auch ein prägnantes Logo

TIPP

Achtung: Verwenden Sie keine Logos u. ä. von anderen Webseiten, auch wenn copy & paste verführerisch einfach ist. Nicht nur bei berühmten Marken bestehen Urheberrechte, die Ärger einbringen können. Auch bei „kostenlosem Download" besteht nicht unbedingt eine Garantie der freien Verwendbarkeit.

Inhaltliche Anforderungen

Der grobe Aufbau der Website sieht folgendermaßen aus:

- Mission (feste Seite): Kurze Beschreibung des Unternehmens und der Ziele.
- Unternehmen (feste Seite): Ausführliche Vorstellung des Unternehmens, der Mitarbeiter und Technik sowie bisheriger Erfolge.
- Impressum (feste Seite): Pflichtangabe für die Bürokratie.
- Blog (*dynamischer* Teil): Meldungen über den Fortgang der Entwicklung, ggf. Stellenausschreibungen oder erste Angebote für Ungeduldige.

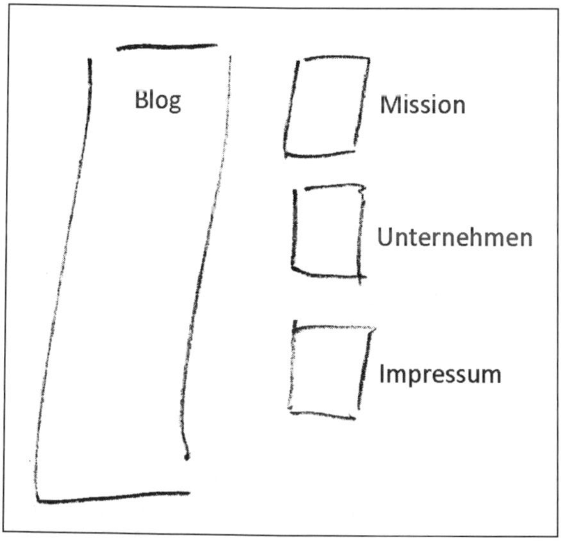

Abb. A1.2: Eine minimale Skizze hilft die Gedanken zu sortieren und eine Todo-Liste zu erstellen

Wenn man nicht zu Papier und Bleistift greifen möchte, gibt es natürlich auch Software, die behilflich sein kann. Dabei muss man inzwischen nicht mehr alles auf dem heimischen PC installieren (z. B. FreeMind), sondern kann immer öfter auch auf

Webanwendungen zurückgreifen. Die sind quasi auf Knopfdruck verfügbar und heben auch die Unterscheidung zwischen Windows, Mac und Linux auf.

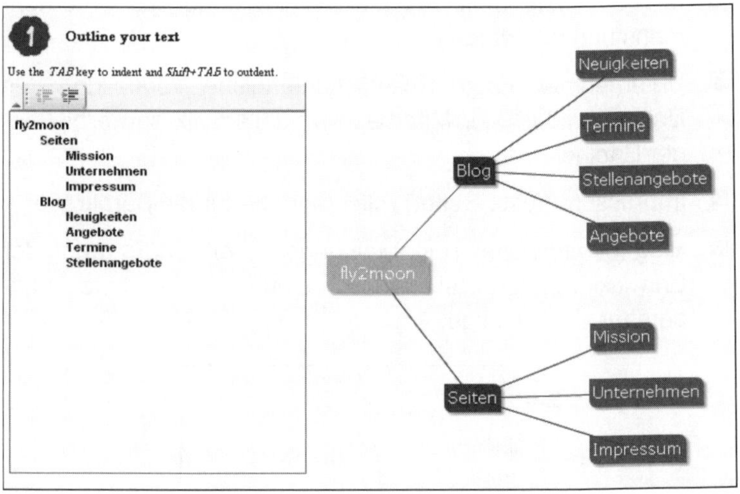

Abb. A1.3: Mit *Text2Mindmap* kann man schnell eine Gedankenskizze erzeugen

Selbstverständlich gibt es dazu eine Menge Websites, weshalb an dieser Stelle eine etwas ungewöhnliche Variante genannt werden soll. Der Online-Variante *Text2Mindmap* (*http://www.text2mindmap.com/*) liegt ein Konzept zu Grunde, das die schnelle und einfache Eingabe auch sehr vieler Stichwörter ermöglicht: Statt aufwendig gleich die Grafik interaktiv zu erstellen, was oft sehr viele Zwischenschritte erfordert, gibt man in einem Textfeld die Punkte durch *Tabs* hierarchisch geordnet ein. *Convert to Mind Map* startet im Rahmen einer kleinen Animation dann die Erzeugung der Mindmap. Da dabei mit dem Platz nicht gerade sparsam umgegangen wird, hat man über die Funktion *freeze* die Möglichkeit, manuelle Korrekturen in der Anordnung der Elemente vorzunehmen. Abschließend kann man die Grafik als JPG-Bild herunterladen (Achtung, eventuell Popup-Blocker dazu abschalten).

Drupal einrichten

- Download
- Installation
- Konfiguration
- Module
- Themes
- User

Nicht gleich beim Start unnötige Kompromisse eingehen: Laden Sie sich die neueste Version von der Drupal-Homepage (*drupal.org*). Das ist selbst für Modem-Nutzer kein unlösbares Problem, da die Archive noch immer relativ klein sind: 736 für die aktuelle 5er bzw. 999 Kilobyte für die 6er Version. Selbst wenn es etwas länger dauert, kostet es ja nicht wirklich Geld. Mit einer DSL-Verbindung blinkt das Download-Status-Fenster sogar nur kurz auf.

TIPP

> Wenn Sie bei einem Probelauf auch schon Erfahrungen mit erforderlichen Modulen gesammelt haben, überprüfen Sie auch dort die Autorenseiten nach neuen Versionen. Sie müssen zu der jeweils eingesetzten Drupal-Version passen.

Zur Installation muss das Archiv entpackt werden. Verwenden Sie das im „Lernen"-Teil vorgestellte TUGzip, genügt ein Rechtsklick auf das Archiv. Dort werden dann unterschiedliche Möglichkeiten angeboten. Wenn man sicher ist, dass die Dateien in einem Ordner zusammengefasst sind, reicht ein Klick auf *Entpacke hier*, sonst *Entpacke nach:*, wobei automatisch ein zusätzlicher Ordner angelegt wird.

Abb. A1.4: Bei einem neuen Projekt sollte man immer mit der neuesten Version starten

TIPP

Wenn Sie schon fest Module eingeplant haben, können Sie die Dateien jetzt in die entsprechenden Ordner des entpackten Drupal-Archivs kopieren. So kann man den anschließenden FTP-Upload in einem Rutsch erledigen.

Dateien-Upload

Starten Sie das FTP-Programm und laden Sie den entpackten Ordner zum Server bzw. Webspace. Für den Speicherort gibt es grundsätzlich zwei Möglichkeiten:

1. Der Webspace ist fest für die Drupal-Installation geplant. Dann kopieren Sie die Dateien direkt in das oberste Verzeichnis (Wurzelverzeichnis). So reicht es später zum Aufruf der Webseite nur den Domain-Namen einzutippen (beim ersten Mal Aufruf des Installationsskriptes).
2. Wenn auf dem Speicherplatz bereits eine Webseite existiert oder Sie dort später parallel noch andere Server-Software installieren wollen, sollten die Drupal-Dateien in ein eigenes Verzeichnis kopiert werden, z. B. *drupal*. Wollen Sie später die Website aufrufen, muss man den Domain-Namen um den Ordner-Namen ergänzen, z. B. *[meine_domain]/drupal/*.

> Achten Sie darauf, dass die Skriptdateien nach dem Upload nicht doppelt und dreifach in zusätzlichen Ordnern versteckt sind! Nach der Installation dürfen die Dateien nicht mehr einfach verschoben werden.

TIPP

Wer schon einen Probelauf mit Drupal gemacht hat, kennt die Fehlermeldungen, dass das Verzeichnis *files* fehlt und *sites* gerne Schreibrechte haben möchte. Erledigen Sie das schon jetzt nach dem Upload. Bei WinSCP legt man mit F7 ein Verzeichnis an, mit F9 kann man die Eigenschaften ändern.

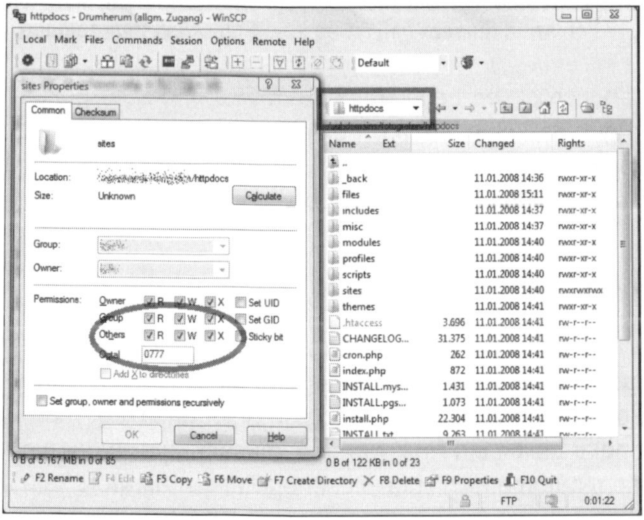

Abb. A1.5: In einigen Fällen müssen Schreibrechte angepasst werden

Installation

Die Installation geht über den Browser. Dort muss man nun einfach die Webseite aufrufen. Hat man ein Unterverzeichnis gewählt, muss man dies zusätzlich hinter dem Domain-Namen angeben. Beim ersten Aufruf der Seite startet automatisch das Installationsskript, später erscheint an dieser Stelle selbstverständlich die Homepage mit Drupal. Sie sollten jetzt Ihren Merkzettel mit den notwendigen Angaben griffbereit haben, dann muss man die Daten einfach nur eintippen und nicht hektisch in den Unterlagen wühlen oder bei der Hotline des Webhosters anrufen.

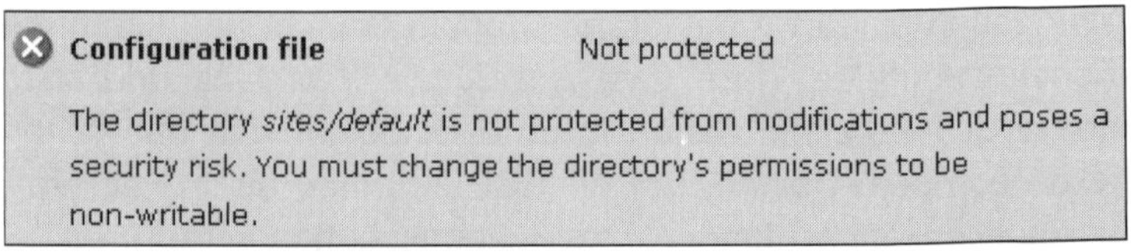

Abb. A1.6: Nicht alle rot unterlegten Hinweise beziehen sich auf Fehler, in diesem Fall ist es eine Sicherheitsempfehlung

Wenn man sich gleich beim Upload um *files* und *sites* gekümmert hat, gibt es keine weitere Fehlermeldung, sondern gleich die Erfolgsmeldung – allerdings mit der Ermahnung, *sites* jetzt wieder die Schreibrechte zu entziehen.

Admin Account und ein paar Kleinigkeiten

Nach der Grundinstallation erscheint der Fahrplan der weiteren Konfiguration. Dort sollte man auf jeden Fall gleich den Admin-Account mit den umfassenden Rechten anlegen. Trägt man in dem Formular gleich ein Passwort ein, muss man sich gar nicht erst mit dem automatisch zugewiesenen Zufallspasswort befassen.

Wenn Sie es noch nicht bei der Installation erledigt haben, holen Sie es jetzt nach:

- Titel (Name) der Website
- Slogan
- Mission
- Footer message

Diese Einstellungen können Sie unter *Administer* | *Site configuration* | *Site information* vornehmen.

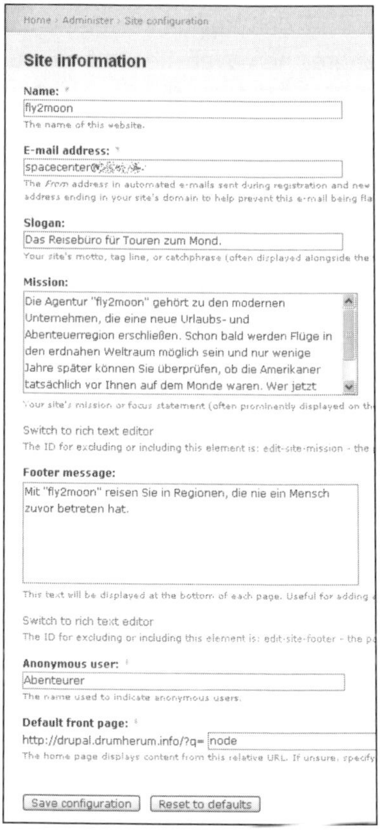

Abb. A1.7: *Site information* mit Grundinformationen zur Website

Sofern notwendig, kann man unter *Administer* | *Site configuration* | *Date and time* noch Datum und Uhrzeit auf deutsche Verhältnisse umstellen. Über das Modul *Locale* lässt sich auch die deutsche Sprache für den *Administer*-Bereich aktivieren (für selbst angelegte Menüs ist dies nicht notwendig).

Navigation

Von konventionellen Webseiten her ist man es gewöhnt, dass man jede Seite über einen Link in der Navigation erreichen kann. Das führt bei sehr umfangreichen Websites schnell zu einer ziemlich unübersichtlichen Navigation, weil oft alles sehr verschachtelt wird. Außerdem ergibt sich häufig ein Ungleichgewicht: Einige Menüpunkte der Navigation haben nur zwei oder drei Unterpunkte, andere zehn oder mehr.

- Mission, Unternehmen und Impressum sind einerseits statische Seiten, andererseits sollen sie auch unmittelbar erreichbar sein – sie sollten also einen eigenen Eintrag in der Navigation bekommen.
- Blog ist der aktuelle Teil der Website, der sich ständig verändert bzw. ergänzt wird und aus vielen (kleinen) Beiträgen besteht. Da es sich in der Regel um aktuelle Mitteilungen handelt, verlieren die Beiträge mit der Zeit an Bedeutung. Also verdient der Blog als solcher zwar einen Menüeintrag, nicht aber jede einzelne Meldung.

Die statischen Seiten wie beispielsweise das Impressum kann man schon während des Schreibens einem Menüpunkt zuordnen. Dazu findet man zwischen *Title* und *Body* den Abschnitt *Menu settings* (siehe Abbildung A1.8).

Title ❶ ist die ganz normale Überschrift, die ruhig über die gesamte Textbreite laufen kann. Erst darunter findet sich in den *Menu settings* die Eingabezeile Menu link title ❷. Dort soll eingetragen werden, wie der *Link* in der Navigation benannt werden soll. Dabei sind erfahrungsgemäß eher kürzere Formulierungen oder einzelne Begriffe gefragt. Dabei kommt es allerdings auch darauf an, welche Art bzw. Position ausgewählt wird. Bei *Parent item* ❸ stehen nämlich prinzipiell mehrere Typen zur Auswahl (siehe Abbildung A1.9).

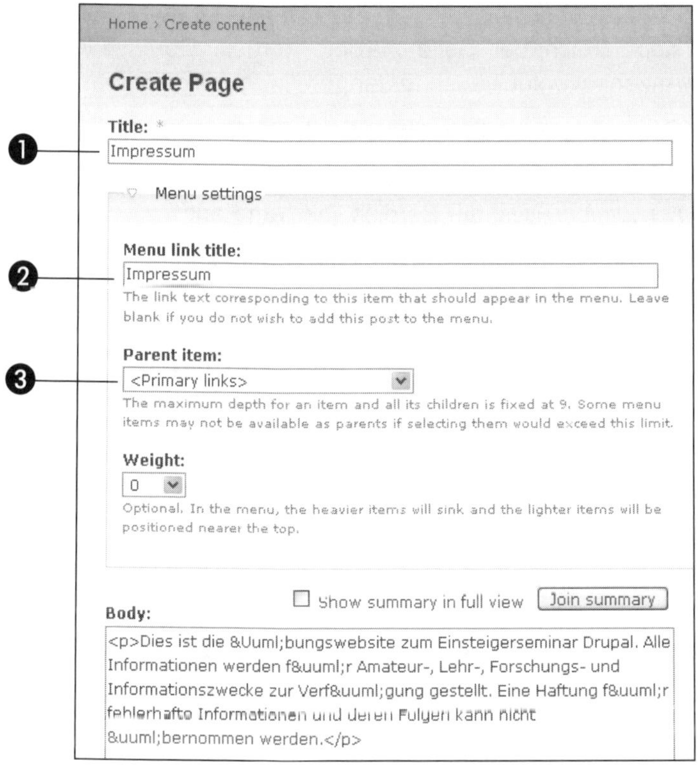

Abb. A1.8: Bei *Menu settings* kann man Beiträge einem Menüpunkt zuordnen

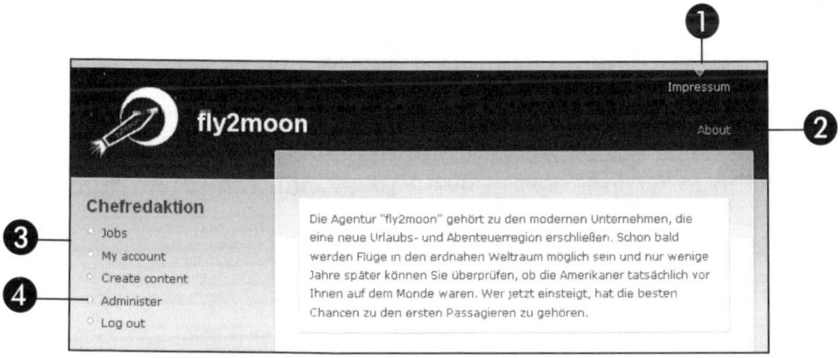

Abb. A1.9: Navigationselemente können grundsätzlich an drei Stellen positioniert werden

- *Primary links* ❶, die im Standardlayout rechts oben im Kopfbereich der Seite plaziert werden. Dort ist je nach Anzahl eventuell auch für längere *Menu link title* Platz.
- *Secondary links* ❷ finden sich ebenfalls im Kopfbereich der Seite.
- *Navigation* ❸ ist der Bereich links am Rand.

Neben dieser grundsätzlichen Einteilung kann man jeweils auch Untergruppen bilden. Dabei erkennt man „normale" Menüpunkte an einem Kreis vor dem Eintrag, Einträge mit Untermenüpunkten an einem kleinen Dreieck ❹ davor. Leider wird zum Ausklappen der Untermenüpunkt noch keine Ajax-Technik verwendet, so dass die Seite dabei neu geladen werden muss.

User Management

Einer der großen Vorteile eines CMS ist Möglichkeit, es mit mehreren Nutzern gleichzeitig nutzen zu können. Drupal bietet dazu umfangreiche Möglichkeiten unter *Administer | User management*. Wer dann auf der Website was tun darf wird dabei nicht unmittelbar im User-Profil festgelegt, sondern über sogenannte *Rollen* gesteuert.

Damit die *Marketing*-Abteilung von *fly2moon* nicht jedesmal die *Chefredaktion* um die Veröffentlichung eines Artikels bitten muss, kann man den Mitarbeitern entsprechende Rechte einräumen. Dabei geht es nicht um „Alles oder Nichts", sondern dies kann sehr genau festgelegt werden. Dazu wird in *Administer | User management | Roles* erstmal eine Rolle *Marketing* eingerichtet. Über *edit permission* kann man dann praktisch sämtliche in Drupal verfügbare Funktionen ein- oder ausschalten.

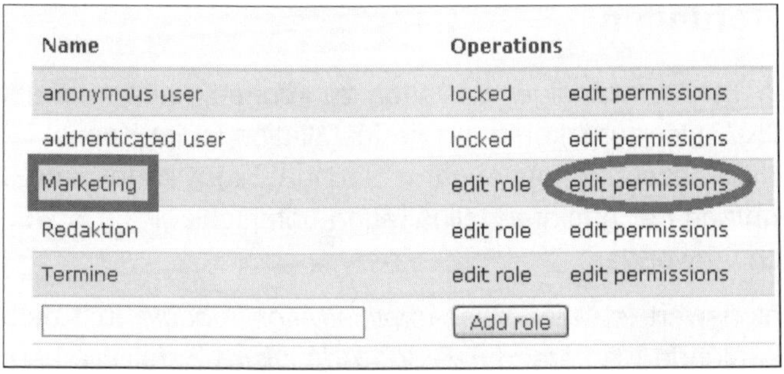

Name	Operations	
anonymous user	locked	edit permissions
authenticated user	locked	edit permissions
Marketing	edit role	edit permissions
Redaktion	edit role	edit permissions
Termine	edit role	edit permissions
	Add role	

Abb. A1.10: In „Rollen" sind Benutzerrechte festgelegt

Da die angezeigte Liste sehr lang sein kann, sollte man sich bei der Definition ruhig Zeit lassen. Doch mit der Definition ist es nicht getan. Im nächsten Schritt wechselt man zu *Administer | User management | Users* und wählt dort den Mitarbeiter der Marketing-Abteilung aus. Über *edit* wechselt man in dessen persönliches Profil, in dem es im unteren Teil einen Abschnitt *Roles* gibt. Dort wählt man dann *Marketing* aus.

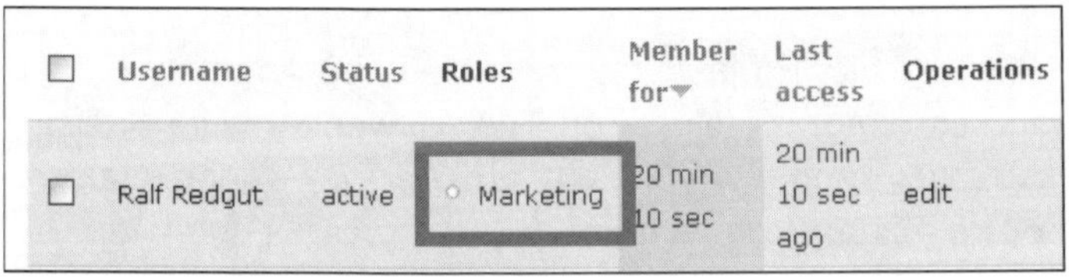

☐	Username	Status	Roles	Member for	Last access	Operations
☐	Ralf Redgut	active	Marketing	20 min 10 sec	20 min 10 sec ago	edit

Abb. A1.11: Eine Rolle kann mehreren Nutzern zugewiesen werden

Dann erklärt sich auch der Vorteil der Rolle: Hat die Marketing-Abteilung mehrere Mitarbeiter, muss man diese Prozedur nicht genauso aufwendig wiederholen. Es genügt nun, für jeden weiteren Mitarbeiter in dessen Profil die Rolle *Marketing* zu aktivieren. Und es ergibt sich noch ein Vorteil: Will man die Befugnisse aller Marketing-Mitarbeiter ändern, muss man dies nur einmal in der Rolle *Marketing* tun.

Erweiterungen

Um den Text aufwändiger gestalten zu können, kann man auf den FCK-Editor zurückgreifen (die Installation ist im Kapitel L2 ausführlich beschrieben). Auch in Sachen Bilder kann man je nach Umfang der geplanten Illustration unterschiedliche Erweiterungen verwenden.

Empfehlenswert ist auch das *Administration module*, mit dem man die elende Klickerei durch den *Administer*-Bereich erheblich abkürzen kann.

Weitere Module

Unter der offiziellen Webadresse für Module (*http://drupal.org/project/Modules*) finden sich Hunderte von Einträgen. Dort kann man gezielt nach Lösungen suchen oder sich inspirieren lassen. Allerdings muss man auf die passenden Versionen achten, denn momentan umfasst das Verzeichnis eine bunte Mischung aller Versionen von Drupal 4 bis 6.

TIPP

Wenn man die Projektseite zu einem bestimmten Modul sucht, kann man oft folgenden Trick anwenden: Die Basisadresse *http://drupal.org/project/* um den jeweiligen Namen ergänzen – zum Beispiel *http://drupal.org/project/gravatar*.

- *Gravatar* (*http://drupal.org/project/gravatar*) ergänzt Beiträge um hinterlegte Bilder oder Logos der Autoren.
- *Iconizer* (*http://drupal.org/project/iconizer*), um (Datei-) Links mit zusätzlichen Icons auszustatten.
- *Job Posting* (*http://drupal.org/project/job_posting*) integriert über einen neuen *Content type* Stellenangebote in die Website.
- *Woopra* (*http://drupal.org/project/woopra*) erstellt Statisten über den Traffic der Website.
- *Printer-friendly Pages* (*http://drupal.org/project/print*) unterstützt eine druckfreundliche Ausgabe und PDF.

Theme

Das Standard-Theme von Drupal ist zwar schön und handwerklich gut gemacht, aber trotzdem möchte man sich nicht gleich auf den ersten Blick als Newbie entlarven lassen. Da aber in den Theme-Sammlungen auf die Schnelle auch kein passendes Weltraum-Motiv zu finden ist, kommt die Eigenschaft *Configure* zum Einsatz. Auf diese Weise bleibt man bei einem einwandfrei funktionierenden Theme, kann aber viele Details den eigenen Anforderungen anpassen. Das entsprechende Formular findet sich unter *Administer* | *Site building* | *Themes*.

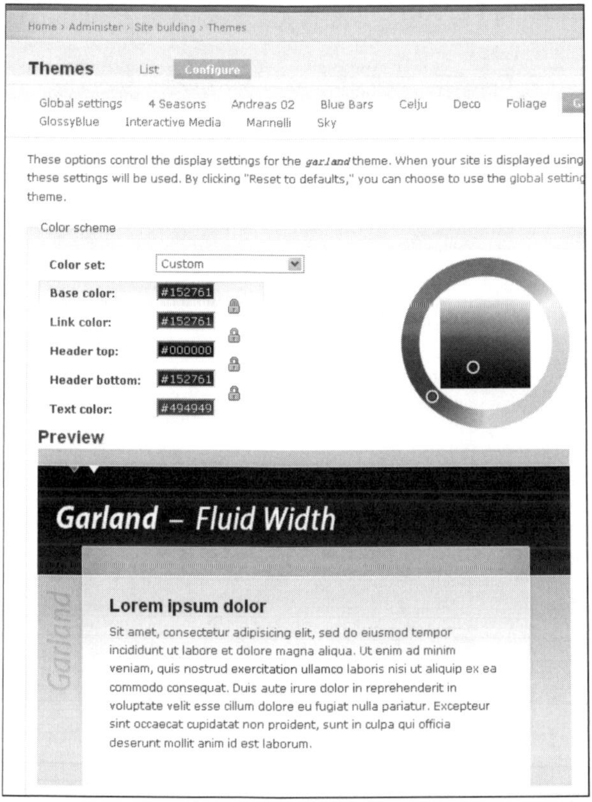

Abb. A1.12: Die Farben kann man vielseitig auswählen

Über das Ausklappmenü *Color set* kann man im Abschnitt *Color scheme* vorbereitete Farbzusammenstellungen auswählen. Da sich kein passendes Set findet, werden die Farben einfach angepasst: Dazu klickt man als erstes in das betreffende Parameterfeld und anschließend in den Farbkreis rechts. Die Vorschau darunter zeigt sofort alle Änderungen an, so dass man dies ganz ohne Hektik interaktiv ausprobieren kann.

Zu einem Weltraumthema passen dunkle Farben wie Schwarz oder Blau, die im Kopfbereich zu einem Verlauf kombiniert werden. Hier könnte das den Übergang zum Weltraum symbolisieren. Möchte man keinen Verlauf, wählt man für beide Positionen einfach dieselbe Farbe.

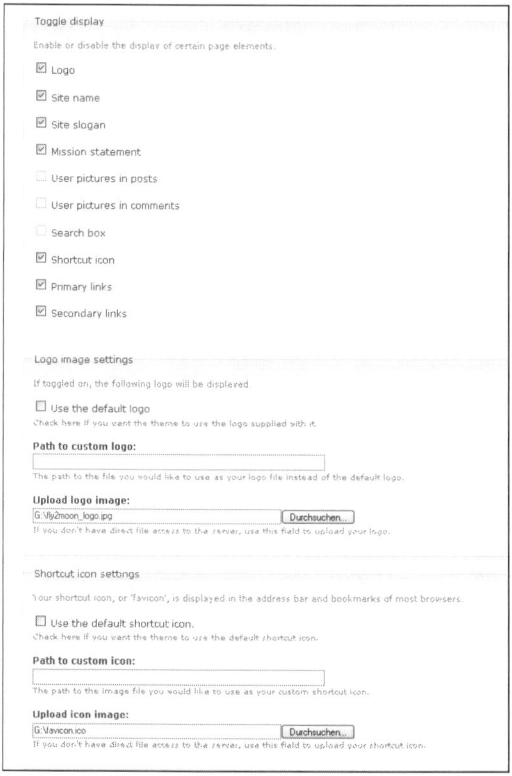

Abb. A1.13: In ausgeklügelten Themes kann man viele Details anpassen

Nach der Farbauswahl muss man im Abschnitt *Toggle display* entscheiden, welche Layout-Elemente angezeigt werden sollen.

> Damit das Logo nicht als viereckiger Klotz mit weißem Hintergrund die Optik stört, kann man folgenden Trick ausprobieren: Der weiße Hintergrund wird im GIF-Bild als *transparent* definiert. Leider fällt dies bei feinen Strukturen relativ pixelig aus. Alternativ kann man dies mit dem PNG-Format testen.

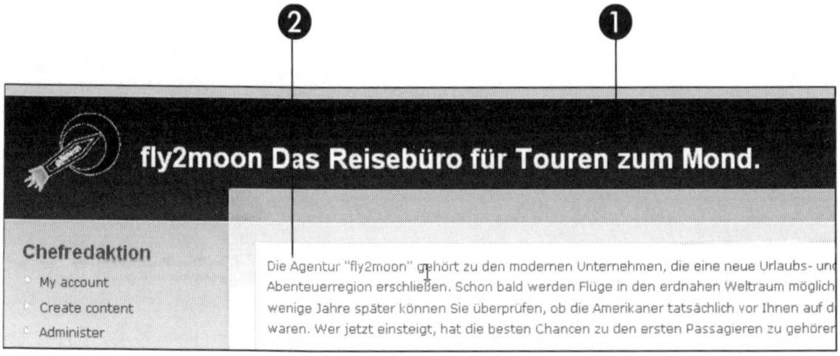

Abb. A1.14: Mit Transparenz kann man ein Bild (fast) nahtlos einbinden

Die Abbildung zeigt das Ergebnis der Layout-Einstellungen aus Abb. A.12: Der Kopfbereich ❶ ist schwarz-blau unterlegt und enthält die drei Komponenten Logo, *Site name* und *Site slogan*. Der Text im Hauptseitenbereich ist kein Blindtext, sondern das ❷ *Mission statement*, das gewissermaßen als „sticky“ Blogeintrag immer ganz oben auf der Seite erscheint. Nicht zu sehen ist der „footer“ mit dem Motto „*Mit fly2moon reisen Sie in Regionen, die nie ein Mensch zuvor betreten hat.*“

Das Logo ist von der Größe und Plazierung her in Ordnung, aber die Transparenz via GIF ist etwas pixelig. Hier sollte noch etwas getan werden … Da aber das Layout und die Farbgebung noch nicht festliegen, wird dies zu einem späteren Zeitpunkt nochmals überarbeitet. Der *Site name* ist ebenfalls gut, aber der *Site slogan* steht nicht wie erwartet kleiner in einer Unterzeile, sondern mit dem Namen/Titel konkurrierend gleich groß daneben – entweder muss man das Layout diesbezüglich selbst anpassen oder diese Anzeige erstmal abschalten. Immerhin gibt es für den Slogan ja noch den *Footer*, der dezent, aber sichtbar am unteren Rand jeder Seite angezeigt wird. Optimierungen am Layout sollten erst vorgenommen werden, wenn die Seite im Testbetrieb ist, da bis dahin sicher noch einige Punkte mehr auf die todo-Liste wandern und man dann eventuell zu einem komplett anderen *Theme* wechselt.

TIPP

Dauerhaft gespeichert werden die hier vorgenommenen Änderungen mit *Save configuration*. Praktischerweise gilt dies dann nicht nur für die Farbeinstellungen, sondern gleichzeitig werden bei Bedarf auch *Logo* und *Shortcut icon* (Favicon) hochgeladen und aktiviert.

Favicon

Zu den Feinheiten eines Webauftritts gehört auch das Favoriten-Icon, das meist links neben der Webadresse erscheint. Bei vielen Browsern wird es auch in den Tabs sowie den Lesezeichen angezeigt. Es hat also einen hohen Wiedererkennungswert für eine Website. Fast schon schlimmer als *kein* „Favicon" – so der Dateiname – ist ein *falsches*. So erscheint bei vielen Websites, die auf Drupal basieren, auch das Drupal-Logo an dieser Stelle.

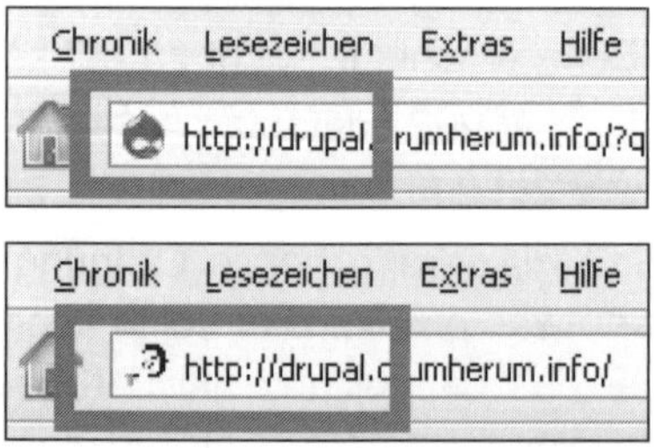

Abb. A1.15: Das Standard-Favicon durch ein eigenes ersetzen

Um mit einigermaßen erträglichem Arbeitsaufwand ein Favicon zu entwickeln, gibt es zwei grundsätzliche Ansätze: Man kann einfach einen (verkleinerten) Bildausschnitt von einem geeignetem Foto oder einer Grafik verwenden und es im Icon-Format *ico* speichern. Dies ist mit wenigen Mausklicks mit Irfanview möglich, oder man verwende dazu einen Online-Generator. Mit dem Favicon-Generator (*http://www.antifavicon.com/*) kann man einfache Logos aus Text und Farben zusammenklicken. Wenn man etwas Zeit mitbringt, kann man ein Symbol aber auch Punkt für Punkt zusammensetzen, wobei die Arbeitsfläche in der Regel 16 x 16 Pixel groß ist (*http://www.favicon.cc/*).

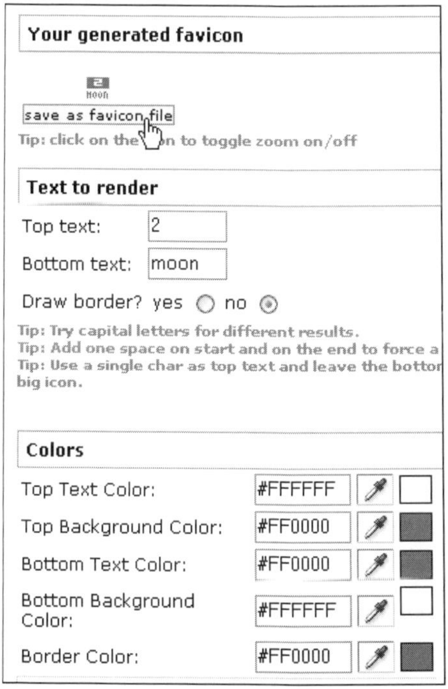

Abb. A1.16: Einfache Favicons kann man auch auf die Schnelle online kreieren

Obwohl die Möglichkeiten dieses Online-Generators arg eingeschränkt sind, kann man mit etwas Fantasie doch eine Menge passender Favicons herausholen. In diesem Fall muss man sich nur auf 2 mal 4 Buchstaben beschränken können und geschickt mit den Farben spielen.

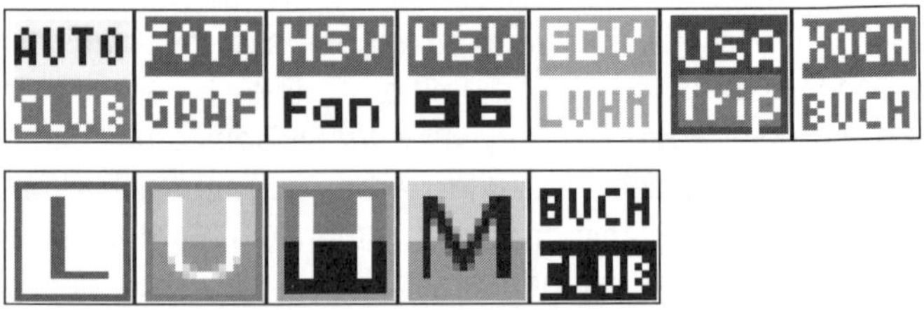

Abb. A1.17: Mit etwas Fantasie kann man auch mit einfachen Funktionen respektable Favicons erzeugen

TIPP

Weitere Informationen zum Thema Favicon online finden Sie im Beitrag „Workshop: Favicon selbst gemacht" (*http://www.oberlehrer.de/?p=1022*). Dort finden Sie ein Programm zur pixelweisen Erstellung und einen Konverter für Bildausschnitte.

Laufender Betrieb

- Optimierungen
- Reporting
- Spam
- Impressum
- Weiterführende Informationen
- Nutzergruppen

Optimierungen

Auf Grund der Annahme, dass man sowieso nie im ersten Versuch gleich ein perfektes Ergebnis bekommt, werden viele Dinge erstmal nur „angetippt". Wenn alles einigermaßen funktioniert, kann man in einem weiteren Durchlauf nach und nach Fehler beseitigen und anderes verbessern. Und der Geschmack ändert sich auch noch.

Logo optimieren

Nochmal zurück zum Logo. Wenn man ein unregelmäßiges geformtes Bild verwenden möchte, hat man immer Probleme mit dem Übergang zum Hintergrund. Der Trick mit der Transparenz ist eigentlich der richtige Weg, aber die Vorlage passt noch nicht. Deshalb wird das sowieso schon fast schwarzweiße Logo (bis auf den Düsenstrahl) tatsächlich *schwarzweiß*. Das Ziel ist ein weißes Logo auf *transparentem* Hintergrund, so dass der schwarz-blaue Verlauf des Kopfbereiches sichtbar bleibt.

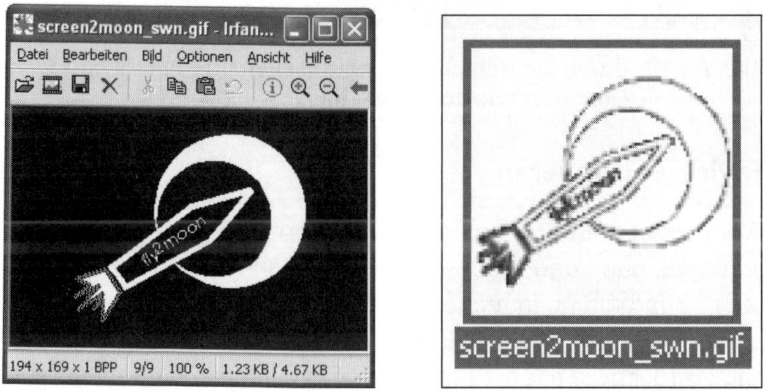

Abb. A1.18: Das Logo wird durch Reduzierung der Farben noch weiter vereinfacht

Zu einer Bildbearbeitung dieser Art reichen Knowhow und der vielseitige Bildbetrachter Irfanview. Dort kann man unter *Bild | Farbtiefe reduzieren...* aus einem RGB-Bild mit 24 Bit Farbtiefe (die Vorlage) ein echtes – und anschließend hoffentlich unproblematisches – Schwarzweißbild mit 1 Bit Farbtiefe machen. Wenn man dabei das *Dithering* wie in der Checkbox vorgegeben aktiviert lässt, kann sich das Ergebnis durchaus sehen lassen. Um die grafische Wirkung zu unterstützen, wird es jetzt noch in ein Negativ umgewandelt. Abschließend wird beim Speichern als *GIF* die Transparenz auf *Schwarz* gelegt (sprich: *schwarze* Bildteile werden später *durchsichtig*). Das Vorschaubild sieht dann zwar ein wenig merkwürdig aus, das Ergebnis im Kopfbereich der Website ist nun aber schon ganz ordentlich. Sicherlich ist das Logo ein Punkt, den man von Zeit zu Zeit immer weiter optimieren wird.

Abb. A1.19: Durch die Betonung des grafischen Charakters wirkt das Logo jetzt wie aus einem Guss

Favicon optimieren

Wenn man weiß was es sein soll, kann man in dem *Favicon* durchaus das Logo wiedererkennen. Doch durch die „automatische" Bearbeitung im ersten Versuch sind die feinen Linien verloren gegangen und das Ergebnis ist nicht überzeugend. Deshalb wird im zweiten Anlauf das Favicon auf Grundlage des bereits überarbeiteten Logos von Hand angepasst: Erst Umwandlung in Schwarzweiß (darauf achten, dass dort keine wesentlichen Bildteile verschwinden), dann Reduzierung der Bildgröße auf 32 x 32 Pixel.

Abb. A1.20: Die Umwandlung zu Schwarzweiß und die Größenkorrektur erhöhen die Erkennbarkeit des Favicons (links) gegenüber der ersten Version (rechts)

Ein Favicon funktioniert nur als Favicon, wenn es *favicon.ico* heißt. Damit man bei der Vorbereitung mit mehreren Varianten experimentieren kann, kann man den Dateinamen und prinzipiell auch Dateityp und Größe frei wählen. Beim Hochladen im *Configuration*-Formular wird es automatisch umgewandelt.

TIPP

Bilder optimieren

Seit sich DSL sogar in normalen Haushalten findet, ist bei der Entwicklung von Websites eine Tugend aus alten Tagen verloren gegangen: Optimierung auf Geschwindigkeit durch geringe Datenmengen. Auf der anderen Seite sind gerade mit den beliebten Digitalfotos sehr große Datenmengen verbunden. Eine E-Mail mit einem Dutzend angehängter Bilder je 3 Megabyte kann eine Internet-Verbindung per Modem oder mobiler Nutzung via Mobiltelefon über lange Zeit blockieren. Auch bei umfangreichen Illustrationen oder gar ganzen Fotoalben auf einer Website wird kaum auf die Datenmenge geachtet. Dabei werden die Bilder zwar oft klein dargestellt, sind in der dahinter stehenden Datenmenge allerdings nicht wirklich reduziert. Als Konsequenz dauert der Seitenaufbau solcher Webseite unnötig lange (was den Besucher verärgert), auf der anderen Seite entsteht so ein gigantischer Traffic (den der Webmaster bezahlen muss).

Als verantwortungsvoller und kostenbewusster Webmaster stellen Sie folgende Abwägung an: 1) Entweder sollen die in einem Fotoalbum bzw. in einer Galerie hinterlegten Bilder auch als Druckarchiv dienen und müssen deshalb auch in hoher Qualität mit allen Konsequenzen gespeichert und verwaltet werden. 2) Oder die Bilder sind ausschließlich für die Website gedacht und können deshalb in Auflösung und Größe entsprechend angepasst werden.

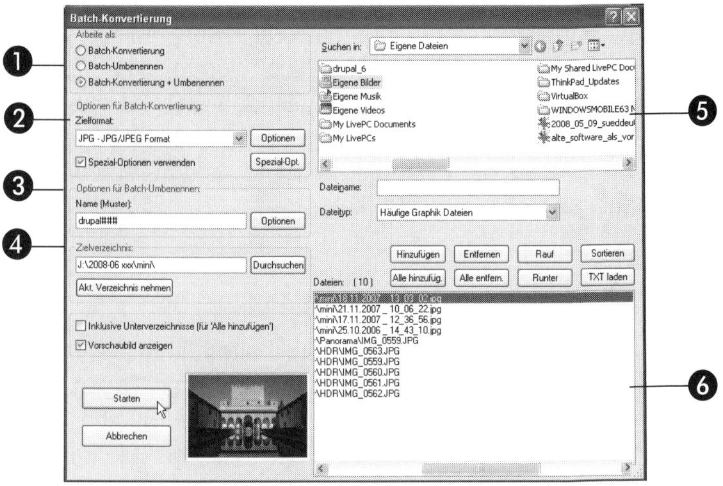

Abb. A1.21: Per Batch-Konvertierung lassen sich Bilder auf ein einheitliches Format bringen

In dem Bildbetrachter Irfanview gibt es die Funktion *Batch-Konvertierung*. Dort kann man alle Bilder in einem Rutsch webtauglich machen, also die Größe und Komprimierung aller Bilder ändern. Dies könnte man zwar auch in Drupal direkt erledigen, aber nicht ganz so einfach und gleichzeitig vielseitig.

❶ *Batch-Konvertierung* ermöglicht das Umwandeln aller markierten Bilder, wobei *Umbenennen* gleichzeitig noch den Dateinamen vereinheitlichen kann.

❷ Beim Zielformat kann man beispielsweise TIF-Bilder hoher Qualität in kleinere JPG-Dateien umwandeln. Dabei stehen alle Dateitypen zur Auswahl, die Irfanview auch sonst unterstützt. Unter Spezial-Optionen können Bilder zusätzlich bearbeitet werden: Größenänderung, Schärfen, Rahmen usw. Für die reine Internetnutzung sind Bilder der Größe 640 x 480 oder maximal 800 x 600 Pixel und einer JPG-Komprimierung von 70 vollkommen ausreichend.

❸ *Muster* für's Umbenennen: Dabei gibt man nicht einfach nur einen Namen vor, sondern auch eine Nummerierung. Bei Digitalfotos können z. T. auch EXIF-Daten in den Dateinamen übernommen werden, z. B. Datum oder Belichtungszeit. Durch den einheitlichen Namen ist die Zusammengehörigkeit besser erkennbar und man vermeidet Verwechselungen.

❹ Das *Zielverzeichnis* sammelt alle Bilder aus dem Batch-Vorgang, so dass man sie anschließend leicht weiterverarbeiten kann.

❺ Im Dateiauswahlfenster kann man Bilder auf dem ganzen Computer zusammen sammeln, die per Klick in die Liste ❻ übernommen werden.

Farben optimieren

Wer sich an die Anpassung oder Eigenentwicklung eines Themes macht, sollte die Farben nicht nach dem Zufallsprinzip auswählen. Neben einer harmonischen, schönen Darstellung spielt hier auch das Schlagwort „barrierefrei" hinein. Neben allgemeiner Literatur zur Farbenlehre kann man dazu Tools verwenden.

Mit *Colorpic* (*http://www.iconico.com/colorpic/*) kann man die Farbwerte von Bildschirmpunkten auslesen und verwalten. Dies ist praktisch, wenn man mit unterschiedlichen Programmen arbeitet oder einen Farbwert aus einem Foto übernehmen möchte. Im „Lernen"-Teil ist als Alternative das Programm *Anry Color Picker* genannt.

Wenn man noch unentschlossen ist, kann man das Farbschema auch aus einem Foto ableiten. Dazu kann man beispielsweise den *Palette Generator von Big Huge Labs* verwenden (*http://bighugelabs.com/flickr/colors.php*). Dazu lädt man ein für die Website wichtiges Foto in den Generator, der daraus eine Farbpalette erstellt. Die Farben werden mit Namen bzw. hexadezimaler Codierung angezeigt, so dass man sie exakt weiterverwenden kann.

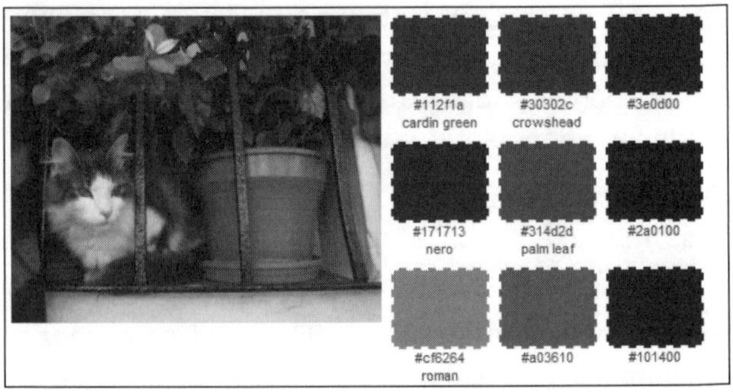

Abb. A1.22: Eine Farbpalette kann man auch aus einem Foto ableiten

Geht es bei den oben genannten Tools um „schöne Farben", hat der *Color schemes generator 2* von Wellstyled.com eine andere Ausrichtung (*http://wellstyled.com/tools/colorscheme2/index-en.html*). Es sind nicht nur die berüchtigten Farbkombinationen hellrote Schrift auf dunkelrotem Grund, die Webseiten schlecht lesbar machen. Es gibt Farbsehschwächen, die darüber hinaus manche Farbkombination schlecht erkennbar macht. Dieses Tool simuliert auch einige der Sehschwächen.

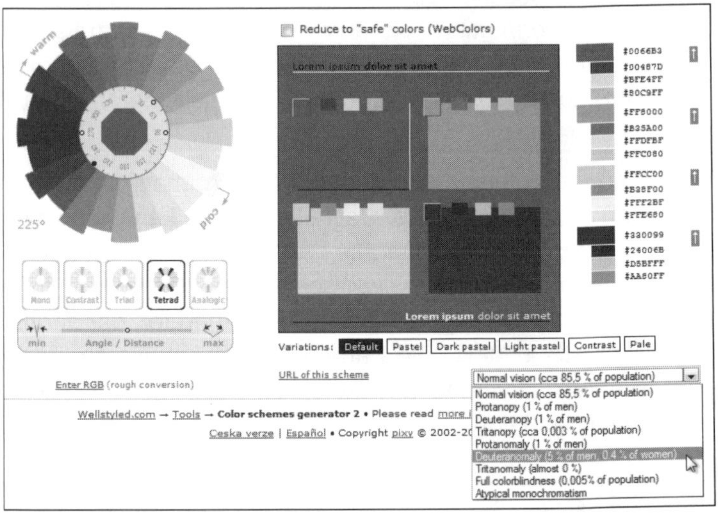

Abb. A1.23: Manche Farbkombinationen lassen sich besonders schlecht unterscheiden

Website optimieren SEO

Das Thema SEO (Search Engine Optimization) lässt sich selbstverständlich nicht in einem Absatz abhaken, es soll an dieser Stelle eher als „Erinnerung“ dienen. Die Suchmaschinenoptimierung dient dazu, dass eine Website gut gefunden wird. Dabei spielen einerseits die technische Umsetzung der Website (hier primär über Drupal) und andererseits die Inhalte eine Rolle.

Das Modul *SEO Checklist* (englisch, *http://drupal.org/project/seo_checklist*) ist leider (noch) nicht für Drupal 6 verfügbar. Als Ansatzpunkt könnte man statt dessen die Aufstellung *SEO Module für Drupal* (deutsch, *http://www.pebosi.net/seo-module-fuer-drupal*) verwenden. Die dort genannten Module beeinflussen die Stellschrauben für bestimmte Funktionen, sind allerdings keine 1-Klick-Aktion. Auch bei *Webmaster Tips* gibt es im Beitrag „Basic Drupal SEO: On-site Optimization“ (englisch, *http://tips.webdesign10.com/basic-drupal-seo-on-site-optimization*) Infos bzw. ein ganzes „Handbuch“ zu diesem Thema.

Doch neben der Technik spielen auch die Inhalte eine wichtige Rolle. So sollte bei den einzelnen Beiträgen einiges berücksichtigt werden:

- sinnvolle, beschreibende Überschriften,
- gut strukturierter Text,
- hohe Aktivität, beispielsweise täglich oder mindestens wöchentlich eine Veröffentlichung.

TIPP

Calishain/Dornfest „Google Hacks – 100 Insider-Tricks & Tools“ befasst sich speziell mit dem Platzhirschen Google. Das Buch „Website Boosting“ von Mario Fischer berücksichtigt neben der Suchmaschinenoptimierung auch die Themen Usability und Webseiten-Marketing.

Reporting

Reporting erschreckt den Webmaster gelegentlich mit rot unterlegten Hinweisen. Nicht immer sind es Fehler die zu einem Stillstand der Website führen. Oft verbergen sich dahinter nützliche Hinweise. Wenn die Website einigermaßen stabil läuft, sollte man sich mit der Optimierung in diesen Bereichen auseinander setzen.

Fehlerseite 404

Der Fehler 404 steht für „Seite nicht gefunden". Dies passiert, wenn man eine Webadresse falsch eintippt oder die Seite irgendwo fehlerhaft verlinkt ist. Es kann aber auch mit veralteten Suchergebnissen zusammen hängen, wenn man beispielsweise zwischenzeitlich die Website umstrukturiert oder auf *Clean URLs* umgestellt hat. Dann laufen die in der Datenbank gespeicherten Links möglicherweise ins Leere. Da dies auch für den Nutzer nicht schön ist und er dies meist mit einem Klick zum nächsten Ergebnis auf einer anderen Website quittiert, sollte man dafür eine spezielle Webseite einrichten.

Statt der Fehlermeldung des Servers oder des Browsers kann man mit Drupal hier eine spezielle Seite einrichten. So kann man den Nutzer darüber aufklären, dass das gesuchte Thema unter dieser URL leider nicht mehr zur Verfügung steht. Statt dessen kann man aber ein Suchformular oder eine Liste verwandter Themen zur Auswahl stellen. Notfalls tut es auch eine kommentierte Navigationsleiste oder eine Sitemap.

Einrichten einer eigenen Fehler-404-Seite

Es gibt zwar von Haus aus eine eigene Fehlerseite für nicht gefundene Seiten, aber sie bietet nur den Standardhinweis. Um eine eigene Fehlerseite zu definieren und zu aktivieren, gehen Sie bitte folgendermaßen vor.

1. Unter *Create content* den Inhaltstyp *Page* wählen, eine Überschrift wählen und ganz nach Belieben den Text schreiben. Weitere Eintragungen sind erstmal nicht nötig. Mit *Save*

abschließen. Auf der folgenden Bestätigungsseite bitte den markierten Teil der URL merken bzw. notieren (meist etwas wie q=node/18).

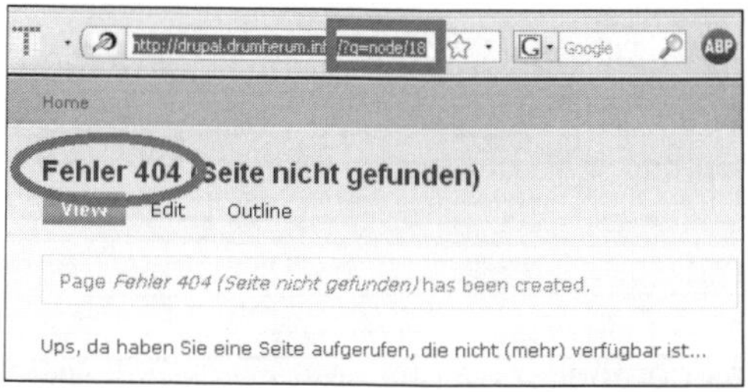

Abb. A1.24: Man kann die Fehler-404-Seite nach eigenem Ermessen gestalten

2 Jetzt zu *Administer | Site configuration | Error reporting* wechseln. Dort im Abschnitt *Default 404 (not found) page* das Eingabefeld entsprechend ergänzen, in diesem Beispiel also node/18. Mit *Save configuration* die Aktion abschließen.

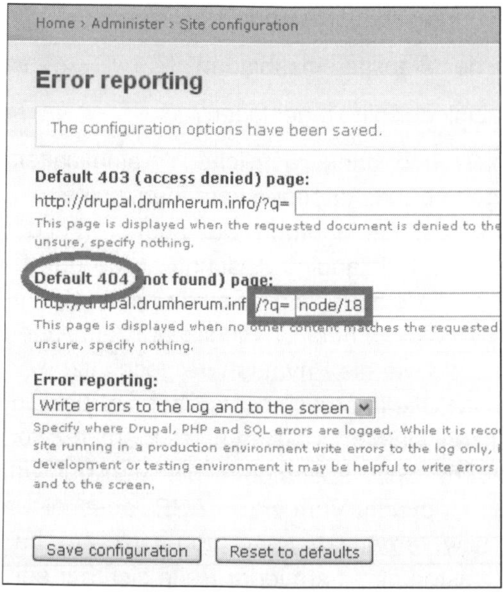

Abb. A1.25: Unter *Error reporting* muss die neue Seite eingetragen werden

Wenn jetzt Ihre Homepage mit einer fehlerhaften URL angesteuert wird, erscheint nicht einfach die Standardmeldung, sondern die soeben angelegte Seite. Je nach Kenntnisstand kann man sie weiter verfeinern.

Ebenso kann man für den Fehler 403 „Zugriff verweigert" (*access denied*) vorgehen. Wie die Abbildung zeigt, handelt es sich um das selbe Formular.

Impressum

In Deutschland ist alles geregelt – ob das dem Fortschritt dienlich ist, sei dahingestellt. Deshalb sei an dieser Stelle auf das Impressum hingewiesen. Zwar sollen private Websites davon ausgenommen sein, aber es gibt abstruse Vorstellungen darüber, wann eine private Website nicht mehr privat ist und man dementsprechend einer Impressums-Pflicht unterliegt. Dabei gibt es im Volk der Vorschriften-für-andere-Erfinder allerdings ein umfangreiches Betätigungsfeld:

- *Was* hat in einem Impressum zu stehen?
- *Wo* hat man es in der Website einzubinden?
- *Wie* hat man den Link dorthin zu gestalten?

Grob zusammengefasst und ohne rechtliche Verbindlichkeit: Wenn keine gewichtigen Gründe dagegen sprechen, sollte man ein Impressum in die Website aufnehmen. Dazu gehören in der Regel der Name und eine vollständige Anschrift sowie ggf. E-Mail und Telefon – ob und wie man sie als Schutz gegen Spam-Roboter („Harvester") als Grafik oder „verschlüsselt" einbinden darf ist umstritten. Ebenso wie die Privatsphäre geschützt werden soll, wenn „Verrückte" die Impressumsangaben zur persönlichen Belästigung nutzen. Dem Impressum sollte man im Zweifelsfalle auch eine eigene Seite spendieren, die man ggf. um erklärende Hinweise, Copyright-Vermerke, AGB oder einen Haftungsausschluss usw. ergänzen kann. Ein Link auf das Impressum sollte am besten direkt auf jeder Seite sichtbar sein und auch so heißen: Impressum.

Sobald man eine eindeutig gewerbliche Seite betreibt – z. B. einen Webshop – ist nicht nur das Impressum Pflicht, sondern auch weitere Angaben zum Unternehmen wie Umsatzsteuer-ID, Geschäftsführung bis hin zum Aufsichtsrat usw. Fragen Sie im Zweifelsfalle bei der IHK nach.

Wenn man nicht gleich einen kostspieligen Berater bezahlen will oder kann, sollte man sich das Impressum einer vergleichbaren bzw. einer anerkannt seriösen Website angucken. Außerdem gibt es im Internet eine Menge Informationsseiten zum Thema Impressum sowie einige Generatoren, mit denen man sich ein Impressum zusammenklicken kann.

Ein Assistent zur Erstellung eines Impressums findet sich beispielsweise bei Digi-Info „Net & Law“ (*http://www.digi-info.de/de/netlaw/webimpressum/index.php*).

Spam, Spam, Spam

Bei E-Mails gehört *Spam* leider schon zum – unerfreulichen – Alltag. Doch auch als Betreiber einer Website muss man sich immer öfter mit dem Thema herumschlagen. Einer der großen Vorteile eines CMS wie Drupal im Gegensatz zu statischem HTML besteht darin, dass man dem Leser die Möglichkeit zur Kommentierung eines Beitrages einräumen und man Beiträge untereinander verknüpfen kann. Leider werden diese Möglichkeiten des Gedankenaustauschs immer öfter missbraucht.

Beleidigungen in Kommentaren und Foren

Wer auf seiner Website das Kommentieren von Artikeln zulässt, kann nicht immer nur lobende Worte oder konstruktive Ergänzungen erwarten. Ob man in einem Beitrag nun ein Produkt besonders gut oder eine Software als nicht so toll bewertet, es besteht immer die Gefahr, dass jemand darauf persönlich oder sogar beleidigend reagiert. Im *Usenet* und in Foren hat sich der Begriff *Trolle* für solche weniger erwünschten Kommentierer eingebürgert. Doch leider geht es oft über „dummes Geschwätz“ hinaus, so dass der Webmaster tätig werden muss.

Ein Webmaster sollte auf jeden Fall die Kommentare auf der Website lesen: Zum einen, weil dort positive Hinweise zu finden sein könnten, auf die man mit Ergänzungen oder Antworten reagieren könnte. Zum anderen, weil dort Beschimpfungen und Beleidigung zu lesen sein könnten, die der Website schaden. Wenn man als Webmaster angegriffen wird, ist das die eine Sache. Wenn allerdings ein Kommentator auf einen anderen Kommentar herabsetzend Bezug nimmt, muss man sehr genau hinsehen. Hier steht dann nicht nur der Ruf der Website auf dem Spiel, sondern der Beleidigte hat eventuell auch Anspruch darauf, dass so ein Kommentar entfernt wird. Diese Gefahr besteht insbesondere bei Foren, wo die Diskussion im Vordergrund steht und es eher zu Kabbeleien zwischen den Teilnehmern kommt als bei der Kommentierung von Artikeln. Dies ist ein heikles Thema, bei dem man die aktuelle Diskussion zwischen *gesundem Menschenverstand*, *Pflicht* und *Zensur* verfolgen sollte. Die Ideale des *Hambacher Festes* geraten dort immer öfter zwischen die Mahlsteine der Bürokratie (*http://www.oberlehrer.de/?p=528*).

Werbung

Eine andere Art von Spam ist *Werbung* in Kommentaren. Bei einem harmlosen Produkt mag es nur ärgerlich sein. Bei zweifelhaften Produkten kann es natürlich wieder negativ auf die Website zurückfallen, weil der Besucher möglicherweise annimmt, dass der Webmaster an dieser unerfreulichen Werbung mitverdient.

TIPP

Google Adsense ist eine beliebte Werbungsvermarktung, bei der die ganz üblen Fälle mit großer Wahrscheinlichkeit nicht vorkommen, man als Webmaster aber keine genaue Kontrolle über die dort eingeblendeten Anzeigen hat. Falls dann in den Textboxen aber doch unerwünschte Produkte auftau-

TIPP

kann man diesem Problem bis zu einem gewissen Grad mit dem Konkurrenzfilter zu Leibe rücken. Dazu muss man sich allerdings die Mühe machen, den jeweiligen Anbieter herauszufinden und in die entsprechende Liste einzutragen. Das ist natürlich nur für eher kleine Websites vernünftig machbar.

Solche Werbe-Kommentare sollte man auch deshalb im Auge behalten und im Zweifelsfall löschen, weil sie in der Regel mit einem Link auf eine andere Website verbunden sind. Der folgende Abschnitt erläutert die Problematik hinsichtlich solcher Links.

Gute Links, böse Links ...

Der (Hyper-) Link entspricht dem *Verweis* in gedruckten Medien, hat aber den Vorteil, dass man per Klick einem Thema durchs gesamte Internet folgen kann. Genau das tun auch Suchmaschinen. Seit Werbung auch im Internet eine wichtige Einnahmequelle geworden ist und die Rentabilität von einer möglichst großen Zahl Besuchern abhängt, werden leider erst Suchmaschinen und dann die fehlgeleiteten Besucher getäuscht.

In der heilen Welt hilft eine Suchmaschine an Hand von Stichwörtern relevante Artikel zu einem Thema zu finden – Werbung zu Potenzpillen ist da meistens nicht so gefragt. Deshalb versuchen „böse“ Webmaster mit einem Potenzpillen-Shop den Suchmaschinen eine andere, schöne und interessante Website vorzugaukeln (z. B. zu kostenlosen Klingeltönen oder lustigen Bildern). Neben manipulierten Texten gehört auch die Anzahl der Links dazu. Denn über Links versuchen Suchmaschinen die *Qualität* einer Seite zu bewerten: Weisen viele Links auf eine Website, nimmt die Suchmaschine erstmal an, dass sie hochwertig sei, weil Links ja normalerweise bewusst von Webmastern anderer Websites auf empfehlenswerte Beiträge gesetzt werden.

Da schlägt dann leider die Kommentar-Funktion zu: Durch Kommentare mit Links kann der „böse“ Webmaster Ihre Site dazu missbrauchen, einen empfehlenden Link auf seine „böse“ Website zu setzen. Das ist doppelt ärgerlich, weil man auf diese Weise unabsichtlich eine „böse“ Website fördert. Neben dem möglichen Imageschaden bei den echten Besuchern Ihrer Website kann man sich dabei aber auch den Ruf seiner eigenen Website bei den Suchmaschinen ruinieren: Fliegt die „böse“ Website irgendwann einmal auf, werden auch alle darauf verweisenden Websites – also auch Ihre mit dem verseuchten Kommentar – in der Qualität und Glaubwürdigkeit zumindest angezweifelt.

TIPP

Wenn man nicht genügend Zeit hat, sich möglichst wöchentlich um eine Website zu kümmern, sollte man wenigstens die Kommentar-Funktion abschalten. Verliert man gar ganz die Lust an seiner Website, sollte man sie vielleicht sogar komplett löschen, um einen Missbrauch zu vermeiden.

Die Kommentierung läuft normalerweise über ein Skript, da man hier nicht mit 10 oder 20 Kommentaren pro Monat, sondern je nach Attraktivität der Seite mit 100 Kommentaren und mehr pro Tag rechnen muss. So genannte Captchas sind Prüfroutinen, die mit schlecht lesbare Zahlencodes oder kleinen Rechenaufgaben beim Kommentieren echte Benutzer von automatischen Skripten zu unterscheiden versuchen. Solche Funktionen kann man bei Drupal per Modul nachrüsten.

Trackback

Eine besondere Variante zum Thema *Links* sind sog. Trackbacks. Über diesen Mechanismus informieren sich Websites (insbesondere Blogs) gegenseitig automatisch, wenn in einem Beitrag ein Link auf eine andere Seite verweist. Als „Dankeschön“ wird meist ebenfalls automatisch ein Link zurück erzeugt. Diese Funktion soll normalerweise interessante und heiß diskutierte Themen über einzelne Webseiten hinweg verknüpfen helfen. Der „böse“ Webmaster nutzt diese Funktion ebenfalls, um Empfehlungen für seine Website zu erzeugen. Dabei braucht er noch nicht einmal ein Skript für Kommentar-Spam und muss sich auch nicht mit Captchas herumschlagen.

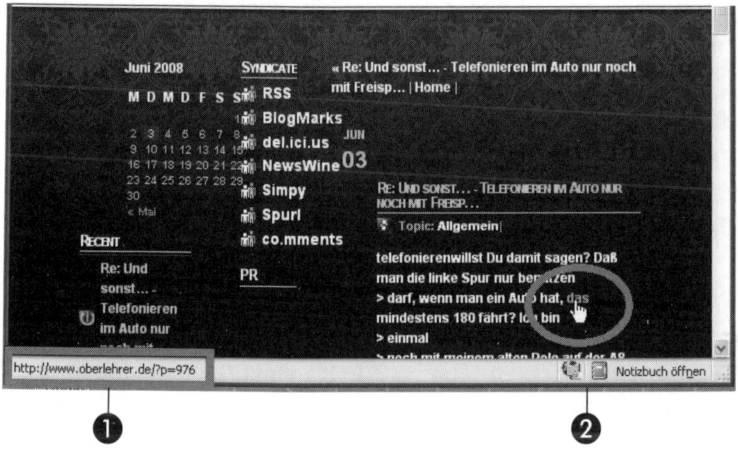

Abb. A1.26: Die Art der Verlinkung ist eher auf Verstecken denn auf Vernetzen angelegt und sollte deshalb misstrauisch bewertet werden

Man sollte also auch Trackbacks daraufhin überprüfen, woher sie kommen und wohin zurück verwiesen wird. Zwar ist es toll, wenn möglichst viele Websites auf die eigene Seite verweisen, wenn dies aber über „böse“ Seiten geschieht, wird es eher zum Eigentor. Im Zweifelsfalle also lieber verzichten und löschen.

Beispiel: Der Webmaster schreibt einen Artikel zu einem Mobiltelefon ❶ und stellt ein paar Tage später fest, dass ein Link aus einem Beitrag mit der Überschrift „Telefonieren im Auto ...“ darauf verweist. Der zugehörige Text befasst sich aber mit Überholmanövern, weder das bestimmte Mobiltelefon noch die eigene Website kommt auf den ersten Blick darin vor, Links sind überhaupt nicht erkennbar ... (blaue Hervorhebung erst bei *Mouseover*, sonst ist der Text weiß). Erst eine Analyse des Quelltextes der betreffenden Website bringt es ans Licht: Lediglich das Wort „das“ ❷ ist auf den Artikel verlinkt. Wohin ein Link führt, zeigt ein Browser in der Regel unten links in der Statuszeile an (muss ggf. im Browser erst eingeschaltet werden).

Ein Link ohne echten Bezug, versteckt (und weitere andere ebenfalls) und das gesamte Erscheinungsbild der Website sind nicht gerade vertrauensfördernd. Entweder hat da jemand den Sinn von Links nicht verstanden oder eben sehr gut verstanden, wie man die „Link-Popularität“ erhöht.

Der Webmaster hat diesen Trackback auf seiner Site gelöscht. Gegen den Link auf der anderen Website kann man leider kaum etwas machen.

Wordpress, Joomla & Co.

Wer sich in Abschnitt „Themes“ In Kapitel L5 bereits mit fertigen Themes befasst hat, wird möglicherweise auf alte Bekannte gestoßen sein: Manches Theme wurde ursprünglich für das CMS Wordpress entwickelt und für Drupal konvertiert (z. B. *Glossy Blue*). Da wundert es auch nicht, dass man Wordpress nicht nur die Themes, sondern auch die Nutzer abspenstig machen möchte. Bei den Modulen findet man beispielsweise eines, dass sich *Wordpress Import* nennt (*http://drupal.org/project/wordpress_ import*) – allerdings ist es in einem „Development snapshot“ für Drupal 5 steckengeblieben, man muss also gelegentlich mal nachschauen, ob sich dort noch etwas tut (oder nach einer Alternative Ausschau halten). Ein anderes Modul ahmt die Art der Kommentierung von Wordpress für Drupal nach (*http://drupal.org/project/wp_comments*).

Einen ähnlichen Ansatz verfolgt auch der Artikel *„Migrate from Wordpress to Drupal (4.7 - 5.x)“* (*http://wp2drupal.teodorani.com/*), der allerdings auf den Beitrag „*Wordpress to Drupal migration utility*“ zurückgeht (*http://www.borber.com/en/projects/wp2drupal*). Die Website nennt sich nicht ohne Grund *CMS Migrator* mit der Unterzeile *„from any CMS to Drupal“*, denn auch auf Joomla hat es die Site es im Beitrag *„Migrate* *from Joomla to Drupal (4.7 - 5.x)*“ abgesehen (*http://joomla2drupal.teodorani.com/*). Da sich diese Beiträge allerdings auf ältere Versionen beziehen, sei dies lediglich als Hintergrundinformation genannt.

Joomla und der ganze Rest ...

Dries Buytaert – Initiator des Projekts – ist auch auf seiner privaten Homepage sehr aktiv in Sachen Drupal. Dort findet man regelmäßig Meldungen, welche Unternehmen ihre Website mit Drupal betreiben. Aber auch Vergleiche zu anderen CMS werden vom Autor persönlich erstellt, wobei er es offenbar auf Joomla abgesehen hat.

Unter „Drupal vs. Joomla: performance“ (*http://buytaert.net/drupal-vs-joomla-performance*) findet man einen Performance-Test. Ferner gibt es einen Vergleich “Drupal vs. Joomla: popularity” auf Grundlage von *Google trends* (englisch, *http://buytaert.net/drupal-vs-joomla-popularity*) oder „Drupal vs. Joomla: hosting costs“ (*http://buytaert.net/drupal-vs-joomla-hosting-costs*).

Der Vergleich „CMS code base comparison“ befasst sich mit Code-Umfang und Dokumentation beliebter CMS wie Drupal, Joomla, Wordpress, und Plone – wobei Buytaert feststellt, dass Drupal mit dem wenigsten Code auskommt, gleichzeitig aber gut dokumentiert ist.

Hilfe, Inspiration, Mitarbeit

Wenn Bücher, Lernvideos und Suchmaschinen nicht mehr weiter helfen, kann ja mal in die Kneipe gehen – dort trifft man immer öfter Gleichgesinnte in *User Groups*, die einem gern weiterhelfen. Dabei geht es nicht immer bierernst zu, so dass man vielleicht auch ganz neue Aspekte entdecken kann.

Drupal.org

Die offizielle Homepage von Drupal hat man ja schon bei der Installation und dem Download zusätzlicher Module kennengelernt (englisch, *http://drupal.org/*). Informationen zu laufenden Projekten erhält man darüber hinaus in der „Groups"-Abteilung (*http://groups.drupal.org/*). Zweimal jährlich gibt es sogar eine Konferenz „Drupalcon". Eine Hitliste der engagiertesten Drupal-Länder findet man unter „Drupal.org country demographics" auf der Homepage des Gründers (*http://buytaert.net/drupalorg-country-demographics*). Dabei liegen die USA mit gut 33 Prozent weit vorne, alle anderen Länder folgen abgeschlagen mit durchschnittlich jeweils 6 bis 2 Prozent.

Drupalcon

Mit Drupal ist man nicht allein. Halbjährlich findet die sog. *Drupalcon* (Drupal Convention, Drupal-Konferenz) statt, wobei der Veranstaltungsort jeweils zwischen Nordamerika und Europa wechselt (englisch, *http://drupalcon.org/*). Darüber hinaus gibt es auch viele lokale UGs (*User Group*).

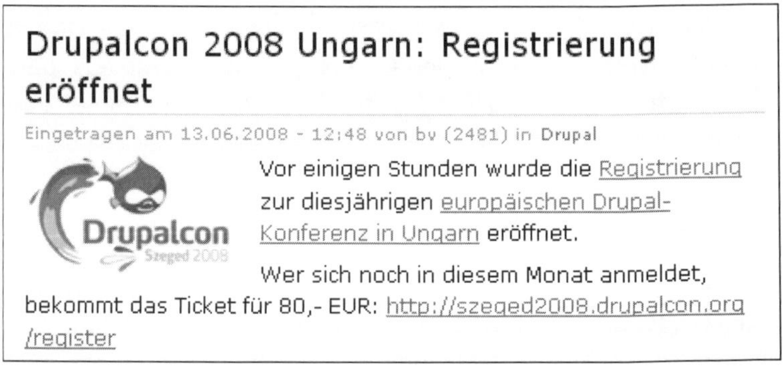

Abb. A1.27: Bei der Drupalcon treffen sich Anwender aus aller Welt

Übersicht der bisherigen Veranstaltungsorte:

- Szeged August 2008
- Boston März 2008
- Barcelona September 2007
- Sunnyvale März 2007
- Brüssel September 2006
- Vancouver Februar 2006
- Amsterdam Oktober 2005
- Antwerpen Februar 2005

Websites

Das bekannteste *deutschsprachige* Portal zu Drupal dürfte *Drupalcenter* sein (deutsch, *http://www.drupalcenter.de/*). Dort gibt es die neuesten Information zu Drupal und Modulen usw. Man findet aber auch Foren, in denen über Probleme, Tricks und Kniffe diskutiert wird und man auch gezielt Fragen stellen kann.

Ein schöner Einzelbeitrag findet sich unter „Drupal im Fokus: Das Drupal Universum", wo viele interessante Fundstellen zu Drupal kurz vorgestellt werden (deutsch, *http://glanznig.com/drupal_im_fokus_das_drupal_universum#comment-135*).

Mastering Drupal ist eine Website, die sich ebenfalls ausschließlich Drupal widmet (englisch, *http://www.masteringdrupal.com/*). Eine andere ebenfalls umfangreiche Website ist Drupal Ace (englisch, *http://www.drupalace.com/*).

Video und Screencasts gibt es bei Zivtech (http://zivtech.com/videos) bzw. dem Spezialbereich Zivtech Video Planet (englisch, *http://zivtech.com/videos/drupal-video-planet*).

Speziell dem Thema Module widmet sich die Website *Drupal Modules* (englisch, *http://drupalmodules.com/*). Das Besondere der Site sind neben ausführlichen Beschreibungen auch Bewertungen, an denen man sich orientieren kann. Hilfreich ist auch die Eingrenzung der Suche auf eine bestimmte Drupal-Version.

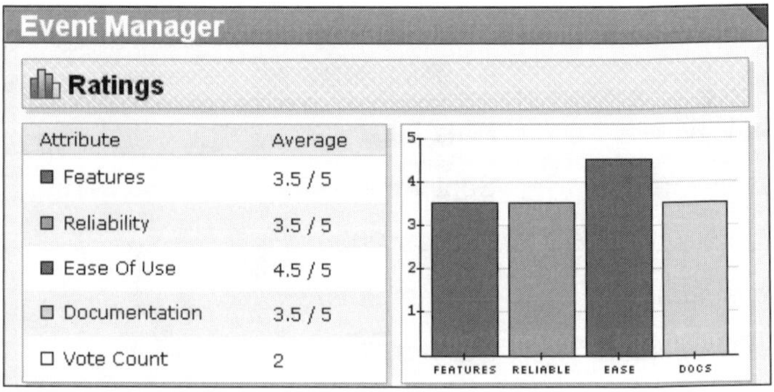

Abb. A1.28: Bei *Drupal Modules* dienen Bewertungen der Orientierung

User Groups

Schon zu Mailbox-Zeiten haben sich Technikinteressierte nicht nur E-Mails geschickt, sondern informelle Treffen organisiert. Diese Treffen nennen sich *User Group* (UG) und stehen in der Regel allen Interessierten offen. Informationen wo und wann solche Treffen stattfinden, findet man beispielsweise bei Drupalcenter und in anderen Drupal- oder Veranstaltungsportalen.

Eine sehr aktive *UG* ist beispielsweise die „Drupal User Group Hannover" (*http://www.dug-hannover.org/*) für die Region Hannover – Braunschweig – Wolfsburg mit monatlichen Treffen in der „Cebit-City".

Kontakte knüpfen

Es hält sich noch immer das gut gepflegte Vorurteil, Computerinteressierte würden nur im stillen Kämmerlein hocken und kontaktscheu sein. Nachdem sich das Internet als Alltagsmedium etabliert hat, passiert genau das Gegenteil: Nie war es leichter, Gleichgesinnte zu finden. Dazu gibt es im Internet eine Unmenge an Plattformen wie beispielsweise:

- *User Groups*, themenspezifische Nutzer-Treffen von Software bis Hobby; Teilnahme kostenlos, offen für jedermann. Wenn es noch keine UG zum gewünschten Thema oder am Ort gibt, kann man selbst eine gründen.
- *Barcamps*, sog. Unkonferenzen bei denen die Zuhörer zu Beginn über die Themen abstimmen oder auch spontan selbst Vorträge halten können; in der Regel sind solche Veranstaltungen zu 100 Prozent von Sponsoren finanziert.
- *Venteria*, Veranstaltungskalender nach Ort oder Art sortiert; Nutzung kostenlos.
- *Mixxt* – hier finden sich viele Projektseiten (Nutzung kostenlos)
- *Pl0gbar*, Treffen für Webinteressierte (offen für jedermann, kostenlos)
- *Webmontag* – ebenfalls mit Schwerpunkt Internet, aber auch Platz für andere Ideen; nach Anmeldung offen für jedermann (Spenden/Mitarbeit erwünscht)
- *Xing*, professionelle Business-Kontakt-Plattform; Grundfunktionen kostenlos, erweiterte Suche usw. gegen Jahresbeitrag.

Die meisten dieser Treffen finden auf private Initiative statt. Dementsprechend hängt der Erfolg auch vom eigenen Engagement ab. „Kostenlos" bezieht sich auf eine eventuelle Teilnahmegebühr, Versorgung vor Ort geschieht dann auf eigene Kosten. Viele Kneipen haben sich inzwischen auf solche Stammtische eingestellt und reservieren gern große Tische oder kleine Räume für solche Treffen.

Glossar

Bei einem deutschsprachigen Buch ist der Autor selbstverständlich um deutsche Begriffe bemüht. Leider gibt es aber in der Welt drumherum eine Menge sog. Anglizismen oder schlicht englischsprachiger Programme. Außerdem kann man sich bei einer internationalen Softwareentwicklung nicht darauf verlassen, daß immer alles komplett eingedeutscht wird, obwohl das Engagement freiwilliger Helfer vieles ermöglicht. Spätestens bei Plugins, Templates und Erweiterungen von anderen Autoren, können ein paar Fach- und Fremdsprachenkenntnisse nicht schaden. Das Glossar erläutert die wichtigsten Begriffe.

Account
(Benutzer-) Konto, z. B. bei einem E-Mail-Postfach oder einem Benutzerkonto bei Drupal.

add
Hinzufügen, teilweise im Sinne von „new“ bzw. „neu“, z. B. für einen neuen Eintrag.

Admin
Administrator, Verwalter, „Manager“; →Backend

Advanced options
Bezeichnen Einstellmöglichkeiten für Extra-Funktionen oder kniffelige Sonderfälle; →Basic options.

Akronym
Ist ein Wort, das aus den Anfangsbuchstaben anderer Wörter oder einer Beschreibung zusammengesetzt ist, z. B. →SQL, →DTP oder →WYSIWYG.

ALT / AltGr
Alternate, primär zur Steuerung von Programmfunktionen ähnlich →STRG, während `Alt. Graphik` Tasten weitere (Sonder-) Zeichen zuweist, z. B. @ oder .

Backend
Administrationsbereich einer Website bei einem CMS

Ballon-Hilfe Bezeichnet eine Sprechblase mit kontextabhängigen Informationen, →Tooltipp

Barrierefreiheit Steht für das Bemühen, eine Webseite so zu gestalten, daß sie auch von Behinderten verwendet werden kann (zum Beispiel für Vorlese-Tool oder Schriftvergrößerung); kommt einer „sauberen" Programmierung und Lesbarkeit auch auf kleinen Systemen zu Gute.

Basic options Stehen in der Regel für Grundeinstellungen, die vorgenommen werden müssen; oft sind schon allgemein übliche Werte vorgegeben oder finden sich in der →Hilfe. →Advanced options

Beta Ist eine Vorabversion eines Programmes, das schon ziemlich gut funktioniert, aber noch nicht fertig gestellt ist; über eine Beta-Version wird interessierten Nutzern die Möglichkeit gegeben, schon mal in das Programm hinein zu schnuppern und auf Fehler aufmerksam zu machen; die nächste Stufe vor der endgültigen Version nennt man →RC.

Binär Ist das →Zahlensystem mit der Basis 2 und den berühmten „1" und „0"; z. B. „1011 0010" für 178.

Blog Wird oft voreilig als (persönliches) „Online-Tagebuch" übersetzt, meint aber eher ein auf die Veröffentlichung von News spezialisiertes →CMS (Meldungen erscheinen in umgekehrt chronologischer Reihenfolge auf der Webseite).

Brainstorming Bezeichnet eine Technik, Ideen und Informationen zu sammeln und zu ordnen.

Broken Link Ist eine *unterbrochene Verknüpfung* zu einer anderen Webseite oder zu einem Element der Website, z. B. einem Bild oder einem Download; Server geben dann →Fehler 404 an. Der →Webmaster kann dafür spezielle Umleitungsseiten einrichten.

Checkbox Erlaubt in einem Formular die *gleichzeitige* Auswahl *mehrerer* Möglichkeiten. →Radiobutton

Clipboard Ist die engl. Bezeichnung für Klemmbrett bzw. →Zwischenablage.

CMS Steht für Content Management System; in der Regel serverbasierte Software zur inhaltlichen Pflege einer Website ohne Programmierkenntnisse des Endanwenders, außerdem Trennung von Inhalten und Design.

CMYK-Farben Cyan (türkis), Magenta (purpur), Yellow (gelb), Key (schwarz), die Grundfarben subtraktiver Farbmischung, z. B. bei Druckverfahren.

Content Inhalte; im allgemeinen, das was der Nutzer selbst in die Website einstellt oder von Besuchern und Mitarbeitern dort hinterlegt wird: Texte, Bilder, Links usw.

Cookie Ist eine kleine Textdatei, die vom Browser auf der Festplatte des Nutzers in einem speziellen Bereich hinterlegt wird. In einem Cookie werden persönliche Informationen gespeichert (z. B. der „Einkaufswagen" in einem Shop-System); ein Cookie kann meist nur von der Website gelesen werden, die es auch angelegt hat.

Corporate Design Bezeichnet ein einheitliches Erscheinungsbild innerhalb der Website, aber auch darüber hinaus wie bei Briefpapier, Visitenkarten usw.

create Anlegen, Erstellen z. B. von Verzeichnissen

Crippleware Software, die als →Demo oder sogar →Freeware vertrieben wird, aber durch sehr starke Einschränkungen keinen praktischen Nutzen hat. →Software-Lizenz

CSS Ist die Abkürzung von *Cascaded Style Sheet*, einer Programmiertechnik mit der Inhalt/→HTML und Erscheinungsbild einer Website (Schriften, Farben) getrennt werden; Schlüsseltechnik für →barrierefreie Gestaltung.

CTRL Control, →STRG

Cut & Paste Ist das geflügelte Wort, Inhalte (irgendwo) auszuschneiden und an anderer Stelle wieder einzusetzen, technisch am besten umsetzbar über die →Zwischenablage.

default Standard, Grundeinstellung

Demo Frei erhältliche Software, die mit erheblichen Einschränkungen die Möglichkeiten einer gewerblichen Software demonstrieren soll, irreführenderweise oft als Freeware vertrieben. →Software-Lizenz

Directory Verzeichnis, Ordner im Dateisystem

Download Ist der Transfer von Daten aus dem Internet auf den heimischen PC, im engeren Sinne von Programmarchiven oder Musikdateien. →Upload.

DTP Ist die Abkürzung von ***D**esk**T**op **P**ublishing* und bezeichnet die elektronische Erstellung von Druckerzeugnissen auf dem Schreibtisch-Computer. Ursprünglich ist dies speziellen Layout-Programmen wie PageMaker oder QuarkXpress vorbehalten, inzwischen aber Standard bei allen Programmen. →WYSIWYG

FAQ *Frequently Asked Questions*; häufig gestellte Fragen; eine Liste mit Lösungen zu häufig auftretenden Fragen und Problemen; im Deutschen manchmal „Fragen und Antworten".

Fehler 403 Zugriff verweigert

Fehler 404 Zeigt an, daß eine angeforderte Webseite nicht gefunden wurde; der Fehler kann abgefangen und die Anfrage umgeleitet werden (auf Ersatzseiten oder eine spezielle Fehlerseite mit einer Suchfunktion oder einem Inhaltsverzeichnis).

Fn *Function,* zur Steuerung hardwarenaher Funktionen besonders bei Notebook-Computern, z. B. Display-Helligkeit oder Lautstärke.

Freeware Kostenlos erhältliche Software; ursprünglich voll nutzbare private Entwicklungen oder eingeschränkte, aber sinnvoll nutzbare Versionen gewerblicher Software →Software-Lizenz

Frontend Öffentlich zugänglicher Teil einer →Webseite, die registrierten Benutzern zum Teil besondere Funktionen bietet. →Homepage, →Backend

FTP Steht für ***F**ile **T**ransfer **P**rotocol* und bezeichnet die Übertragung von Daten/Dateien im Internet; in der Regel wird dazu ein FTP-Programm benutzt, z. B. WinSCP.

Hallo Welt Ist beim Erlernen einer Programmiersprache meist der erste Text, den man auf den Bildschirm ausgibt; man weiß sofort, ob das Programm läuft, und man teilt so der Welt mit, daß man nun auch dabei ist …

hexadezimal Ist ein Zahlensystem auf der Basis 16; entsprechend werden neben den Ziffern 0 bis 9 noch die Zeichen A bis F verwandt; Beispiel „F“ für 15 oder „A0“ für 160. →Zahlensysteme

Hilfe Steht bei moderner Software in der Regel kontextabhängig zur Verfügung, z. B. →Ballon-Hilfe oder →Tooltip.

Homepage Bezeichnet meist die (einzelne) *Startseite* eines Webauftritts, manchmal auch den gesamten Webauftritt (→Website).

HTML Ist die berühmte Abkürzung für *HyperText Markup Language*, einer Auszeichnungssprache mit der Webseiten funktionsseitig gestaltet werden; für das optische Erscheinungsbild ist →CSS zuständig.

HTML-Farben Kann man entweder mit bestimmten Schlüsselbegriffen angeben (*red, silver, orange*) oder →hexadezimal als →RGB-Wert, wie #FF0000 für rot.

Icon Symbol, z. B. für einen Funktion oder einen Status und zentrales Bedienelement einer grafischen Benutzeroberfläche.

Intro iSt die Abkürzung von *introduction*, engl. für Einleitung/Einführung. Gemeint ist eine Titel- oder Startseite, auf der ein Bild, eine Grafik oder eine aufwendige Animation den Besucher „begrüßt".

Klemmbrett →Zwischenablage

Komplementärfarben Liegen sich im Farbkreis gegenüber und unterstützen so ein harmonisches Farbbild

Language Sprache; in Drupal gibt es Sprachpakete, die die meist englische Benutzerführung nach Deutsch o. a. Sprachen umstellen; es können mehrere Sprachen nebeneinander verwendet werden.

Lite Weist auf verringerten Funktionsumfang bei Programmen hin (ähnlich „light", wie leicht bzw. abgespeckt).

Login Anmeldung / anmelden bei einem →Account, z. B. als Administrator oder einfacher Nutzer

Opensource Frei erhältliche Software, bei der außerdem der Quellcode vollständig verfügbar ist („offene Quelle"); so kann man die Software auf Hintertüren überprüfen oder eigene Erweiterungen einbauen. →Software-Lizenz

Patch

Bezeichnet ein kleines Hilfsprogramm zur Beseitigung von kleineren oder akuten Programmfehlern in einem Programm. →*Update* und →*Upgrade*.

PHP

Ist die Abkürzung von (vermutlich) ***P****ersonal* ***H****ome****P****age Tools* oder ***P****HP* ***H****ypertext* ***P****rocessor*. Es handelt sich um eine serverbasierte Skriptsprache, die 1995 von Rasmus Lerdorf entwickelt wurde.

Pixel

Ist ein Kunstwort aus Picture und Element und bezeichnet allgemein die Anzahl darstellbarer Bildpunkte auf einem Bildschirm.

Plugin

Ist eine Erweiterung, die über eine interne Schnittstelle weitere Funktionen zur Verfügung stellt, z. B. Bewertungssystem, Forum usw.; ähnlich *Modul*

popular

Populär, beliebt, am häufigsten gelesene Beiträge

Power-User

Engagierter Nutzer mit überdurchschnittlicher Ausstattung und Nutzung aller Funktionen

Provider

→Webhoster

Quick & Dirty

Bezeichnet schnelle Lösungen (*quick*), die auf unsauberer Programmierung basieren (und wahrscheinlich nicht langfristig tragfähig sind; *dirty*); im Deutschen ähnlich „hingefrickelt“

Radiobutton

Beschreibt eine Auswahlmöglichkeit in einem Formular, das ähnlich wie bei alten Radios funktioniert: klickt man den einen an, springt ein vorher gewählter Knopf heraus. So wird gewährleistet, daß nur *eine* Option ausgewählt werden kann. →Checkbox

Raubkopie

Bezeichnet eine unerlaubte Kopie einer kostenpflichtigen Software. Eine irreführende Bezeichnung, da zu „Raub“ immer eine gewisse Portion Gewalt gehört („Wer mit Gewalt gegen eine

Person oder unter Anwendung von Drohungen mit gegenwärtiger Gefahr für Leib oder Leben eine fremde bewegliche Sache…"). Alternativen: →Freeware, →Shareware, →Opensource; →Software-Lizenz

RC Ist die Abkürzung für *Release Candidate* und bezeichnet einen Software-Entwicklungsstand zwischen →Beta und der endgültigen Version.

recent Vorherig, zurückliegend, alt

Release Version einer Software, oft im Sinne einer internen Numerierung wie *Beta2, RC1* oder 6.x (manchmal noch durch *Build* als interne Numerierung ergänzt)

RGB-Farben Rot, Grün, Blau, die Grundfarben additiver Farbmischung, z. B. bei Bildschirmen; →CMYK

SEO Ist die Abkürzung von *Search Engine Optimization* und bedeutet Suchmaschinen-Optimierung. Man versteht darunter die besondere Berücksichtigung von Suchmaschinen bei der Entwicklung von Webseiten, um gut gefunden und möglichst weit vorne in einer Ergebnisliste platziert zu werden.

Shareware Frei erhältliche Software, für die nach einer Erprobungszeit eine Lizenzgebühr entrichtet werden muß (z. B. in Form einer Gebühr, Spende, Postkarte). →Software-Lizenz

Sitemap Bezeichnet eine Übersicht der gesamten Website in Form eines Inhaltsverzeichnisses oder eines symbolischen „Schaltplanes".

Software-Lizenz Ist ein weites Feld, bei dem häufig nur von →Raubkopien die Rede ist, obwohl es viele erprobte Alternativen gibt: →Freeware, →Shareware, →Opensource; Beispiele: Linux, Drupal, Joomla, Open Office, IrfanView, Firefox, Thunderbird, FreeMind, Phase 5, WinSCP.

SQL Ist die Abkürzung für ***S**tructured **Q**uery **L**anguage* mit der SQL-Datenbanken abgefragt werden; bekannt ist MySQL.

STRG Steht für *Steuerung*, engl. Control (CTRL), weist Tasten eine *Funktion* innerhalb eines Programmes zu.

Template Ist eine Vorlage zur Steuerung des Layouts bzw. Erscheinungsbildes; wird in anderen Programmen oft auch →*Theme* oder *Skin* genannt.

Theme Ist eine Vorlage zur Steuerung des Layouts, →Template.

Tooltipp Ist ein kleines Hinweisfenster mit Erläuterungen, das bei längerem Verweilen mit der Maus über einem Text oder Symbol erscheint; ähnlich der →Ballon-Hilfe bei der eine Sprechblase erscheint; manchmal durch eine gepunktete Linie markiert.

UG →User Group

Update Bezeichnet ein kleines Hilfsprogramm oder aktualisierte Version zur Beseitigung von Programmfehlern oder kleineren Funktionserweiterungen. →*Patch* oder →*Upgrade*.

Upgrade Ist eine neue Version eines Programmes zur Beseitigung von Fehlern sowie Verwendung neuer Funktionen. →*Patch* oder →*Update*.

Upload Ist der Transfer von Daten vom Schreibtisch-PC ins Internet auf einen Server (meist per →FTP). →Download.

User Group Ist ein Nutzer-Treffen, meist auf eine spezielle Software oder ein Hobby bezogen; diese Tradition der über das Internet vermittelten Treffen gibt es schon seit Mailbox-Zeiten (BBS) und *Usenet*.

User Nutzer, Anwender (einer Software)

Webhoster Ist ein Dienstleister, der Server für den Betrieb von Internet-Präsenzen anbietet und in der Regel auch die Registrierung der Domain erledigt; manchmal auch Provider genannt.

Webmaster Ist der „Hausmeister" einer Website. →Admin

Webseite Bezeichnet in der Regel eine einzelne Seite des Webauftritts, manchmal auch die Gesamtheit (→Website).

Website Ist kein Tippfehler von Web*seite*, sondern bezeichnet die Gesamtheit; im Deutschen oft als *Internetauftritt* bezeichnet. →Homepage

WYSIWYG ist das schöne Akronym von ***W****hat* ***Y****ou* ***S****ee* ***I****s* ***W****hat* ***Y****ou* ***G****et* und stammt eigentlich aus einer Zeit, als der gedruckte Text im Erscheinungsbild meist erheblich vom auf dem Bildschirm angezeigten Text abwich. →DTP

Zahlensysteme Werden in der EDV sehr unterschiedlich eingesetzt; neben dem dezimalen (zur Basis 10) gibt es häufig auch →binär (Basis 2), oktal (Basis 8) und →hexadezimal (Basis 16)

ZIP-Archiv Steht für ein Verfahren, Dateien *platzsparend* und *verlustfrei* in *einer* Datei zusammenzufassen; andere: GZ, ARJ, LHA, ARC

Zwischenablage Erlaubt den Austausch von Daten (Text, Bilder) zwischen Programmen; die Funktion ist meist über *Bearbeiten | Ausschneiden* [Strg]+[X] bzw. *Bearbeiten | Kopieren* [Strg]+[C] und *Bearbeiten | Einfügen* [Strg]+[V] verfügbar; mit *Bearbeiten | Inhalte einfügen...* kann man das Verhalten steuern

Index

Symbole

A

B

C

D